高职应用文写作教程

郭沁荣 主编
张兰 张磊 副主编

高职高专公共基础课教材

清华大学出版社
北京

内 容 简 介

本教材编写以"锤炼精品、时尚创新、注重实操、厚植文化"为原则，立足"够用、实用、好用"的理念，从应用文庞大的文种体系中精心挑选一些在高职学生生活、学习和工作中出现频率较高的党政机关公文、一般事务文书、事务性文书、求职实践文书、宣传礼仪文书。通过学习与训练，学生能够准确理解各类应用文体的性质、特点及写作要求，明确掌握公文处理以及一般应用文写作技巧。

本教材融入传统文化和课程思政元素，使学生既能学会应用文写作知识，又能感受到由应用文写作投射出的真实职场环境；既能掌握应用文写作技巧，又能感受到由应用文写作延展出的传统文化精髓；既能提升职业素养，又能领悟到由应用文写作凝练出的思想政治教育元素。

本教材在知识阐述的基础上，根据高职学生特点、社会及大学环境、行业及企业要求等，设置了相应的训练任务，增强了教材的针对性和实用性。

本教材适合高职高专各专业学生阅读，也可供职场人士、写作爱好者、参加国考和事业单位考试的考生参考借鉴。

本书封面贴有清华大学出版社防伪标签，无标签者不得销售。
版权所有，侵权必究。侵权举报电话：010-62782989，beiqinquan@tup.tsinghua.edu.cn。

图书在版编目(CIP)数据

高职应用文写作教程/郭沁荣 主编．—北京：清华大学出版社，2020.8（2024.8重印）
高职高专公共基础课教材
ISBN 978-7-302-55794-4

Ⅰ．①高… Ⅱ．①郭… Ⅲ．①汉语－应用文－写作－高等职业教育－教材 Ⅳ．① H152.3

中国版本图书馆 CIP 数据核字 (2020) 第 110987 号

责任编辑：施　猛
封面设计：常雪影
版式设计：方加青
责任校对：马遥遥
责任印制：沈　露

出版发行：清华大学出版社
网　　址：https://www.tup.com.cn, https://www.wqxuetang.com
地　　址：北京清华大学学研大厦 A 座　　邮　编：100084
社 总 机：010-83470000　　邮　购：010-62786544
投稿与读者服务：010-62776969, c-service@tup.tsinghua.edu.cn
质 量 反 馈：010-62772015, zhiliang@tup.tsinghua.edu.cn

印 装 者：三河市少明印务有限公司
经　　销：全国新华书店
开　　本：185mm×260mm　　印　张：19.5　　字　数：368 千字
版　　次：2020 年 8 月第 1 版　　印　次：2024 年 8 月第 17 次印刷
定　　价：59.00 元

产品编号：086517-02

前 言

2019年,《国家职业教育改革实施方案》(简称"职教20条")的颁布,充分体现了党中央、国务院对发展职业教育事业的高度重视。"职教20条"强调:"落实好立德树人根本任务,健全德技并修、工学结合的育人机制,完善评价机制,规范人才培养全过程。""职教20条"还提出"把职业院校的孩子培养好"。学校培养学生,品德是第一位,其次是技术技能。职业教育领域落实"立德树人"的根本任务,就是要培养学生"德技并修"。职业教育不应只培养技能,还应强调人文素养,要在坚定理想信念、厚植爱国主义情怀、弘扬传统文化、加强品德修养、增长知识见识、培养奋斗精神、增强综合素质上下功夫。

根据习近平总书记对高校思想政治工作的要求,新时期高校课程改革要遵循教书育人的规律,遵循学生成长的规律,要用好课堂教学这个主渠道,要在各门课程中提升思想政治教育的亲和力和针对性,满足学生成长发展的需求,使各类课程与思想政治理论课同向同行,形成协同效应。在这样的大背景下,高职院校课程改革呈现出全新的面貌,同时明确了新的发展趋势。

应用文写作作为高职院校重要的公共基础课之一,既要承担以往提高学生应用文写作知识和技能等职业能力和通识素养的任务,又要在新时期尝试将厚植爱国情怀与人文精神、弘扬传统文化与匠人精神融入应用文写作教学过程,同时挖掘德育元素,引入课程思政,将对高职学生的思想政治教育融入教学始终。高职院校应用文写作教学任重道远。

党的二十大报告指出:"统筹职业教育、高等教育、继续教育协同创新,推进职普融通、产教融合、科教融汇,优化职业教育类型定位。"这一新部署新要求,是"实施科教兴国战略,强化现代化建设人才支撑"的重点举措,对开拓职业教育新局面、书写教育新篇章具有非常重要的导向意义。

2019年,为了紧跟时代前进的步伐,践行高职院校公共基础课新的教育教学理念,充分发挥高职实用语文教学在人才培养方面的积极作用,我们尝试对高职院校应用文写作课程进行改革。教材作为重要的教学载体,我们也试图在立足新时期职教新理念上有所尝试。因此,本教材突出体现以下几个特点。

第一，教材内容更加实用

重新确定教学内容，立足高职学生实际情况，坚持以学生为本位，选择学生用得上、经常用、很好用的应用文体作为教学内容。对于一些高职学生在日常生活中几乎用不到、看不到的应用文体进行大胆删减，保证教材的精致度。

第二，重点难点讲细讲透

打破以往应用文写作理论多、文字多的传统，我们针对每个文体的重点、难点，精选例文进行分析、对比、讲解，从标题到结构，以帮助学生更好地理解消化知识点为出发点，增加了学生自学的可能性和可行性。

第三，案例范文紧跟时代

在案例范文的选择上，我们涵盖最新中央精神、新近重大事件、时尚综艺节目、名人励志故事、学生身边榜样，希望借此拉近高职学生与应用文写作的距离，增强这门课的时代感、时尚感和对学生的吸引力。

第四，引入传统文化元素

我们秉承"文以载道"的精神，深入挖掘每个文体的传统文化元素。引古证今，于学易悟；以今见古，古今互惠。我们或直接对现代应用文体追根溯源，寻找它的前世今生；或从一个文体挖掘一种精神，找到这种精神的文化解读。我们希望学生看到的不仅仅是一本实用教材，还是一个透古通今的文化载体。

第五，融入课程思政内容

深入挖掘应用文写作的课程思政元素，在每一章的教学目标中加入思政目标，旨在培养学生以语言文字、文体创编为媒介，树立严谨务实、实事求是的精神；学会规划工作、总结经验；具备数据采集分析的能力，学会洞察数据背后的规律；懂得日常职业礼仪规范，善于自我表达与营销。我们将应用文写作课程所蕴含的职业素养、职业精神和职业行为规范加以提炼，将应用写作技能与道德教化之功效相融合，蕴含劝勉学生为人处世的道德理念。

第六，创新教材体例设置

我们在教材的编写思路与体例设置等方面，大胆创新，在将理论知识体系学习与写作能力培养融为一体的基础上，融入固化写作思维与丰富语言表达的理念，针对每一个文体增加实用的写作模板，帮助学生形成科学稳定的写作思维。我们设置语言训练环节，从文体写作凝练出道德元素、文化理念，通过语言训练的形式对学生进行重塑，使事理剖析与德育渗透成为应用文写作教材的新亮点。

本教材由大连职业技术学院思政基础教学部具有丰富教学经验的一线教师编写。其中，郭沁荣负责全书的提纲设计、统稿及把关工作，张兰负责组织协调及稿件的整理工作。承担执笔任务的是：郭沁荣(前言，课题一，课题三的第一节，课题四的第三节、第四节、第五节,课题五,附录,参考文献),张兰(课题二),张磊(课题三的第二节、第三节,课题四的第一节、第二节、第六节)。

  本教材系2018年辽宁省社会科学规划基金项目"美育德育协同共筑的高校育人体系构建研究"(项目编号:L18DSZ037)研究成果之一。

  在编写本教材过程中,我们参考了大量的相关书籍及网上资料,有的吸取其观点,有的引用其材料,在此对相关作者以及各类媒体表示衷心的感谢和诚挚的敬意!

  由于编写时间仓促、编者水平有限,书中难免存在纰漏和不足之处,敬请同行专家及广大读者批评指正,以期再版修改完善。反馈邮箱:wkservice@vip.163.com。

编 者

2023年7月

目　录

课题一　应用文写作 ……………………1
 第一节　文以载道，以文化人
    ——应用文概述 …………1
 第二节　谋篇布局，遣词造句
    ——应用文写作原理 ………11
 第三节　善改者赢，善舍者明
    ——应用文写作的方法 ……28

课题二　党政机关公文 ……………41
 第一节　一秉至公，方言矩行
    ——党政机关公文概述 ……41
 第二节　政令畅通，令行禁止
    ——党政机关公文格式 ……53
 第三节　一体知照，逾期无效
    ——通知 …………………66
 第四节　旌善惩恶，以文达意
    ——通报 …………………83
 第五节　有请必回，缓急相济
    ——请示 …………………98
 第六节　名正言顺，大行其道
    ——报告 …………………105
 第七节　以文传情，以心互通
    ——函 ……………………118

课题三　事务性文书 ……………127
 第一节　善谋者胜，谋定后动
    ——计划 …………………127
 第二节　温故知新，数往知来
    ——总结 …………………140

 第三节　拨沙见金，信而有证
    ——调查报告 ……………154

课题四　求职实践文书 …………175
 第一节　毛遂自荐，招贤纳士
    ——求职信 ………………175
 第二节　德才兼备，勤勉乐业
    ——简历 …………………186
 第三节　出口成章，能言善辩
    ——演讲稿 ………………193
 第四节　震古烁今，独占鳌头
    ——述职报告 ……………213
 第五节　算无遗策，运筹帷幄
    ——策划书 ………………227
 第六节　千里之行，始于足下
    ——实习报告 ……………243

课题五　宣传礼仪文书 …………252
 第一节　耳目喉舌，通俗易懂
    ——消息 …………………252
 第二节　投之以桃，报之以李
    ——请柬和邀请函 ………269

参考文献 …………………………284

附　录 ……………………………285

课题一　应用文写作

> **教学目标**
>   知识目标：掌握应用文写作的基础知识。
>   能力目标：掌握应用文写作的基本方法和写作规范并能在实践中熟练应用。
>   思政目标：培养学生理性、客观看待事物的能力；培养学生规范标准、严谨求实的工作态度。

第一节　文以载道，以文化人——应用文概述

课前阅读

"大学生不一定要能写小说、诗歌，但是一定要能写工作和生活中实用的文章，而且非要写得既通顺又扎实不可。"

"公文不一定要好文章，可是必须写得一清二楚、十分明确、字稳词妥、文体通顺，让人家不折不扣地了解你所说的是什么。"

——叶圣陶

"学理科的不学好语文，写出来的东西文理不通，枯燥乏味，佶屈聱牙，让人难以看下去，这是不利于交流，不利于科学事业的发展的。"

——华罗庚

叶圣陶先生和华罗庚先生都非常重视大学生的写作能力，当前高校大学生特别是高职院校的大学生在职场中经常会被企业要求完成各种公文写作。高职院校大学生的应用文写作水平是自身能力、素质和文化修养的直接体现，具备良好的应用文写作能力以及优秀的语言表达能力将为高职学生在职场竞争或职位提升方面增加砝码。

知识卡片

一、应用文的含义

关于"应用文"的概念，学界尚无统一严格的定义，不同的学者和书籍有不同的归纳和概括。我国香港的陈耀南教授在《应用文概说》一书中说："应用文，就是'应'付生活、'用'于实务的'文'章，凡个人、团体机关相互之间，公私往来，用约定俗成的体裁和术语写作，以资交际和信守的文字，都叫应用文。"我国台湾的张仁青教授在《应用文》一书中说："凡个人与个人之间，或机关团体与机关团体之间，或个人与机关团体之间，互相往来所使用之特定形式之文字，而为社会大众所遵循、共同使用者，谓之应用文。"

目前，较通用的应用文概念是：应用文是国家机关、企事业单位、社会团体和个人在日常工作和生活中，为处理各类公务和日常事务，传递某种指令和信息而使用的、具有直接实用价值和惯用格式的一种书面交际工具。

知识拓展

公文的产生与发展

迄今我们所知道的最早的文章，就是公文。从1898年起，考古工作者在河南安阳小屯殷墟遗址等地陆续出土大量刻有文字的甲骨，到目前为止，数量已逾十万片。这就是在中国文化史上占据重要地位的"甲骨文"。"甲"是指龟甲，"骨"是指牛骨或鹿骨，甲骨文就是刻在龟甲或兽骨上的文字，又叫甲骨刻辞。甲骨文是商代王室进行占卜时所作的简短记录，短的仅数字，长的也不过百余字，是我国最早出现的文章。

马克思主义唯物史观认为，文字起源于劳动，文章和文学也起源于劳动。从我们掌握的资料看，具有实用价值的文章和具有审美价值的文学相比，实用文的诞生明显早于文学。实用文的诞生至少有两个原因：一是在漫长的生产劳动过程中，人的思维逐渐发展，人与人的交际也逐渐增多，于是人们便创造出一些符号以便交流。这些符号就是早期的文字，文字的诞生为文章的产生打下了基础。二是人类的集体劳作需要协调、组织、指挥，而这一切缺少人类思维的固化物——文章，是很难实现的，这就形成了一种强大的推动力，使应用文的产生成为一种必然。

据学者考证，甲骨文主要是用来占卜的。当时生产力低下，人类对大自然不可能有科学的认识，总认为冥冥之中有凌驾于万物之上的神，是神主宰着事物的发生发展、生死存亡。于是，当时的人们遇事总要用占卜的方式来预测吉凶祸福，由身兼史官和巫师双重身份的人在甲骨上用刻辞予以记载。就已发现的这些甲骨文来说，其内容涉及世系、气候、食货、征伐、畋猎等多方面。甲骨文是埋在地下的殷代王室的档案，用现在的眼光看，大部分都是公务文书。

商周时代盛行在青铜器上铸刻文字，这就是与甲骨文并称的"钟鼎文"。钟鼎文有的记载统治者的制度法令，有的记载统治者的文德武功，还有的记载贵族之间的商务活动，多数属于公文范畴。不过，其中有一些属于私人之间用于物质交换的契约，虽也是应用文，但不能归入公文范畴。

我国最早的文章总集《尚书》，所收录的文章多数也是公文。《尚书》中的文章，分为典、谟、训、诰、誓、命六种体式。其中，"典"用于记述典章制度，"谟"是议政的策论，"训"是进行教诲开导的论说文，"诰"是进行训诫的文告，"誓"是军队出征的誓词，"命"是君主的命令和诏书。这些文体，与现代的命令、决定、决议、指示、布告、公告、通告、通报、报告等，都有一些相似之处。

从以上介绍可见，在文字的草创时期，公文就已经产生。在所有的文体中，公文可以算是最古老的。《周易·系辞下》也可以证明这一点："上古结绳而治，后世圣人易之以书契，百官以治，万民以察，盖取诸夬。"

到了秦代，公文从文类到体式都得到充分发展。秦始皇在李斯的辅佐下，建立了第一代中央集权制国家政权。为了达到长治久安的目的，秦始皇统一了文字和度量衡，实行车同轨、书同文的措施。李斯等人为了提高公文的办事效率和可靠程度，还制定了现在仍在沿用的"抬头""用印"等制度，这标志着公文在当时已经相当成熟。

汉代的公文体式主要有书、议、策、论、疏、诏、制、敕、章、奏、表等。其中，皇帝对臣下使用的文体主要是诏、制、策、敕，臣下对皇帝则主要用章、奏、表、议等，已有了大致固定的下行文和上行文的区分。同时，在表达和结构方面，也有了一些相对固定的格式。值得一提的是，当时还产生了一些流传后世的公文名篇，如贾谊的《陈政事疏》《论积贮疏》，晁错的《论贵粟疏》，司马相如的《上书谏猎》等。

汉以后的魏晋南北朝时期，公文无论是从写作实践还是从理论上看，都有明显的发展和进步。主要代表人物首推曹操、曹丕父子。曹操写过不少公文，代表作有《让县自明本志令》《求贤令》《求逸才令》《慎行令》《修学令》《请增封荀彧表》等。曹丕不仅撰写公文，还推出了有关公文写作的理论专著《典论·论文》。他说文章是"经国之大业，不朽之盛事"，主要是指公文。他还把文章体式分为"四科八体"，并指出它们各自的特点为"盖奏议宜雅，书论宜理，铭诔尚实，诗赋欲丽"。其中，奏、议、书、论、铭、诔都是应用文，多数都可作为公文体式，只有后两种是文学体裁。

唐宋时代是中国古代公文走向成熟的时期，这个时期出现了中国文化史上著名的"唐宋散文八大家"，涌现的名篇更是数不胜数。魏徵的《谏太宗十思疏》《十渐不克终疏》，陆贽的《奉天请罢琼林、大盈注二库状》《均节赋税恤百姓六条•论两税之弊须有厘革》，范仲淹的《答手诏条陈十事》等，都是脍炙人口的佳作。出于八大家之手的名篇则更多，如韩愈的《论佛骨表》，苏辙的《上枢密韩太尉书》，欧阳修的《朋党论》《与高司谏书》，王安石的《上仁宗皇帝言事书》，苏轼的《为政之宽言》《乞校正陆贽奏议进御札子》等，不胜枚举。

资料来源：金锄头文库. 公文的产生与发展[EB/OL]. https://www.jinchutou.com/p-28683031.html, 2018-01-19.

二、应用文的作用

(一) 规范指导的作用

应用文不仅是国家政府和党政实施领导的工具，而且是其方针、政策具体化的书面形式。党和政府通过应用文下达各种文件、法规、制度，向全国宣传党和国家的方针政策，各地区、各部门、各企业也通过应用文推广先进经验，表扬先进人物，批评揭露不良现象、丑陋行为，制裁不法分子，以此来提高人们的思想政治觉悟，规范人们的行为，保障社会的安定，推动各项事业的健康发展。有些应用文可以对读者产生潜移默化的影响，从而起到教育指导的作用。

(二) 联系知照的作用

应用文是加强上下级联系的纽带，也是各有关方面相互联系的有效工具。国家是一个有机整体，各部门之间形成一个网络系统。比如，上下级之间的上情下达、下情上报，以及各单位之间的信息交流、经验交流，都有一个联系的问题，而应用文正是在这个网络中起联系作用的纽带。

在当前的社会活动中，任何人、任何单位都免不了与外界打交道，都需要用应用文进行联系，以此来促进业务的开展，协调各方的关系。例如，商家开业，要向工商管理局申请营业执照；双方合作，需要签订协议合同；销售产品，需要策划广告、发函等。

(三) 凭证资料的作用

在社会生活中，应用文也是开展工作、处理问题的依据和凭证。上级下达的文件、党和政府颁布的法规、有关方面的规章制度等，都可作为开展工作和检查工作的依据；一些条据、合同文本、公证材料等，也是业务中的凭证，一旦出现问题或纠纷，可依靠这些凭证追究对方法律责任，维护自身利益。另外，一些重要的应用文也是历史档案资料，要了解某一时期的政治、经济情况，或某一方面的生产经营情况，只要查阅当时存档的应用文即可。

三、应用文的特点

应用文作为一种文体，与其他文学作品的写法相比较，除具有一定的共性外，还有其独特的个性。一般来说，应用文写作主要有以下六个特点。

(一) 目的的实用性

应用文最大的特点在于"实用"，"实用"是应用文与其他文体的主要区别之一。应用文的写作主要是为了解决实际问题，强调有事而发、无事不发。例如，要和远方的朋友联系，就要写信；要借款，就得立字据；向上级汇报工作、反映情况，要写报告；推销产品，要写广告等。诸如此类的应用文，都是为了解决实际问题而写的，所以应用文常常被人称为实用文，是"为实用而作之文"。

(二) 对象的针对性

应用文的写作都有明确、直接的对象。比如，信写给谁？字据立给谁？报告打给谁？这里的"谁"即应用文的写作对象，即使是一些广告、启事也是针对有关消费者、知情者，只不过对象范围大一些。

(三) 内容的时效性

应用文是为了解决实际问题而写的，它的时效性很强。一旦出现问题，就必须及时反映，拖延时间会给生活、工作带来影响。在当今社会，市场竞争激烈，如果信息传递慢，企业会随时面临被淘汰的危险；信息反映及时，则会给企业带来效益。

(四) 事件的真实性

应用文写作讲究真实、客观，必须实事求是地反映问题和情况，既不允许像文学创作那样，可以虚构，进行艺术再加工，追求艺术性；也不能发挥主观想象、夸大其词，否则就会歪曲事实真相，蒙骗对方，误导消费者，给社会带来不良影响。

(五) 格式的规范性

应用文写作有其特定、惯用的格式。这些格式，有的是长期以来约定俗成、相沿成习的，有的是由国家及有关部门统一制定的。例如，书信有书信的格式，公文有公文的格式，经济合同有经济合同的格式等。每一种应用文包括哪些内容、哪些内容在前、哪些内容在后、分几部分等都应严格遵守格式规定，不得随意标新立异。应用文的格式也不是一成不变的，随着社会的发展，以及人们生活习惯、观念的变化，应用文写作格式也在不断地发生变化，从而使它更加方便人们表情达意的需要，更加顺应社会发展的需要。

(六) 语言的平实性

应用文注重实用性，它的语言讲究务实，即语言要简洁、朴实、明白、准确、规范，便于理解执行，不能像文学创作那样讲究生动、形象、含蓄、朦胧，或以取悦、打动读者为写作意图。平实是应用文写作的基本风格，语言平实是应用文区别于文学的重要特征。

例如：

臣本布衣，躬耕于南阳，苟全性命于乱世，不求闻达于诸侯。先帝不以臣卑鄙，猥自枉屈，三顾臣于草庐之中，咨臣以当世之事，由是感激，遂许先帝以驱驰。后值倾覆，受任于败军之际，奉命于危难之间，尔来二十有一年矣。

先帝知臣谨慎，故临崩寄臣以大事也。受命以来，夙夜忧叹，恐托付不效，以伤先帝之明，故五月渡泸，深入不毛……

——诸葛亮《出师表》

评析：作者用短短一百多个字介绍了自己的出身(布衣)、职业观(不求闻达)、入职原因(由是感激)、上任时的工作概况(败军之际、危难之间)、资历(二十一年)、工作风格(谨慎)，以及前任领导对自己的评价(寄臣以大事)、职业心态(恐伤先帝之明)、最近工作进度(五月渡泸)。

其中，"三顾茅庐"一词更是极具说服力地表现出一般的自我介绍中罕见的自我追捧，但在文中的语境下读来并没有丝毫自负感，反而能够引起读者与作者"临表涕零"的共情。

综上，此文应当入选中华两千年来"自我介绍"第一范本。这就是文学创作，生动形象，耐人寻味。

再如：

我叫李明，毕业于大连××职业技术学院工商管理学院，竞聘会计一职。大学期间主修会计专业，具备扎实的专业基础和实践技能；已取得会计资格证书，熟悉国家财经制度和相关政策法规；能熟练使用财务软件、计算机操作系统(DOS，WINXP)和Word、Excel等Office软件，打字速度80字/分钟左右；通过英语四级考试，日常对话无障碍；大学期间曾在×××公司实习，熟悉外商投资企业会计和增值税一般纳税人、小规模纳税人的账务处理以及税务、工商、银行等部门办事流程。

三年的专业学习和实践使我具备了现代财务管理观念，本人性格开朗，思维活跃，责任心强，有敬业精神和执行能力。

评析：这是一篇大学生自我介绍范文，中心突出，目标明确，言简意赅，不失真挚。作者从自然情况、专业背景、技能水平、实践经历以及个人特质五个方面清晰客观地介绍了自己，使得应聘单位对应聘者的个人情况一目了然。

四、应用文的种类

应用文的种类如表1-1所示。

表1-1　应用文的种类

序号	名称大类	用途	性质	细分小类
1	便条契据类	当事人双方在事务交流中，由一方出具给对方作为凭证或说明某些问题的一种常见应用文体	常短小精悍，可随时使用，具有法律效力	借据、欠条、收条、领条、请假条、便条、托事条、催托条、馈赠条、留言条等
2	礼仪类	适用于社交场合，为了促进双方之间关系的发展，体现人们文明交流的一种应用文体	区分人与人之间亲疏有别、长幼有序的关系，把握社会交往分寸	请柬、欢迎词、祝词、欢送词、邀请信、题词、慰问信、表扬信、感谢信、贺信、贺电、赠言等
3	启事类	张贴在公共场合或通过媒介公开播放、刊登的广告类事务性应用文	广而告之	征稿启事、征婚启事、征订启事、婚姻启事、开业启事、寻人启事、寻物启事、招聘启事、招生启事、海报等
4	申请书类	属于专用书信类的一种	请示性	入学申请书、入党入团申请书、住房申请书、困难补助申请书、辞职类申请书
5	专用书信类	用于职场、社会活动等特定场合互通情况、交流思想、商量事情的应用文体	具有书信的格式，具备发文的对象或者使用目的	咨询信、介绍信、推荐信、求职信、聘书、履历、说明书、报捷书、保证书、倡议书、建议书、悔过书等
6	家书情书类	朋友之间互致问候、表达关心，或情人之间互致相思、表达爱慕时使用的应用文体	具有书信的格式，具备发文的对象或者使用目的	写给长辈的信、写给晚辈的信、写给兄弟姐妹的信、写给亲朋的信、初恋情书、求爱情书、热恋情书、现代流行书信等
7	讣告悼词类	致悼死者为主的一类应用文	缅怀故人	讣告、唁电、追悼会仪式、治丧名单、悼词、碑文
8	经济文书	经济活动中经常使用的各类应用文书	与经济相关，多有数据	市场调查报告、市场预测报告、经济计划、企业管理咨询报告、经济活动分析报告、审计报告、招标书、投标书、企业法人登记报告、变更登记申请报告、注销登记申请报告、联合经营协议书、商标注册申请书、税务登记申请、银行文书、外贸信函、海关文书、出口货物申请书及许可证争议、索赔信函、购销合同、商品买卖合同、劳动合同等
9	宣传应用文	具有宣传、教育和鼓动作用的实用类文体	具有新闻性、及时性、真实性，短小精悍	讲话稿、演讲稿、解说词、科普说明文、板报与墙报、标语和口语、消息、综合消息、述评消息、经验消息、人物消息、简明消息、人物通讯、事件通讯、工具通讯、风貌通讯、专访、新闻言论等

(续表)

序号	名称大类	用途	性质	细分小类
10	史传类应用文	客观记录某一地区、组织、人物或同类事件的文体,日常生活中经常使用到	传记性、历史性	厂史、校史、家史、传记、小传、自传、评传、回忆录、大事记等
11	党政机关公文	以党和国家机关、社会团体、企事业单位的名义发出的文件类应用文	庄重、严肃,格式规范,具有一定的法律效力和约束力,处理程序有严格的要求	布告、通告、批复、指示、决定、命令、请示、公函等
12	事务性文书	机关、团体、企事业单位在处理日常事务时用来沟通信息、安排工作、总结得失、研究问题的实用文体	作者广泛,体式灵活,行文相对自由,处理程序简洁	计划、总结、调查报告、规章制度等

优秀例文1-1

教育部办公厅关于举办2019年全国职业院校
技能大赛教学能力比赛的通知

教职成厅函〔2019〕18号

各省、自治区、直辖市教育厅(教委),各计划单列市教育局,新疆生产建设兵团教育局,有关单位:

为贯彻落实《中共中央 国务院关于全面深化新时代教师队伍建设改革的意见》和《国家职业教育改革实施方案》,实施好《全国职业院校教师教学创新团队建设方案》《教育信息化2.0行动计划》,推进教师、教材、教法改革,加强职业院校"双师型"教师队伍建设,更好地适应教学模式和评价模式改革需要,满足基于工作过程的模块化课程、实施项目式教学要求,推动对接国家教学标准并结合实际开展教学,促进教师综合素质、专业化水平和创新能力全面提升,根据年度工作安排,定于2019年11月23日至25日在湖南株洲举办2019年全国职业院校技能大赛教学能力比赛。

教学能力比赛是全国职业院校技能大赛的重要组成部分。本次比赛由教育部主办,湖南省教育厅、株洲市人民政府、教育部职业院校信息化教学指导委员会承办,湖南化工职业技术学院协办,高等教育出版社参与支持。

比赛设立执行委员会(以下简称执委会),教育部职业教育与成人教育司主要负责同志任主任;教育部职业教育与成人教育司、教师工作司、科学技术司、中央军委训练管理部院校局、湖南省教育厅和株洲市人民政府有关负责同志，承办单位、协办单位、支持单位有关负责同志，及教育部职业技术教育中心研究所、国家开放大学、中央电化教育馆、教育部教育管理信息中心等有关单位负责同志为成员，负责比赛组织实施。

执委会设立专家组，由主办单位聘请教育教学和教育信息化领域有关专家担任成员，负责比赛指导工作；执委会秘书处设在教育部职业教育与成人教育司，成员由主办单位、承办单位有关同志组成；执委会设立评判组、仲裁组、监督组、保障组，由主办单位会同承办单位、协办单位具体组建。

比赛分为中等职业教育组、高等职业教育组和军事职业组，其中军事职业组比赛由中央军委训练管理部院校局具体组织实施。比赛方案等有关材料在比赛官方网站(www.nvic.edu.cn)和教育部政府网站职业教育与成人教育司页面公布。

请各地及有关单位举办好选拔赛，组织优秀选手参加全国比赛。

教育部办公厅(公章)
2019年8月16日

资料来源：中华人民共和国教育部[EB/OL]. http://www.moe.gov.cn/srcsite/A07/zcs_yxds/s3069/201908/t20190829_396482.htmll，2019-08-19.

评析：上述例文采用公文格式，主旨鲜明，材料翔实，结构严谨，体现了公文在政府工作中的规范指导、沟通联系以及为工作提供佐证凭证的作用。

问题诊断

有一篇《关于进一步加强公共交通安全防范工作的实施意见》初稿，开头为：

根据中央综治办关于加强公共交通安防工作电视电话会议精神和市委、市政府有关要求，按照中央综治办《关于加强公共交通安保工作的若干意见》和公安部、交通运输部《关于切实加强城市公共交通安保工作的通知》的要求，更好地固化世博安保工作机制和"亚信峰会"安保工作成功做法，为保证本市公共交通各行业日常运作安全有序和平稳健康发展，依据国家和本市有关法律规定，现就进一步加强本市公共交通安全防范工作提出如下实施意见：……

提示：

1. 既有"根据……"，又有"按照……"，还有"依据……"，让读者眼花缭乱。

2. 把"依据国家和本市有关法律规定"放在最后，明显不妥，且本市也不可能做出法律规定。

3. 语言表述顺序一般为目的在前、依据在后，而现在却是根据在前、目的在后,有点别扭。公文的开头,应当以概括的笔触切入主题,语句环环相扣,衔接紧密,形成一种吸引读者的力量。

可修改为:

为进一步落实中央综治办关于加强公共交通安防工作电视电话会议精神,中央综治办《关于加强公共交通安保工作的若干意见》和公安部、交通运输部《关于切实加强城市公共交通安保工作的通知》,市委、市政府有关要求,固化世博安保工作机制和"亚信峰会"安保工作成功做法,保证本市公共交通各行业日常运作安全有序和平稳健康发展,现就进一步加强本市公共交通安全防范工作提出如下实施意见:……

这样修改,层次比较清楚,表述也比较流畅。

语言训练

当年欧阳修在翰林院任职时,曾与同院三个下属出游,见路旁有匹飞驰的马踩死了一只狗,欧阳修提议让他们分别来记叙一下此事。

其中一人率先说道:"有黄犬卧于道,马惊,奔逸而来,蹄而死之。"另一人接着说:"有犬卧于通衢,逸马蹄而杀之。"第三人说:"有马逸于街衢,卧犬遭之而毙。"

欧阳修听后笑道:"像你们这样修史,一万卷也写不完。"

那三人连忙请教:"那你如何说呢?"

欧阳修道:"'逸马杀犬于道',六字足矣!"

三人听后连连称赞,比照自己的冗赘,深为欧阳修为文的简洁所折服。"逸马杀犬于道"可谓一语中的。

应用文语体语言的特点之一是简要。简要的具体表现之一是简约,在于用简约的语言将人物和事件的经过表达清楚,竭力将可有可无的字、句、段删去,即明人吴纳所说:"篇中不可有冗句,句中不可有冗字。"

那么,请同学们用最简洁、清楚、准确的三句话概括高职学生学习应用文的重要意义。

文化采撷

中国传统文化中关于"谨言慎行"的名言

行谨则能坚其志,言谨则能崇其德。

——宋 胡宏《胡子知言·文王》

多言不可与远谋,多动不可与久处。

——隋 王通《文中子·魏相》

多闻阙疑，慎言其余，则寡尤；多见阙殆，慎行其余，则寡悔。

——《论语·为政》

言为世范，行为士则。

——南朝宋 刘义庆《世说新语》

故君子言必可行也，然后言之，行必可言也，然后行之。

——汉 贾谊《新书·大政上》

言必先信，行必中正。

——《礼记·儒行》

第二节 谋篇布局，遣词造句——应用文写作原理

课前阅读

黛玉道："什么难事，也值得去学！不过是起承转合，当中承转是两副对子，平声对仄声，虚的对实的，实的对虚的，若是果有了奇句，连平仄虚实不对都使得的。"香菱笑道："怪道我常弄一本旧诗偷空儿看一两首，又有对的极工的，又有不对的，又听见说'一三五不论，二四六分明'。看古人的诗上亦有顺的，亦有二四六上错了的，所以天天疑惑。如今听你一说，原来这些格调规矩竟是末事，只要词句新奇为上。"黛玉道："正是这个道理，词句究竟还是末事，第一立意要紧。若意趣真了，连词句不用修饰，自是好的，这叫做'不以词害意'。"

选自《红楼梦》

从这段文字我们可以看出，写文章一要讲谋篇布局，二要讲遣词造句，三要讲创新。应用文写作更要讲究谋篇布局和遣词造句，认真锻炼思路，加强思维活动的逻辑性、条理性的训练。只有对内容精心思考，对文章的谋篇布局做到胸有成竹，再动笔写作，才能写出结构严谨，逻辑性、条理性强的文章。

知识卡片

一、应用文的主旨

(一) 主旨的概念

主旨又称为用意或旨意，是作者在文章中所表达的中心意思。它体现作者的主

要意图，包含作者对文章所要反映的客观事物的基本认识、理解和评价。主旨在应用文写作中有非常重要的作用，它是应用文写作的灵魂。应用文的主旨大多不是作者的有感而发，而是应客观需要，为解决实际问题而产生的，可以说应用文的主旨就是提出解决问题的具体方法。

(二) 主旨的特点

1. 意在笔先，主旨先行

应用文主旨确立于全文写作之前，即"意在笔先"。因为应用文是为解决具体问题而写作的，而解决具体问题的方法、结论应产生在文章写作之前。同时，执笔者的写作行为在一定程度上是被动的，是为解决问题而动笔，写作的内容要明确体现主旨，所以主旨一定是确立在写作之前。

2. 一文一事，主旨单一

应用文的主旨必须单一，一文一事，内容集中、明确。

3. 直接鲜明，主旨明显

应用文写作要求直截了当地点明主旨、表明态度，提出解决问题的措施和方法，对文章设计的各类问题必须有明确的观点、立场。应该怎么做，解决什么问题，达到什么目的，都要明确地表达出来。

(三) 主旨的来源与提炼

一般文章的主旨来源于社会生活，来源于实践，来源于作者对材料的分析、研究和感悟。离开了客观生活或者对社会生活的感受与理解，就不能产生有生命力的主旨。然而，应用文主旨的产生与确立，与一般文章有明显的区别。

首先，应用文的观点主要通过上级或部门、单位领导布置下来，是一种"受命写作"，不是"我要写"，而是"要我写"。作者只能根据领导人提出的目的、要求、观点去拟写，绝不允许作者撇开领导人的指示和意见自己另搞一套，其主旨的确立有较强的客观意识。

其次，应用文主旨的确立常常是集体智慧的结晶，有时不是作者一个人就能决定的。像"决议"这种文体，其观点往往是集体讨论与决定的产物。

(四) 提炼主旨的要求

1. 正确

主旨要正确，就是观点要正确，即文章的思想观点要能够经得起实践的检验。

2. 鲜明

鲜明是指文章的观点要明确，作者的态度要明朗，赞成什么，反对什么，爱什么，憎什么，都应清清楚楚，毫不含糊。

3. 集中

一般说来，一篇文章只能有一个主旨，不宜同时存在两个或两个以上的中心。

主旨集中突出，才能写深写透，明确文章精髓，切忌多中心、主次不分。

例如：

有一份××市税务局主送××区税务局关于免税的批复是这样写的：

"你区灯泡厂生产的汽车灯泡，由于引进技术和上交管理费等原因，造成亏损。同意你局意见，对该项产品20××年再继续给予免征工商税一年的照顾。期满后立即恢复征税，不得再报减免照顾。"接着，第二段又写道："希望协助该厂采取有效措施解决生产中的问题，改善经营管理，加强经济核算，扭转亏损。"这个批复显然是一文多旨。本来中心是对××区灯泡厂申请免税的批复意见，在第一段已明确表明了市局的态度，此文即应结束。第二段与主旨无关，应该删去。

评析： 写作公文要一文一事，主旨单一。如果公文的内容混杂，一文多旨，必然导致收文者不得要领，影响公文效力。因此，公文写作者必须在立意、提炼主题上多下功夫。

4. 深刻

深刻是对事物的透彻认识，通过现象，抓住本质，看到事物的内在联系。鲁迅说过，写文章"选材要严，开掘要深"，主旨深刻，文章才能有新意，才能吸引读者眼球，才能使人得到教益。写一般文章如此，写应用文尤其如此，在提炼主题过程中还要注意必须按需选择其中最有代表性、典型性的意义作为主旨，避免数意并列。这样，主旨才能突出、深刻，文章才能新鲜而有教育意义。

(五) 主旨的表现方法

1. 标题显旨

标题显旨就是在文章的标题中直接点名主题，有时表现为标题中的发文事由。这种方式简洁、明快，直截了当。

例如：

标题一：《全国高职高专校长联席会议关于疫情防控期间利用信息化手段不停教、不停学的倡议》

标题二：《教育部办公厅关于做好2020年全国青少年校园篮球、排球特色学校遴选等工作的通知》

评析： 这两个标题中，"疫情防控期间利用信息化手段不停教、不停学"和"做好2020年全国青少年校园篮球、排球特色学校遴选等工作"就是这两篇公文的主旨，在标题中得以充分体现。

2. 开篇明旨

开篇明旨也称开篇破题，就是在文章的开头或每一个段落的开头用简短的语句陈述主题，使主题突显出来。这种方式直接、明确，开宗明义。

3. 篇中立旨

篇中立旨也称为文中点题或片言立题，一般有两种表现方式：一种是在文中用小标题或者二级标题的形式，把文章的主旨逐步点明；另一种是在文章的某一个地方用一小段话点明主旨。

4. 篇末结旨

篇末结旨也称为"卒章显志"，主要方法有两种：一种是在开头埋下伏笔，提出问题，阐述过程，待行文至结尾时才点名意旨，说出文章关键所在，表明态度，做出决定；另一种是在结尾处再次强调文章主题，与开头相呼应。

例如：

李政道的论文《基础、应用科学与生产者三者的关系》一文中，文章结尾指出"我再重复一下，没有基础学科就没有应用学科，没有应用学科就没有生产学科，三者是紧密结合在一起的"。这就是采用篇末结旨的方式结尾。

知识扩展

应用文和文学作品的主旨表达方式不同

应用文的主旨表达鲜明、突出，文学作品的主旨表达则含蓄、委婉。汉代王充在《论衡·自纪》中指出："口则务在明言，笔则务在露文。"所谓露文，就是应用文的主旨必须鲜明、突出。应用文最忌主旨含糊隐蔽，唯恐语义不清引起歧义。应用文的作者希望读者一看标题就了解内容，正文的第一句话就应接触中心。开门见山，开宗明义，是应用文写作的基本原则；一目了然，明白晓畅，是应用文写作的根本技巧。例如，《中国人民银行关于加强信贷规模管理的通知》一文，标题就表明了作者的态度——要加强信贷规模的管理。这一态度及如何加强管理，就是全文的主旨，即作者的主张与意图。这份《通知》的主旨要毫不隐讳地告诉受文单位，受文者便能准确无误地领会文件精神并贯彻执行。

与之相反，文学作品的主旨不是直接告诉读者，而是由作者所描绘的社会生活现象自然显示或流露出来，主题含蓄、委婉。我国古代长篇巨著《红楼梦》的作者曹雪芹，少年时代过着锦衣玉食的生活，后其父因事被削职，举家过着借米食粥的贫困生活。家庭的巨变，对曹雪芹的世界观产生了极其深刻的影响，他对社会也有了清醒的认识：表面繁华的封建王朝潜伏着严重的危机。于是他"披阅十载，增删五次"，终于用他的伟大著作发出了封建制度走向全面崩溃的预告。作者以广阔的社会生活为背景，塑造了众多栩栩如生的经典形象，而他要表达的主题都寓于形形色色的人物形象之中。

资料来源：董小玉.应用写作与文学创作之差异分析[J].山西广播电视大学学报，2004 (1).

二、应用文的材料

(一) 应用文材料的范围

主旨是应用文的灵魂，那么材料就是它的血肉。具体说来，应用文的材料包括时间、地点、任务、时间、背景、目的、根据、措施、办法、意见、数据等，它是写进应用文的事实。

(二) 应用文材料的特点

1. 确凿性

确凿即真实、准确。它要求写入应用文中的材料是客观存在的事实，是经过调查的事实，是绝对真实的。在这一方面，应用文与文学作品有较大的区别。如果应用文材料不真实，不仅难以提炼正确有说服力的主旨，还会给工作的开展造成不利影响。

2. 典型性

典型材料是指那些能反映事物本质规律、能体现个性与共性统一的材料。典型材料和材料的典型性是两个不同的概念。典型材料是指同质材料中最有代表性的材料。因为它最具代表性，当然也就最具说服力。材料的典型性是指能够反映事物本质的真实和规律的材料。应用文材料的典型性，是指应用文中各种例证的典型性。为使应用文在有限的篇幅中，给人以更多的信息，所用材料必须是典型事例。应用文质量的高低、社会作用的大小，往往取决于典型材料的选择。

3. 新颖性

新颖即新鲜别致。新颖的材料能给读者带来新鲜感，有吸引力，让人喜欢看，从而达到写作目的。因此，在应用文写作中，对于材料的选择，作者要能密切注意视野内事物的发展变化，捕捉处于"尖端状态"中的情况，抓住事物发展的苗头。这样所选择的材料才具有强烈的时代感，才最新颖。

4. 典型性

典型性是指写进应用文里的材料应该是既能深刻地揭示事物的本质，又具有代表性与说服力的材料。典型材料可以是一个具体的事例、一些有说服力的数据和一些有普遍性的现象。

例如：

《"时代楷模"张黎明事迹》一文中写道："他扎根电力抢修一线32年，累计巡查线路8万多公里，绘制线路地图1500多张，完成技术革新400余项，甘当点亮万家的'蓝领工匠'，被誉为'坚守初心的光明使者'。""这样的'溜达'，一走就是8万多公里；这样的'地图'，一画就是1500多张。""为将绝活毫无保留地传授给大家，张黎明把多年遇到的近万个故障总结成50多个案例，编成《黎明急修工作案例库》和《抢修百宝书》，让同事在遇到故障时马上就能'查字典'。""2011年，'张黎明创新工作室'成立，他带领团队时刻留意工作中的'疑难杂症'，逐渐把工作场所变成创新阵地，先后开展技术革新400余项，获国家专利140余个，20多项成果填补智能电网建设空白。近年来，在张黎明的带领下，工作室孵化出'星空''蒲公英'等8个创新工作坊，培养出一批'蓝领创客'，创造经济效益近亿元。""他们发起成立'黎明·善小'微基金，为11个社区150多位老弱孤残人员建立服务档案，定期走访慰问军烈属、残疾人、空巢老人，定期为社区排查线路安全隐患，有求必应、有难必帮，被大家亲切地称为'光明使者'。"

评析： 这一串串极具说服力的数据充分体现了一位奋战在电力抢修一线32年的老共产党员，在平凡的岗位上苦心钻研、勇于创新，用自己的点滴行动为党、为国家、为人民倾尽所有的努力。这些数据就是典型性素材，有代表性也有说服力。

(三) 应用文材料的选择和使用

1. 围绕主旨，挖掘意义

首先，获取材料要求以多为好，以全为贵。材料多了，便于比较、鉴别，更有选择的余地。材料全面，才能避免观点偏颇。因此，动笔之前，应围绕主旨，收集详尽而充实的材料。

2. 根据主旨，详略处理

使用材料时，要分清主次。对材料的加工整理，无非为了突出文章的主题，加强应用文的表达效果，处理材料的详略要以此为据。突出事件特征的材料要详写，一般材料可略写；处于主体地位的材料要详写，处于从属地位、过渡的材料可略写；读者不熟悉的材料要详写，熟悉的可略写；材料之间角度相异的要详写，相同的可略写。

3. 合理安排，条理清晰

根据主旨的需要，应按照一定的组织形式安排材料的先后顺序。在安排顺序时，要考虑材料的主次、时间的先后、材料间的逻辑顺序、人们认识事物的规律、事物发展的过程等因素。因此，要注意以下几个方面。

(1) 真实、准确地用好数据材料。
(2) 运用统计数据，展开分析论证，更好地为主旨服务。
(3) 适当地使用统计图表。
(4) 变抽象的数字为具体形象的说明。

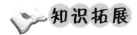 知识拓展

写作素材如何收集才有效果？

材料对于写作的重要性，人所共知，无须赘述。机关文稿写作是一项综合性很强的文字工作，需要收集大量的材料。对于这些材料，仅仅占有掌握是远远不够的，还必须认真阅读并加以消化吸收，从而在理解的基础上实现综合运用。这里就涉及如何收集和处理材料的问题。

第一，收集材料要处理点和面的关系。收集材料的途径非常多，可以上网搜索，可以查阅报刊，可以翻检历史档案。资料信息是海量的，而我们所需是有限的。在无限之中发现有限，需要鉴别能力，需要处理点和面的关系，这取决于对工作的熟悉程度。以在人大机关综合部门工作为例，要了解经济社会发展情况，重点关注社会主义民主法治进程；要关注地方人大工作新进展，以及人大理论研究新动态；要熟悉本省地方人大工作情况，对于兄弟省市区人大工作也要密切关注。对于当前人大工作情况，要透过现象看本质，尤其对于实践当中的创新之举、优良之法、经验之谈等，要善于从法律、政治、实践的角度分析把握，区分哪些是合法合理的，哪些具有地方特色，哪些是可以参考借鉴的。

第二，注意阅读重要讲话、专题研究、调查报告等综合性很强的文章。高层领导在重要工作会议上的讲话，回顾历史、展望未来，分析形势、部署任务，把握大局、明确方向，谈认识、讲措施、提要求，内容广泛、全面、深刻，是我们了解这方面工作的生动教材。专题研究文章，在大量占有材料的基础上，有对历史事件脉络的梳理，有对现实存在问题的剖析，有对进一步开展工作的对策建议，是我们了解专项工作的得力助手。针对现实问题在深入调研的基础上形成的调查报告，有情况叙述、问题分析、对策建议，具有较强的现实针对性，是实现"秀才不出屋能知天下事"的途径。这三种类型的材料都是大块文章，都具有很强的综合性，特点是内容全面、信息量很大、阐述分析深入，经常阅读不仅可以掌握各方面情况，而且可以培养自己的思维能力，这正是机关文字工作者提高写作能力关键之所在。

第三，占有掌握材料之后重在消化吸收。收集材料的目的在于应用，应用材料应该是综合表达而不应该是简单地摘抄。简单地摘抄与综合表达是运用材料的两个

阶段和层次。与此相对应，收集处理材料的方法可以区分为占有掌握、消化吸收。有的人做卡片、剪报纸，收集材料下了很多功夫，但没有及时认真消化吸收，结果运用材料比较生硬，简单抄录的痕迹往往显而易见。由于现实当中简单地摘抄材料等现象还一定程度地存在，所以有人就认为机关文稿写作不过是抄来抄去而已，所谓天下文章一大抄是也。这种说法是不正确的，是对机关文稿起草的曲解。正确的做法是，及时阅读理解，及时消化吸收，在借鉴别人智慧的基础上提升自己的思想认识水平，进而把这种认识水平转化为文字综合表达的实际能力。

第四，做读书笔记是收集处理材料简便实用的方法。剪报、复印、卡片在收集材料方面的作用不可否定，但储藏、分类、寻找比较困难，而且容易使材料停留在收集占有阶段。与收集材料重在消化吸收相适应，做读书笔记是一种简便易行的好方法。碰到好的材料，首先要及时阅读，深入分析理解文章的主要内容及其写作方法，把自己分析理解的结果简要地记录在案，并在笔记本上注明文章的作者与出处。假如是一篇上万字的文章，经过阅读分析理解，好的思想观点，好的表达方法，好的篇章结构，或者还有其他方面的体会等，都已经记录在笔记本上，眼看、脑思、手记，多管齐下，在理解的基础上把握要点。上述要点与原文篇幅相比肯定是非常精简的，至此原文可以不必收藏，将来如果需要，找起来也毫不费力。这样的笔记随时随地翻阅，相当于复习巩固，事半功倍，效率很高。这是一种读书的好方法。前人总结，案头上的书要越读越薄，肚子里的书要越读越厚，而做读书笔记就可以处理好这种厚与薄的关系。

总之，机关文稿起草是一项没有止境的工作，不能安于现状，不仅要做到自己满意，而且要让领导满意，尤其是要让群众满意。要精益求精，就得处处下功夫，而功夫靠平时积累，从收集材料开始，即从学习思考开始，不失为一个好办法。

三、应用文的结构

(一) 应用文结构的特点

1. 格式规范

应用文写作有比较固定的格式，包括法定格式和惯用格式。只有按照格式来写，才是规范的，否则就不符合要求。法定格式是国家行政机关以法律的形式做了统一要求的格式，要求在写作公文和相当公文性质的应用文时必须遵守；惯用格式是人们在长期的应用文写作实践中约定俗成的格式，虽然不是国家机关规定的，但在应用文写作时一定要遵守。

2. 条理分明

应用文在结构安排方面重视逻辑性，段落层次之间讲究有条有理。常用的结构形式有：总分式，即层次之间形成总说和分述的关系；递进式，即层次之间一层深入一层；并列式，即层次之间是平等并列的关系。此外，为了条理分明，常用数词"一、二、三……""1.2.3…""(1)(2)(3)…"来表示层次，或用小标题表示层次。有时，还常把内容要点或结论放在前面，全篇性的内容要点或结论放在第一段，每段的内容要点或结论则放在段首。

3. 突出重点

应用文表现为一文一事，重点突出，不同的事情一般不得同为一文。全文有一个基本观点，各层次段落的分观点紧扣基本观点，为基本观点服务，重点突出基本观点。

(二) 常见的应用文结构模式

1. 单段式

单段式是指正文内容用一个自然段来表达。它用于内容少而单一、不便分开、往往采用一段文字来表达的文章，如函、批复以及写在商品外包装上的说明。

2. 两段式

两段式是指正文内容用两个自然段来表达。它用于内容简单、不需要每层内容都分段的文章。

3. 三段式

三段式是比较规范的短篇应用文常用模式，正文把写作目的缘由、写作事项、结尾分为三段来写。

4. 多段式

多段式用于内容较多、篇幅较长的应用文，共有四个以上自然段。一般是开头概述基本情况，说明原因、目的、依据；主题部分内容分为若干个段落，各部分不分条列项；结尾单独成段或省略结尾。如短文式的说明书、市场预测报告等。

5. 条款式

条款式用分条列项的形式安排文章内容。规章制度、计划、合同和职能部门的一些文书，较多使用这种全文从头到尾都用条款组织内容的方式，能给人以眉目清楚、排列有序的印象。

6. 表格式

表格式是应用文不同于其他文体所特有的一种结构形式，主要分两种：一种是由职能部门、企业，如银行、厂矿、公司等单位，事先印制好表格式的规范文本，将有关内容分项列出，各项之后留下空白，让使用单位、合作单位和个人按规定填写。表格文书一般要注明填写要求和注意事项，如申请专利、商标的文书，合同、税务征管文书和财务会计文书大部分都采用这种形式。另一种是由作者单位临时制作的表格文书。

四、应用文的语言

(一) 应用文的语言特点

1. 平实质朴

应用文不用烘托、渲染等手法，而是实实在在地写，如实地表现事物的本来面目，不允许使用类似"白发三千丈，缘愁似个长"之类的艺术夸张，用词造句都应当力求大众化，避免用生僻晦涩的字句。有些人喜欢在应用文中使用一些半文半白的词语，如放着现成的"他"不用，而用"其"；放着现成的代词不用，而用"之"，这都是不可取的做法。

例如：

应用文写作之"甄嬛体"

各位小主安好，欢迎各位小主来到大连××职业技术学院，能和你们一起学习真的是极好的。为师我必当不负所托，倾囊相授。若能助各位小主学业有成，倒是件美事。倘若有人矫情，有半分懈怠，不思进取，为师也绝不会苟且求安，必将严惩不贷。

应用文写作之"仓央体"

你来与不来，我都在这里，不卑不亢。
你学与不学，我都在讲课，不倦不怠。
你爱与不爱，我都在坚守，不离不弃。
你考与不考，我都在阅卷，不怨不怪。

应用文写作之"张爱玲体"

于千万人之中遇见你所遇见的人，于千万年之中，时间的无涯和荒野里，没有早一步，也没有晚一步，刚巧赶上了，那也没有别的话可说，唯有轻轻地问一句："噢，你也在这里吗？"佛说前世的五百次回眸，才换来今生的擦肩而过，要多难得的缘分才能换来咱们的师生一场，且学且珍惜呀！

应用文写作之"淘宝体"

亲，欢迎你来到××职业技术学院哦！亲，上我的课你不要有负担哦！只要不缺课，不睡觉，不玩手机，不讲话，好好听课，认真完成作业，考试成绩棒棒哒！亲们不用担心，我会给亲五星好评滴！另外，本课程不支持七天无理由退课，谢谢理解。

应用文写作之"应用文体"

各位同学大家好，欢迎来到××职业技术学院。本课程采取理论考核与实践考核相结合的方式，各占50%，希望大家平时认真学习，积极思考，勤于练笔，按时完成各项学习任务。我相信，在我们师生的共同努力下，一定能取得优异的成绩。

2. 得体庄重

应用文的语言要和作者的身份、读者对象、所要表达的目的以及客观环境相一致，要恰到好处。说什么，不说什么，说到什么程度，用什么语气，选择什么词汇，都要考虑最后的效果。

3. 周密确切

应用文多是用来反映情况、指导工作的，一词一句、一个概念，都必须有准确的含义，词的内涵必须清楚，对外延也要做必要的限制，只能有一种解释，不能有多种解释。这样就能做到界定明确，标准一致，制度严格，纪律严明，行为规范，有利于贯彻、执行和遵守。

4. 凝练概括

应用文语言应该紧凑简洁，不浮夸，不随便，言简意赅。在总结、决定、决议、指示等应用文中，要善于运用论断性语言；在简报、调查报告、汇报提纲及总结等应用文中，可引用一些事例。

(二) 应用文中常用的习惯语

1. 程式化专门用语

(1) 表谓词：表示称谓关系的词。在应用文中，涉及机关或个人时，一般应直呼机关的全称或规范化简称，以及对方的职务或"某某同志""某某先生"。常见的有三种：第一人称有"本""我"，后面加上所代表的单位简称，如部、委、厅、厂、所、班等。第二人称有"贵""你"，后面加上所代表的单位简称，如部、委、厅、厂、所、班等。"贵"一般用于平行文或涉外公文。第三人称有"该"，后加单位或事物或人称，如该厂、该同志、该部等，它可以使应用文语气庄重。

(2) 领叙词：用以引出应用文撰写的概括、理由或应用文具体内容的词。常见的有根据、据、遵照、依照、按照、本着；接、顷接、前接、近接、现接、奉、顷奉、查、鉴于；欣悉、惊悉、已悉、谨悉、电悉、……收悉；……为……特，……现……如下，等等。

(3) 追叙词：用以引出被追叙事实的词。常见的有业经、前经、均经、经、复经等。

(4) 承转词：又称过渡用语。主要有为此、据此、故此、鉴于此、综上所述、总之等。

(5) 祈请词：又称期请词或请示词，用于向受文者表示请求与希望。主要有希、敬希、请、望、烦请、恳请、希望、要求等。

(6) 商洽词：又称询问词，用于征询对方意见，具有探询语气。主要有是否可行、妥否、当否、是否妥当、是否同意、意见如何等。

(7) 受事词：向对方表示感激、感谢时使用的词。主要有蒙、承蒙等。

(8) 命令词：表示命令或告诫语气的词。表命令的有着令、着、特命、责成、令其、着即等。表告诫的有切、毋、不得有误、严格办理、切实执行等。

(9) 目的词：直接交代行文目的的词。用于上行文的有请批复、函复、批示、告知、批转、转发等；用于下行文的有遵照办理、参照执行、查照办理等；用于知照性的有周知、知照、备案、审阅等。

(10) 表态词：又称回复用语，针对对方的请示、问函，表示明确意见时使用的词语。主要有应、应该、同意、不同意、准予备案、特此批准、请即试行、按照执行、可行、不可行、迅即办理等。

(11) 结尾词：置于正文最后，表示正文结束的词语。用于结束上文的词语主要有此布、特此通知、特此批复、函复、特予公布、此致、谨此、此令、特此等；用于再次表明行文目的与要求的有……为要、……为盼、……为荷等；表示敬意的有敬礼、致以谢意、谨致谢忱等。

2. 专业术语

应用文写作最大的特征就是实用性，无法回避各行各业的大量专业用语。因此，应用文作者应熟悉专业业务，准确使用专业术语，体现出应用文写作语言简明、准确的特点。

3. 大量使用数字

应用文写作常用数字来说明问题，因此，经常大量使用数字。在分析问题、说明问题时，运用数字可以比较明确地表达事物的状态，从而加深对该事物的认识。

4. 语言书面化

应用文的写作性质决定了其语言风格简明、规范、严肃，而书面语能较好地达到这一语言要求，因此，应用文语言大多数采用书面语进行书写。

5. 文言词汇活跃

应用文在长期使用过程中有一些凝练的古典词汇流传至今，在列举的常用事务性语言中已有所体现。如妥否、承蒙、希予接洽为荷等。这类词表现出应用文语言庄重、大方的风格。

例如：

人民解放军所到之处，深望各界人民予以协助。兹特宣布约法三章，愿与我全国人民共同遵守之。(摘自《中国人民解放军布告》1949-4-25)

评析："所""之""予以""兹特"等均属古语词的范畴。如果强行换成翻译后的词句，不仅没有原文那样精炼，连语体风格也不同了。

古语词在公文语体中的恰当运用，扩充了文章的信息含量。不仅满足了字面意思的表达需要，而且在文字背后赋予了力量。古语词能给人一种质朴、典雅的美感，且背后隐含了一种"言必行，行必果"的意味，有不容置疑的权威性。

(三) 应用文的语言表达方式

1. 叙述

叙述即把人物的经历和事物发展变化的过程表达出来，它是写作中运用最广泛的一种表达方式，几乎适用于各种文体的写作。叙述有具体详细的叙述，有简单概括的叙述。叙述的方法有顺叙、倒叙、插叙、平叙。完整的叙述包括时间、地点、人物、事件、原因、结果六要素。应用文的叙述一般以简单概括为主，目的是介绍、交代、说明事件发生、发展变化的原因、特点，讲事实、列材料，从而为主题服务。

2. 说明

说明即把事物的形状、性质、特征、成因、关系、功能等解说清楚。说明的方法有许多，主要有概括说明、定义说明、分类说明、举例说明、比较说明、数字说明、图表说明、引用说明等。说明的基本要求是解说清楚、深刻，能够表现事物的特点和本质。应用文的说明以概括说明为主，客观地说明原因、目的、方法，明确地指出应该怎样做、不应该怎样做、什么时候做以及做事的步骤和方法等。

3. 议论

议论即作者对客观事物进行评论，以表明自己的观点和态度。在以记叙性和说明性为主的文章中，议论是在叙述、描写或说明的基础上，引出作者的感想、认识，直接表达作者对人物、事件或某些事物的评价，目的是增强文章的表达效果。应用文的议论一般只在叙述、说明的基础上进行，一般无须长篇大论，无须做比较复杂的逻辑推理，也不一定要具备论点、论据、论证这样一个完整的议论过程，只求对事物加以论断，直截了当地提出论点，简要分析议论，点到为止，不展开，不做深入论证。

优秀例文1-2

陈一新的疫情防控动员讲话

各位区委书记、区长，同志们：

我是陈一新，又回到你们中间来了(开头朴实直白，给人一种久违的老朋友回来的亲切感)。虽然因工作需要调离武汉已两年，但我一直心系武汉、"身"在你们"群"中，时刻关注着武汉的发展，特别是这次防控疫情的斗争(衔接过渡句，"身"在你们"群"中表述形象，一语双关)。党中央决定：我担任中央指导组副组长，又能与你们一同战斗了(一句话把这次回来的目的、个人心境较好地表达出来)。现在，武汉"应收尽收"攻坚战的冲锋号已经吹响，中央指导组提出了明确要求，省市指挥部已作出部署(着眼当前工作形势来讲)。我们务必统一思想，坚决贯彻，夺取胜利(表明态度决心)。因这两天大家工作忙、任务重、时间紧，为不耽搁大家抓落实时间，我想借助微信群，在"群"里与大家见面，并就打好"应收尽收"攻坚战，再强调几点要求(注意这里的用语，既传递了关爱、温情的一面，也体现了务实、严谨的作风)。

(正文部分从思想认识、目标要求、责任机制、保障举措四个方面，紧盯防控疫情这个实际来展开，讲得很真实，能够打动人心)

——思想认识要深化。做到"应收尽收"，是贯彻落实习近平总书记重要指示的政治任务(从讲政治层面来提领认识，说明落实的重要性)。自疫情发生以来，习近平总书记高度重视，对武汉尤其牵挂在心。"应收尽收，刻不容缓"，是习近平总书记提出的明确要求，是一道不折不扣要执行到位的命令(传递领袖关怀、阐明责任意义)。能不能做到"应收尽收"，是检验广大党员干部有没有做到"两个维护"的试金石(重申强调，讲得很严肃)。做到"应收尽收"，是阻断疫情传播源、打赢防控阻击战的关键一招(从疫情防控层面来统一思想，说明落实的紧迫性)。"水龙头不关，拖地板再起劲也是徒劳。"(表述很形象，把问题阐述得通俗易懂)把人民群众生命健康安全放在第一位，不是一句口号，必须落实在"应收尽收、不落一人"的具体行动上，体现在最大限度降低疫情死亡率上(语气坚决严肃，不容置疑)。做到"应收尽收"，是展示武汉干部拼搏担当的重要契机(从检验干部担当层面来动员，进一步激发主动性，振奋精气神)。武汉疫情牵动着全国人民的心，"武汉加油"正响彻神州大地，"一方有难、八方支援"的氛围日益浓厚。在这个紧要关头，武汉干部必须克难攻坚，展现武汉担当、武汉精神、武汉效率(话语铿锵有力，给人一种时不我待、刻不容缓、舍我其谁的紧迫感)。

——目标要求要明确。对确诊患者、疑似患者、发热患者、密切接触者"四类人员"实行分类收治和隔离留观管理，这是依法科学防控之策，是减存量、控增量、防变量的管用之举，必须统筹推进、全面落实，做到360度无死角**(既阐明重要意义，也坚定推进决心)**。其中，做到对重症患者"应收尽收"，是最紧迫、最要紧的硬任务，是中央指导组部署的重大攻坚任务**(紧盯中央要求，突出重点来讲)**。安全稳妥全面完成重症患者"应收尽收"，是打好打赢今天这场硬仗的目标要求，是一条底线，是一个军令状，没有讨价还价的余地，绝不能拖延，绝不能以种种理由推脱**(从打赢硬仗的要求来进一步阐述)**。各区务必对表对标，争分夺秒，排除万难，奋力夺取全面胜利**(在前面两层铺垫阐述的基础上，对贯彻执行提出要求)**。

——责任机制要健全。做好"应收尽收"工作，既要鼓舞士气，又要严肃问责**(亮明观点)**。基层干部很辛苦，我们要坚持严爱并举，既要为他们担当拼搏撑腰，也要给他们完成任务压担子**(对前面观点展开论述，同时引出下文)**。我看要建立三项制度**(既有前面的态度，也有务实的措施)**：一是实行一小时通报制度。今天各区每隔一小时要向省市指挥部报告一次进展情况，碰到什么新问题、新难题，都要及时如实汇报。各区对街道也要建立这样的制度，环环紧扣、步步紧逼，绝不能掉链子**(两句话两个层级都要这样落实)**。二是领导干部下沉包干、靠前指挥机制。市级干部要下沉到区里，靠前指挥，区级干部要下沉到街道，包干负责，与基层干部并肩作战**(从市、区两级干部下沉来讲)**。三是建立激励问责机制。急事难事看担当。要以结果论英雄，把完成"应收尽收"任务作为考察干部完成急、难、险、重任务能力的重要依据，作为评价干部政治觉悟和素质的重要依据，作为干部表彰表扬、提拔使用的重要依据**(三个作为把结果考评进一步具体化)**。对没有完成任务的，要动真格、不手软，视情依纪依规严肃问责**(严明纪律)**。

——保障举措要到位。要做好群众思想工作，设身处地为患者着想，带着感情、耐心细致做工作**(思想保障，放在第一位讲)**。领导干部要坚决克服形式主义、官僚主义，勇于担当、敢于负责，走在前列、做好表率**(对领导干部做表率提要求)**；要统一指挥调度，加强物资保障，强化运转衔接顺畅**(讲组织指挥保障)**；要加强工作力量，加大机关党员干部下派社区力度，充分发挥政法单位基层党组织战斗堡垒作用和党员先锋模范作用**(讲人员保障)**；要完善应急保障，做好安全防护，确保干部安全开展工作**(讲应急保障)**；要统筹网上网下两个战场，加强舆论引导，落实依法办理、舆论引导、社会面管控"三同步"机制，依法严肃处理网上谣言，宣传防疫抗疫一线的感人事迹，讲好抗击疫情故事，展现团结一心、同舟共济的精神风貌，为防控疫情营造良好的舆论氛围**(讲舆论管控层面的保障，六个方面也是下一步要抓的六个重点，都不能忽视)**。

回湖北武汉为湖北武汉人民办实事、处理急事，这是我的责任**(体现了个人面对任务的实干担当)**。我相信，有习近平总书记领航掌舵，有以习近平同志为核心的党中央坚强领导，有习近平新时代中国特色社会主义思想的科学指引，有湖北武汉人民的团结奋斗，湖北武汉一定能夺取这场抗疫斗争的胜利！**(最后一段话，传递了坚定的信心，给人鼓舞，感人奋进)**

资料来源：人民网[EB/OL]. http://yuqing.people.com.cn/n1/2020/0210/c209043-31580184.html, 2020-02-10.

问题诊断

指出下面这份公文中的毛病，提出修改意见。

××公司关于进行职业道德教育的通知

各单位：

今年一月以来，公司开展了一系列以职业道德为主题的活动，各单位纷纷行动起来，采取各种各样的形式开展这一活动，在公司上下掀起了"爱我岗位，全心全意为客户服务"的热潮。通过学习，许多干部职员明确了职责，服务质量不断提高，受到了客户的普遍好评，收到良好的社会效益。但是仍然存在不少问题，有的营业员对客户态度冷漠，对他们的询问不理不睬；有的不按服务用语答复客户，最近还发生了×××营业厅营业员与客户争吵的恶性事件，造成了极其恶劣的影响。这说明，在当前进一步深入开展职业道德教育十分必要。现将有关材料发给你们，望组织员工认真学习，不断提高干部员工的职业道德水平。

××公司

××××年×月×日

提示：

1. 标题"进行"一词不当，应改为"加强"。

2. 正文内容详略失当。作为布置性通知，不仅要让受文单位知道为什么做、做什么，更应说明怎么做。但这份通知大量篇幅用在了对以前所做工作的介绍上，而对怎么做基本上没有涉及，应提出加强职业道德教育学习的组织领导方法、要求等。

语言训练

在日常写作中，我们的学生常常苦于"无材可用""无话可说"，甚至发出"巧妇难为无米之炊"的感慨，认真想一下，其实"米"就在我们每个同学的手中。理解素材的角度不是唯一的，应是多元的。"横看成岭侧成峰，远近高低各不同"说的便是这个道理。请认真阅读以下素材，尝试发散思维，多角度感悟，说说你从素材中能找到哪些合情合理的立意，看看谁想的角度多、更合理、更接地气。

父子两人住在山上，每天都要赶牛车下山卖柴。老父亲较有经验，坐镇驾车。山路崎岖，弯道特多，儿子眼神较好，总是在要转弯时提醒道："爹，转弯啦！"有一次，父亲因病没有下山，儿子一人驾车。到了弯道，牛怎么也不肯转弯，儿子用尽方法，下车又推又拉，还用青草诱导，但牛一动不动。到底是怎么回事？儿子百思不得其解。最后只有一个办法，他左右看看无人，贴近牛的耳朵大声叫道："爹，转弯啦！"牛应声而动。

文化采撷

写材料必备之活学活用古文

1. 立业建功，事事要从实地着脚，若少慕声闻，便成伪果。

——语出《菜根谭》，大意是立业建功，事事要从实处着手，若稍微贪慕名声，便不能得到真实的收获。该句强调做事要脚踏实地，不能贪图声名。

2. 所贵惟贤，所宝惟谷。

——语出张衡《东京赋》。正所谓粮稳则天下安，粮食安全是保证国家经济安全、社会稳定和国家自立的全局性重大战略问题，所以"所贵惟贤，所宝惟谷"。该句也可以用来形容人才的重要性。

3. 君子之德风，小人之德草，草上之风必偃。

——语出《论语》。大意是上层的道德好比风，平民百姓的言行表现像草，风吹在草上，草一定顺着风的方向倒。该句可用来强调领导干部讲道德、修官德的重要性。

4. 官德彰则民风淳，官德毁则世风降。

——该句同样强调领导干部讲道德、修官德的重要性。领导干部一定要始终崇德尚德、敦品砺行、向上向善、引领风尚。

5. 君子检身，常若有过。

——语出《亢仓子·训道篇》，大意是君子检点自身，随时反省，就像常有过失一样。该句可以用来形容党员干部要时刻提醒自己，及时反省不足。

6. 天下事有难易乎？为之，则难者亦易矣；不为，则易者亦难矣。

——语出彭端淑《为学一首示子侄》，大意是天下的事情有困难和容易之分。做了，那么困难也变得容易；不做，那么容易也变得困难。该句可以用来强调干事创业，关键在做。

7. 善为国者，遇民如父母之爱子，兄之爱弟，闻其饥寒为之哀，见其劳苦为之悲。

——语出刘向《说苑·政理》，大意是善于治国的人对待民众，就像父母对待自己的孩子、兄长爱护自己的兄弟一样，听到他们遭受饥寒，为之感到哀伤；见到他们劳苦的状态，为之感到伤悲。该句可以用来强调党员干部要真正与老百姓苦乐与共。

第三节 善改者赢，善舍者明——应用文写作的方法

课前阅读

做好工作的唯一办法，是热爱自己的工作。你们如果还没有发现自己喜欢什么，那就不断地去寻找。

如果把每一天都当作生命的最后一天，那么一切都会好起来。

你们的时间都有限，所以不要按照别人的意愿去活。不要让别人观点的聒噪声淹没自己的心声。

求知若饥，虚心若愚。

你憧憬未来的时候，不会去想着把所有的事联系起来；只有在回忆过去的时候，才会将这点点滴滴联系在一起。

一定要相信：勇气、目标、生命、缘起……一切都不会令你失望，只会增加你的与众不同。

——摘自史蒂芬·乔布斯斯坦福大学演讲

失败意味着剥离掉那些不必要的东西。我因此不再伪装自己、远离自我，而重新开始把所有精力放在对我最重要的事情上。

从挫折中获得智慧、变得坚强，意味着你比以往任何时候都更有能力生存。只有在逆境来临的时候，你才会真正认识你自己，了解身边的人。

生活是艰辛的、复杂的，超出任何人的控制能力，而谦恭地了解这一点，将使你历经沧桑后能够更好地生存。

——摘自J. K. 罗琳杜兰大学演讲

在现代生活中，应用文既是一种实用的语言载体，也是一种思想和情感的表达方式。林肯著名的葛底斯堡演说，毛泽东在开国大典上的庄严声明，陈寅恪"独立之精神，自由之思想"的演讲，马丁·路德金在《我有一个梦想》中的慷慨陈词，都能够让听众和读者领会到其中蕴含的情怀、思想和人格魅力。因此，学习应用文写作对当代青年学生有着十分重大的意义。

一、应用文写作的方法

(一) 应用文写作的思维

应用文写作是一种社会实践性很强的精神生产行为，自始至终都伴随写作主体积极的思维活动。因此，学习写作，不仅要注重成品——文章，更要研究形成文章之前那些看不清、摸不着、充满矛盾、反复的、极为复杂的心理活动。应用文写作主要有以下几种写作思维。

1. 分类、比较思维

比较思维是通过事物之间的异同关系来进行论述的一种思维方法。我们对于客观事物的认识都是通过一些事物和另一事物的异同进行比较，将杂乱、感性的材料分类，这为认识事物的稳定联系奠定基础。例如，我们将改革开放前和改革开放后人们在政治、经济、文化、生活方面的表现进行比较，以加深认识。

2. 抽象、概括思维

抽象、概括是在比较的基础上展开的。在比较的基础上，对事物的属性和内涵进行提升，以此达到理性认识的目的。在具体的写作过程中，明确概念、进行判断、提炼主旨、表明中心、拟写提纲、设计标题都离不开抽象和概括。

例如：

《哲学思维的四个触角》全文分为五个部分。第一部分指出人类文明通常是由科学、神学(包括宗教)、艺术(包括美学)和哲学四大板块构成，哲学思维的与众不同之处在于，它是一种前提性的、刨根究底的思维。第二部分是从哲学的外部视角，概括出哲学的第一个触角是伸向外部世界，指出哲学起源于人们对外部世界的惊奇。第三部分从哲学的内部视角，概括出哲学的第二个触角是伸向内部世界。随着思维的深入和成熟，哲学思维开始倒过来指向人类自身，尤其是精神世界。第四部分是从哲学的语言视角，概括出人们生活在这个世界的语言表述中。哲学就是对人们的语言进行分析和治疗。第五部分是从哲学的镜像视角，概括出哲学也在不断地追求自己的镜像，即追求理想化的哲学自身。

3. 分析、综合思维

分析和综合是辩证思维的基本方法，分析是把客观事物的整体分解为部分、方面、要素，以便逐个加以研究。综合是把客观事物的部分、方面、因素统一起来，在思维中形成对客观事物整体认识的一种方法。制订计划，要分条列项；做总结，要分类分层；做产品，要逐项说明；写调查报告，要逐项分析。

4. 递进思维

递进思维分为发现问题、提出问题、研究问题、提出假设和检验假设等过程，呈现递进趋势。

(二) 应用文写作的过程

1. 写作的准备

没有准备，就不能写出好文章，应用文的写作也不例外。

首先，要进行材料准备，在写作前应把所需的材料准备好。材料收集得越充分、越全面，从中提炼、归纳出的观点就越可靠、越实在，下笔时选择材料的余地就越大，写起来就越顺手。

其次，要进行思想观点的准备。主要是指明确写作的目的性、针对性、文章的主题和中心，还要对多种不同观点进行比较和认定等。

最后，要做好思路格局的准备。有了材料，又有了明确的主题思想，就应当考虑这些材料的观点如何围绕主题安排布局，从而形成一个清楚的思路，要想好一篇文章分几个部分，每个部分都应包括哪些内容，先写什么，后写什么，哪些内容为主，哪些内容为辅，使用哪些材料，哪些该详细，哪些该省略，如何突出重点，上下左右如何衔接等。想清楚后先写个提纲，这样既可以提高写作质量，也可以加快写作速度。

以上三个方面的准备，互相关联，缺一不可，往往同时进行。写作准备既是收集整理材料、挑选典型的过程，也是综合归纳、提炼主旨的过程。

2. 应用文的起草

明确了写作目的，有了一定的素材，确定了主题思想，构思了一个大纲，就可以动手起草应用文了。

首先，必须坚定不移地按照主旨去组织文章。

其次，要尽可能把与主题有关的观点和材料写进去。

再次，一气呵成。要做到初稿的一气呵成，最重要的是事前充分酝酿，力争使观点材料烂熟于心、融会贯通，同时要排除一切干扰，静下心来。

3. 应用文的修改

古人所说的"善做不如善改，文章不厌百回改"是很有道理的。有经验的作者都有这样的体会：修改才是真正的写作。宋人朱弁在《曲洧旧闻》中谈到欧阳修写文章时说："读欧公文，疑其随意写出，不假斧削功夫；及见其草，修饰之后，与始落笔，有十不存五六者，乃知文章全藉改窜也。"

应用文的修改，主要是改观点、改材料、改结构、改语言。

(1) 观点的修正。观点的修正是文章修改的第一步。因为观点是文章的灵魂，只有观点校正后，各部分的修正才有准绳。

(2) 材料的增删。清代学者魏际瑞在《伯子论文》中说："善改者不如善删，善取者不如善舍。"善于删去文章中的材料，是作者富有写作才能的一种表现。魏巍的通讯《谁是最可爱的人》原稿用了20多个材料，后来作者一删再删，最后只剩下3个材料，整篇文章也才3000多字。

(3) 段落的调整。文章的段落是一个相对独立又有完整意义的单位。段落怎么安排，一是要符合作者的思想，二是要符合文种格式的具体要求。如果不符合上述两个要求，段落就要调整。

(4) 语言的润饰。语言的润饰是文章修改的最后一步。润饰的目的是使应用文的语言更准确、更简洁、更质朴。具体可以从以下几个步骤着手润饰语言。

第一，检查词语是否妥帖，每个句子是否正确地表达了主题。

第二，删去可有可无的文字，文章才能豁达、醒目。

第三，调整和增补文字，使文章更加畅达、清楚。调整侧重于字、词、句、逻辑关系的变动，增补侧重于文义的充实和完善。

例如：

1. 感染相同病菌的病人将集中照顾。

句中"将"字后应加"被"字，即"将被集中照顾"。这里的"被"字作介词，用于被动句，引进动作的施事，前面的主语是动作的受事。

2. 加强实践教学环节与实践教学考核管理力度。

"加强……力度""力度……加快""扩大……力度"，这种动宾不搭配造成的病句也是相当普遍的，正确的用法应是"加大……力度"。

3. 当他站在事业的巅峰，却为何鸟尽弓藏，功成身退。

"当"一般与"时"组合成"当……时"类型的句式，有"当"后面必带"时"，否则句子就不通畅。原句改为"当他站在事业的巅峰时"，句子就通顺了。

4. 应当说全国上下都是有所认识。

"是……的"这类句式，也是不少报纸常用错的。一般来讲，前面有"是"，后面应该有"的"与之组合搭配。原句句末加个"的"字，句子就完整通畅了。

公文写作中修改文稿的四原则

先统揽全局，后斟词酌句。修改文章要统观全局，从全篇着眼，从大处着手。开始修改时，不要急于逐字逐句去斟酌，而应该从大的方面，如领导意图、主题思想、内容结构、上级指示等方面去考虑，看是否符合上级领导意图，主题是否突出，观点是否正确，依据是否充分，结构是否严谨，措施是否可行等。然后再考虑局部问题，如用字、用词、用语是否简明、准确，语言是否流畅，标点符号是否规范，结构层次序数、数字书写是否符合要求，以及遣词造句、文字润色等。

增删改调，各得其所。增就是增补，把缺少的、不足的进行补充增加，凡是观点不明确，材料不具体，以及遗漏的字、词、句、段都要补充增加。删就是把繁杂多余的抹去、删掉，凡是与表达观点无关的材料，无关的字、词、句、段都要毫不吝惜地删去。改就是把错的、不正确的、不准确的改对、改准，凡是内容不正确，材料不准确，格式不恰当，安排不合适，以及错别字，不通、不好的句子，误用的标点符号，都要把它改对、改正、改好。调就是把次序、位置不当的加以调动、整理，凡是语句次序不当，段落层次安排不合适的，都要进行调整，做到各有其位、各得其所。

逐级把关，各负其责。公文修改不同于一般文章修改，在写作过程中有法定的程序，有法定的核稿、审定的负责人。通常情况下，要经过四个环节：一是起草者自己修改；二是本业务部门领导修改；三是办公室或文秘部门修改；四是领导修改。这四个环节都有修改把关的义务和责任，需要按各自的职责和能力认真修改，应防止两个倾向：一是认为反正有上级把关，在自己这一层次草率马虎，过手了事；二是不顾上下关系，不了解实际情况，自作主张，乱改一气。需要特别引起重视的是第一个倾向，大家都不认真，文稿一直送到最高层次，仍然是初稿模样，会给领导增添不少琐事。

质量第一，宁缺毋滥。要坚持高标准、严要求，一丝不苟，认真斟酌，反复推敲。对于内容一般化的文稿，要下功夫修改。对问题较严重，如不能准确反映主题思想，结构层次较乱，语言文字毛病较多的文稿，一定要推倒重来，或重新组织人员起草。衡量一篇文稿修改功夫下得够不够，不是看修改了多少遍，而要看主题是否鲜明，内容是否准确，是否提出了一些新观点，对指导工作能否产生作用。

资料来源：公选王遴选网[EB/OL]. http://lx.gongxuanwang.com/cktx/gwxz/1332.html, 2015-05-05.

4. 应用文的校对

首先，校对必须要以原稿为准。原稿是经过起草、修改、审定多个环节才定下来的，一般说差错是极少的。

其次，掌握校对的符号及用法。校对有一套专用符号，由于过去使用的符号较乱，国家新闻出版总署把校对符号加以标准化，制定了《中华人民共和国国家标准：校对符号及其用法(GB/T 14706—1993)》，从1994年起实施。

例如：

1. 共同举办了"光州市产业环境说明会"；"2019世界太阳能大会"；"全国浮法玻璃生产技术及产品质量控制研讨会"；"中央企业节能减排工作会议"。

会议名称用引号的较多。其实，只要不发生歧义，一般会议名称是不需要用引号的。

2. 取消护工的理由是：目前的护工专业资质不够；病房里秩序混乱。

此句中"专业资质不够"后的分号应改为逗号，因为前后两句均为简单句。

最后，注意文件的整齐美观。如果对校对的字与字、行与行的距离不加过问，对过宽或过紧的距离不去纠正，文件印制后，会给人很不舒服的感觉。应用文是比较严肃的文体，应该更加注重这方面的问题。

二、提高应用文写作水平的途径

(一) 端正态度，钻研业务

英国哲学家、教育家斯宾塞说过："硬塞知识的办法经常引起人对书籍的厌恶，这样就无法使人获得通过合理的教育所培养的那种自学能力，反而会使这种能力不断地退步。"应用文写作，是一项表达研究问题、处理工作、进行交流、解决问题的严肃工作。写作应用文要具备各方面的条件：要有鲜明的政策观念，正确的思想认识，丰富的业务知识，敏捷的思维能力，端正的写作态度。

应用文写作不单纯涉及写作技巧和文章形式的问题，而是"寓理之具""贯道之器"。没有理，没有道，是难以写出文章来的。应用文体，特别是公务文书，有强烈的思想性和政策性。作者只有认真学习马克思主义理论，学习党和国家的方针、政策，了解形势的发展，深入社会实际，把握工作情态，才能以正确的立场、观点、方法去认识事物、分析问题、解决问题。

除了学习理论知识之外，还要有丰富的业务知识，熟悉自己工作范围内的业务。知识贫乏、不熟悉业务、不深入了解情况，就不可能写出内容充实、材料准确的应用文章来。特别是专业性非常强的应用文书，如经济类、法律类和科技类的事务文书要求写作者有专门的知识和业务能力，只有这样才能正确地反映客观事物的发展规律。所以，端正写作态度，认真学好理论知识，深入钻研业务，是写好应用文的基本条件。

（二）勇于实践，提高素质

应用文写作课是一门实践性很强的课程，不能仅仅停留在应用文写作理论知识的层面上，还要从培养适应现代社会需要的、富有创造精神和竞争力人才的角度出发，通过严格的写作基本功训练，使自己在理论与实践相结合的过程中掌握写作规律，提高应用文写作的能力和水平，并在写作实践中培养自己健全的人格、高尚的情操、坚强的意志、认真的态度，从而提高自己的综合素质。

写作实践是强化写作思路的重要环节。以写作一篇调查报告为例，不仅要重视理论，更要重视写作实践。在写作实践中，必须走出课堂，步入社会，深入实际生活，亲自实践"调查——研究——写作"的写作全过程，从而获得课堂上根本无法学到的实际写作技能。在写作之前，一定要先拟定调查提纲，查阅有关资料，熟悉调查对象的基本情况。在调查过程中，还应仔细观察调查对象的形状、特征，也可以通过提问、谈话、交往、问卷等方式进一步收集深层次的材料，并且牢牢记住。通过调查，在采集大量第一手和第二手资料的基础上，获取感性认识，这只是完成了调查报告写作的第一步；要把这些感性认识升华为理性认识，还必须对材料进行"去粗取精，去伪存真，由此及彼，由表及里"的科学分析、深入研究，从中归纳出一些规律性的东西，这是调查报告写作的第二步，也是写好调查报告至关重要的一步；完成上述两步后，再经过材料分类、归纳，观点提炼，确立全文主旨，构思结构安排一系列过程，最后动笔写作。这样，不仅培养了自己科学分析的意识，而且锻炼了自己独立分析研究问题的能力。

（三）认真研读，反复修改

宋代文学家欧阳修说，学习写作要"看多，做多"。此外，要想提高写作水平，还要多练。

看多，即多读多看报刊书籍，这对于提高写作能力有着重要的作用。它能开阔视野，广泛了解社会；可以增长知识，充实写作内容；可以学习写作方法。对一些佳作名篇，应反复研读，仔细揣摩，从中领悟"应该怎么写"和"不该怎么写"。"凡操千曲而后晓声，观千剑而后识器"，说的就是这个意思。

做多，就是要进行写作实践。古人所说的"多读乃藉人之功夫，多做乃切实求己工夫，其益相去甚远"，就是强调写作实践的意义。写作是一种能力，如同绘画、游泳一样，光靠"听讲"和"看书"是不行的，还要靠自己去练。著名的语文教育家、作家叶圣陶说得好："所谓能力不是一会儿就能够从无到有的，看看小孩子养成走路说话的能力多么麻烦。阅读跟写作不会比走路和说话容易，一要得其道，二要经常历练，历练成了习惯，才算有了这种能力。"这就是说，学习写作，不但要读书悟理得其道，更重要的是要将这种"道"变成实际的能力，读别人的书和文章是为了学习、借鉴，写文章最终还要靠自己去写、去表达。

此外，还应多练，即要不断地学习，不断地进行训练，养成一种勤学多练的习惯，从而把知识变成技能，把技能变成技巧。所谓熟能生巧，就是指熟练地掌握某种技巧。写作也是一样，写多了，练多了，就能写出得心应手的文章来。

优秀例文1-3

球队主场搬迁通告

背景：2017赛季之后，某足球队因种种原因即将搬离某城市，以通告的形式回答了广大球迷关心的问题。本通告不仅逻辑清晰，结构严谨，更是感情真挚，用词华丽，是一篇兼具实用性和抒情性的优美文章。通告共分四段，下面我们一起分析一下。(俱乐部用HX代替，原主场用QHD代替，新主场用LF代替。原主场和新主场均在同一省HB内)

我们深知，自2017赛季结束以来，广大球迷朋友一直心系主场事宜。基于长期发展需要，经多方考量、谨慎决定并通过审查，2018赛季HX足球俱乐部主场正式落位LF市体育场。

评析：非常直白的开场，直接点出了主场搬迁的事宜。其中，"我们深知……广大球迷朋友一直心系主场事宜"，说明了俱乐部了解球迷的心声，始终将球迷的关心放在心上。紧接着点出搬迁的原因和决策的过程，寥寥数语，一个关心球迷、行事认真、决策严谨的俱乐部形象浮现眼前，显示作者老练的文字功底。

主场事宜虽尘埃落定，离愁别绪仍萦绕心头。三年时光，我们将青春烙印在美丽的海滨城市QHD，我们将回忆书写在QHD奥体中心的碧海银帆间。感谢这座城市给予我们的哺育与滋养，感谢市政府、市体育局、市公安局及各有关部门对我俱乐部工作的大力支持。晨光熹微，曾爱过你绿草茵茵旁的波光粼粼；夜幕低垂，也爱着你狂欢尽散后的胸口余温。感谢QHD的球迷朋友，三年中数不清多少次我们携手并肩，那些呐喊和助威，旗海与人潮，此间的笑泪将继续闪耀在未来的征途中。我们永远不会忘记，这里，是梦开启的地方，与这座城市有关的故事和人们亦将永载史册。

评析：这一段写得非常有情怀，许多句子就是优美的散文句式。本段首先以离别情绪带出回忆，指出三年的相聚时光，很容易让读者特别是经历过的球迷回想起美好的过往。紧接着感谢，感谢政府机构的支持，感谢本地球迷的并肩战斗。感谢中间穿插了"晨光熹微和夜幕低垂"两句，单从文字上看，对仗工整，文采斐然，但放的位置有待斟酌，个人感觉放到感谢球迷之后，衔接更为顺畅。最后一句"我们永远不会忘记"，再次指出了这座城市对球队的重要意义(永载史册)，同时总结升华了开启梦想之旅的初始，与"不忘初心"暗相呼应，同时也为下一段"继续前进"埋下伏笔。

一路成长，感谢始终陪伴前行的全体HB球迷。三个年头，45场联赛，664789人次先后来到主场，你们是俱乐部最坚实的后盾，是球队最忠实的战友。我们写诗，我们有酒，我们有远大但切实的梦。未来，HX将在LF市体育场全新启航，我们会坚持为HB球迷提供观赛便利，尽最大努力为球迷带来幸福感。坚守信仰，笃志前行，战役才刚刚打响，光荣的老兵不死，亦不会凋零，皆因我们仍将共同战斗在HB大地的热土上。打造百年俱乐部的画卷已经铺陈，我们的故事尚未开始，未来的辉煌亦将由我们一同书写。

评析：本段可以分为三个层次：一是用数据点出了全省球迷对球队的支持，彰显了俱乐部认真、扎实做事的态度(数据统计翔实，记录全面)，也再次说明了我们是同一个省的球队，搬迁到兄弟市无关全省大局，由一市之地上升为一省之情；二是指出了搬迁后依然为球迷提供方便，让原主场城市的球迷放心；三是用表决心的方式告诉大家，"百年画卷"开启，展现了俱乐部的雄心壮志。本段格局和站位提升，读起来昂扬向上，振奋人心。

吾梦圆处，尽是HB；吾身栖处，便是江湖。新的赛季即将来临，纵使前路充满挑战，我们信心百倍，亦满怀憧憬。2018，让奇迹发生！

评析：干净利落，铿锵有力，对新赛季期待之情跃然而出。

问题诊断

××市教育委员会上半年教育信息工作小结

半多年来，在各单位领导的关怀支持下，经过广大信息工作者的辛勤努力，我市教育系统的信息反馈工作取得一定成绩。各单位在消除"三多"的同时，提高了对信息工作重要性的认识，深入基层，调查了解情况，从全局工作着眼，加强对中心工作的分析研究，做到点面结合，坚持信息来源对于实际事务的了解分析，注重对教育工作中出现的新情况、新问题的分析和反馈，为各级领导工作提供了一些有价值的信息资料。1至7月份共收到信息稿件595件，采用88件，编发教育信息50期，从来稿情况看，各单位不尽平衡。

分析半年来的信息工作，距离标准要求仍有较大差距。总体来讲，内容不够全面和深刻，缺乏对新鲜经验的总结和提炼，缺乏对教育工作中倾向性问题的分析和反馈。特别应指出的是，一些较为重要的信息未能从教育信息这个渠道及时反馈上来。

为进一步搞好我市教育系统的信息工作，提出如下内容要点，仅供参考。

1. 县区领导同志抓教育工作的思路，拟采取哪些主要措施；

2. 本单位各类教育工作中突出的典型和经验；

3. 学校干部、教师队伍建设方面的问题和经验，落实市青年教师工作会议情况；

4. 广大教师、学生思想、情绪、认识方面的一些情况；

5. 学校加强思想政治工作方面的有关情况；

6. 市教委"关于进一步整顿校风的通知"的贯彻落实情况；

7. 实施九年义务教育的进展情况及好典型、好做法；

8. 教育经典、办学条件、教师待遇和教师住房等方面的情况；

9. 教育管理体制方面的情况，如干部、教师管理现状、利弊分析、改革实验情况；

10. 领导深入教学第一线，转变教育观念，加强理论学习，提高教育教学质量等方面的典型做法；

11. 庆祝教师节的安排意见及各级政府和社会支持教师教学情况。

信息工作是科学决策的基础。希望各单位的领导同志进一步提高对信息工作重要性的认识。希望广大信息工作者再接再厉，兢兢业业，不断提高信息质量，努力开创市教育信息工作新局面，力争进入全市工作先进行列。

附：上半年情况统计表(略)

提示：

1. 内容空洞。"半年多来""取得一定成绩"就表现为"为各级领导指导工作提供了一些有价值的信息资料"，什么资料？价值何在？未有写出。工作的"较大差距"，也写得漂浮泛泛，不具体，缺乏针对性。

2. 结构松散。基本情况的回顾与取得的成绩合写在一起，层次不清；"差距"部分，似为重点，但空泛、不具体；提出"进一步搞好"工作的"内容要点"虽占有较大篇幅，列出了11条，又与原有"差距"缺乏有机联系，未能前后呼应，致使总体结构松散。

3. 文不符题。题目是"教育信息工作小结",文内主要内容却是下一步工作的"内容要点",内容与题目不相符。从题目看,写成"工作小结",却缺乏确切的基本情况回顾以及做法、经验和体会等基本内容,不像一份总结。

语言训练

想想你最近读的一本书或者你看到的一篇文章,找到最打动你的一段话和大家分享,并谈谈理由。

文化采撷

向前辈学习文章修改的技法

1. 杜甫边吟边改法

杜甫写诗相当刻苦,也以苦吟得名,几乎到了呕心沥血的地步。他曾写诗"为人性僻耽佳句,语不惊人死不休",这是他自己的真实写照。如何"耽佳句"呢?他在《解闷十二首》中有一句诗"新诗改罢自长吟",不仅要吟,还要长吟。他要求自己"颇写阴何苦用心",阴何指阴铿和何逊,都是南北朝时的著名诗人,都以写诗刻苦著称,注意炼句,所以杜甫激励自己向他们学习,从而达到"晚节渐于诗律细"的地步。

2. 欧阳修诵读修改法

欧阳修在北宋初年的文坛上可以说是一位有影响力的领袖人物,王安石、苏轼对他都十分敬重,得到过他的提携。欧阳修对自己的写作十分认真,从不马虎草率。写完以后,还要诵诗和修改。他的修改方法十分独特,一篇文章的初稿写完以后,就贴到墙上,然后反复诵读,反复修改,直到自己满意为止。有一次,他写完了《画锦堂记》初稿,贴在书房的墙壁上,每天读一遍,见不合适的地方就改几个字或几句,日子一多,改来改去,原来初稿上的字几乎一个不留,全部改掉了。他的夫人见他如此反复修改,就劝他:"何必辛苦到这种程度?你的文章难道还怕那些老先生耻笑吗?"欧阳修笑道:"不怕老先生骂,却怕后生耻笑……"此文改定后,他就送给了当时的丞相韩琦。后来他觉得开头两句写得不好,便又写了一份派人送去,并附了一封信说:"前有未是,可换此本。"韩琦对照两份文稿,写得似乎完全相同,感到奇怪,再仔细复读,这才发现后送的文稿开头两句中多加了一个"而"字。此事虽小,却可看出欧阳修对文章修改的认真严肃和一丝不苟。

3. 鲁迅看中删改法

鲁迅在写文章之前有先打腹稿的习惯，所以文章多一气呵成，文稿的卷面也很整洁。尽管如此，他仍有修改文章的习惯。他这样说道："写完后至少看两遍，竭力将可有可无的字、句、段删去，毫不可惜。""宁可将可作小说的材料缩成Sketch，决不将Sketch材料拉成小说。"所谓Sketch，便是"素描"的意思，修改文章就是不断删改，宁可将小说改为素描，决不可将素描写为小说。

4. 叶圣陶念中修改法

叶圣陶长期从事教育工作，又在教育和出版部门担任领导职务，所以他写过很多有关如何写作的文章。其中，他的《和教师谈合作》中，共八篇中长篇说到文章修改。叶圣陶认为："写完一篇东西，念几遍，对修改大有好处。"为什么要念几遍呢？他说："念下去顺当，就因为语言流畅妥帖，而语言流畅妥帖，也就是意思的流畅妥帖。反过去，念下去不顺当，必然是语言有这样那样的疙瘩，而语言的任何疙瘩，也就是思想上的疙瘩。写东西表达意思，本来跟说一番话情形相同，所不同的仅仅在于说话用嘴，写东西用笔。因此，用念的办法——也就是用说话的办法来检验写成的稿子，最为方便而且有效。"叶圣陶所说的"念"的方法有两种：一种是念出声来，另一种"也可以不出声念，只在心中默默地说"，也就是我们通常所说的默念。如果我们每个文秘人员坚持写完稿后念几遍，我相信对提高写作能力、做好记录和形成良好文风大有益处。

5. 孙犁孤芳自赏修改法

孙犁把修改文章作为写作的一个重要环节，在《文学与生活的路》一文中说："我们要养成认真思考，认真读书，认真修改稿件的习惯。我觉得我别的长处没有，在修改稿件上，可以说是下苦功的。一篇短稿改来改去，我是能够背过的。哪个地方改了一个标点，改了一个字，我是能记得的。长篇小说每一章，当时我是能背下来的。在发表以前，我是看了若干遍的；在发表之后，我还要看，这也许有点孤芳自赏的味道。搞文字写作，不这样不行。"孙犁为什么如此重视修改呢？这在于他把修改提到了一定高度："修改文章，不是单纯文字技术问题，这样做，可以增加作品的生活幅度和思想深度，也是形成风格的主要因素。"

6. 秦牧修改创作法

秦牧认为："文章写完后，再阅读、再修改是一项十分重要的不可或缺的工序。"他的修改方式是："一篇文章(或者一本书的每一节)写成后，我起码修改两次，有时是三次。一面朗诵一面修改，不但改掉错字别字，理顺句子，删去繁词冗段，搞好标点，加强修辞，也还注意文字的节奏音响，总得修改到可以朗朗上口才罢。个别主要片断，我觉得不满意的，往往还重新写过，然后加以剪接。"在他看来,"修改,并不是消极地改错而已,它也是又一次的积极的创作"。

7. 何其芳全程修改法

现代著名作家和文学评论家何其芳,就文章修改曾做过专门探讨,他在《谈修改文章》一文中开宗明义地说:"修改是写作的一个主要部分。古今中外,凡是文章写得好的人,大概都是修改上用过功夫。"在一般人看来,修改通常是指文章写后的改动,但何其芳认为,文章在写的过程中甚至未写之前,就有一个"修改"的问题,如"对于主意布局的反复推敲,对于写作提纲的再三斟酌,都带有修改的意思"。在他看来,修改到位与否,并不在于修改次数多少,而在于是否符合两个标准:"一个是内容的正确,一个是读者容易接受。"因此,从写作以前到写完以后,从内容到形式,反复研究,充分修改,大有必要。

资料来源:老秘网[EB/OL]. http://www.caiyes.cn/thread-34664-1-1.html, 2013-3-22.

课题二　党政机关公文

教学目标

知识目标：了解党政机关公文以及通知、通报、报告、请示、函的概念、特点和种类；掌握党政机关公文的结构和写法。

能力目标：能够准确辨析党政机关公文与其他文体的差异；能够辨识党政机关公文要素在实际应用中的正误；能够分清通知、通报、报告、请示、函的适用范围。

思政目标：培养学生严谨务实、实事求是的工作作风；引导学生严格执行各项规章制度，严格遵守公文操作流程，严肃工作程序。

第一节　一秉至公，方言矩行——党政机关公文概述

公文写作与K歌技巧的相同之处

1. 必须要对所唱所写的东西有认知和感觉。
2. 歌曲和公文都有一定的格式。
3. 歌曲和公文都有节奏感。
4. K歌跑调和公文写作跑题都让人笑话。
5. K歌靠话筒，公文靠电脑，都要使用工具。
6. K歌和公文写作既要基本功，也要靠技巧。

那么，公文到底是什么？怎样才能写好公文呢？

一、党政机关公文的含义

中共中央办公厅、国务院办公厅联合颁布的——《党政机关公文处理工作条

例》(中办发〔2012〕14 号，2012 年 4 月 16 日印发)明确规定：党政机关公文是党政机关实施领导、履行职能、处理公务的具有特定效力和规范体式的文书，是传达贯彻党和国家方针政策，公布法规和规章，指导、布置和商洽工作，请示和答复问题，报告、通报和交流情况等的重要工具。

二、党政机关公文的特点

(一) 法定性

法定性，即法定的权威性。公文作为各级党政机关行使自身法定职权、处理各项公务活动的重要工具，它具有很强的约束力和权威性，主要体现在以下两个方面。

1. 公文的作者具有法定的权威性

公文的作者与其他文章作者不同，它不属于个人，它只能代表依照法律程序成立的国家党政机关，同时具有特定的职权并能根据自身的权限制发公文。在正常的情况下，我们个人写作的论文、作文、小说等文章的作者都是我们个人，但是一旦我们在机关组织内工作，草拟了一些公文，公文的作者不是草拟者本人，而是发文机关。

例如：

某同学考入公安局，成为一名文职人员，他草拟了一篇公文，必须以公安局的名义对外发布。在一般情况下，公文的作者是具有法定性的，必须是一定的组织机关。

2. 公文的内容具有法定的权威性

公文作为国家党政机关管理意志的体现，其内容具有法定的实际效用，任何单位与个人不得擅自变更和曲解内容，必须认真贯彻执行。

(二) 程序性

公文在撰写和制发的过程中，必须履行严格的公文处理程序。例如，公文的制发，必须经过起草、审核和签发等程序；公文的办理，也要经过签收、登记、分办、批办、承办和催办等程序。这些程序在《党政机关公文处理工作条例》中均有明确的规定，而这些程序规定也确保了公文的法定权威性和公文制发的质量。

(三) 规范性

规范性是指党政机关公文具有严格的程式性，即公文在撰写过程中要遵循固定的行款格式。公文的体式必须符合《党政机关公文处理工作条例》(以下简称《条例》)规定的体式，即规范体式。严格的规范性要求，是党政机关公文法定权威性的体现，同时也是提高工作效率的实际需要。

(四) 时效性

党政机关公文都是针对工作中亟待解决的实际问题而制发的，因而要求相关单位在撰写、印发和办理过程中讲求时效，以避免因公文的延误造成不应有的工作损失。

三、党政机关公文的种类

(一) 根据适用范围分类

最新的《条例》把党政机关公文分为15种，如表2-1所示。

表2-1 党政机关公文分类及示例

序号	文种	性质	用途	示例
1	决议	法规性	适用于会议讨论通过的重大决策事项	中共中央关于社会主义精神文明建设指导方针的决议
2	决定	法规性	适用于对重要事项做出决策和部署、奖惩有关单位和人员、变更或者撤销下级机关不适当的决定事项	交通部关于整顿治理道路水路运输市场的决定
3	命令(令)	法规性	适用于公布行政法规和规章、宣布施行重大强制性措施、批准授予和晋升衔级、嘉奖有关单位和人员	中华人民共和国主席令
4	公报	告知性	适用于公布重要决定或者重大事项	中国共产党第××届中央委员会第七次全体会议公报
5	公告	告知性	适用于向国内外宣布重要事项或者法定事项	中华人民共和国第十九届全国人民代表大会公告
6	通告	告知性 法规性	适用于在一定范围内公布应当遵守或者周知的事项	大连市甘井子区人民政府建设用地通告
7	意见	建议性	适用于对重要问题提出见解和处理办法	大连市公安局关于检查整改火险隐患的意见
8	通知	发布性 批转性 指示性 告知性	适用于发布、传达要求下级机关执行和有关单位周知或者执行的事项，以及批转、转发公文	关于开展消费扶贫行动的通知 关于印发《公务员公开遴选办法(试行)》的通知 国务院批转国家发展改革委关于2017年深化经济体制改革重点工作意见的通知 转发监察部监发〔2019〕2号文件的通知
9	通报	告知性 指导性	适用于表彰先进、批评错误、传达重要精神和告知重要情况	国务院办公厅关于对国务院第五次大督查发现的典型经验做法给予表扬的通报
10	报告	呈报性	适用于向上级机关汇报工作、反映情况，回复上级机关的询问	关于深入学习浙江"千村示范、万村整治"工程经验、扎实推进农村人居环境整治工作的报告
11	请示	请示性	适用于向上级机关请求指示、批准	××学校关于解决维修改造校园设施经费的请示
12	批复	批示性	适用于答复下级机关的请示事项	关于同意设立南远市行政审批局的批复

(续表)

序号	文种	性质	用途	示例
13	议案	法规性	适用于各级人民政府按照法律程序向同级人民代表大会或者人民代表大会常务委员会提请审议事项	关于加强招商引资中环境保护的议案
14	函	商洽性 请示性 征询性	适用于不相隶属机关之间商洽工作、询问和答复问题、请求批准和答复审批事项	××关于请协助开展某地科技创业扶贫专题调研的函
15	纪要	告知性 指导性	适用于记载会议主要情况和议定事项	国务院关于加强土地市场管理工作会议纪要

(二) 根据行文方向分类

行文方向是公文向不同层次的机关单位运行的去向。根据行文方向的不同，党政机关公文可分为上行文、下行文、平行文。

1. 上行文

上行文是指下级机关向具有隶属关系的上级机关报送的公文，如请示、报告等文种。

2. 下行文

下行文是指上级机关向所属的下级机关发送的或向公众公布的公文，如命令、决定等。

3. 平行文

平行文是指同级机关或不相隶属机关之间来往联系的公文，如函、议案等。

(三) 根据缓急程度分类

根据缓急程度，党政机关公文可分为特急、加急和一般文件。

(四) 根据保密等级分类

根据保密等级，党政机关公文可分为绝密文件、机密文件和秘密文件。

四、党政机关公文的作用

(一) 领导指导作用

下级机关在工作中遇到问题，自己无法解决或无权解决时，需向上级机关请求指示或请求批准，还必须定期或不定期地向上级机关汇报工作、反映情况、提出意见或建议。上级机关的意图则通过下行文下达。

(二) 宣传教育作用

传达贯彻党和国家的方针政策是公文所负的重要任务。公文在传达某一方针政策、规定人们应该怎么做的同时，还要说明为什么要这样做。这就增强了它的宣传教育作用。此外，针对现实生活中普遍存在的某些问题或认识偏差，摆事实，讲道理，进行启发诱导，倡导应该确立什么立场，应该坚持什么原则，应该做什么、怎样做，也同样起到了宣传教育作用。

(三) 沟通协调作用

公文中的公告、通告、公报、通知、通报、报告、请示和函等，都有交流信息的基本功能。交流信息，一方面是上情下达或下情上传，另一方面是友邻单位互通情报。有很多工作，仅靠一个单位很难顺利完成，往往需要地区与地区、单位与单位、团体与团体之间，互相协商，互相帮助，这些都可以通过公文运行，发挥它的沟通协调作用。

(四) 依据凭证作用

公文作为反映制发机关意图的文字凭证，具有行政效力。下行文，是下级机关开展工作的依据；上行文，是上级决策的依据；一个机关制作的公文，是自己履行职能、开展工作的真实记录和凭证。

五、党政机关公文的写作要求

(一) 准确

所谓准确，就是指常用党政机关公文的内容与党政机关公文所涉及的实际情况完全相符。写作时应做到：一是内容要真实准确；二是结论要准确；三是说明事理要准确；四是使用词语要准确。

(二) 简练

所谓简练，即用较少的语言文字表达较丰富的内容，言简意赅，真正做到"文约而事丰"。写作时应做到：一是有意识地运用"片言撮要"，即写文章时用一两句精炼扼要的话概括要点，并且放在文首或段首等醒目的地方；二是要力避重复、堆砌、冗赘。

例如：

抗美援朝初期，志愿军司令员彭德怀同志亲笔给党中央拟写了一份仅有六个字的紧急电报稿："饥无粮，寒无衣。"毛泽东同志收到这份电报后，迅速责令周恩来同志采取紧急措施，大批军事物资源源不断地运进朝鲜战场。

评析： 彭总电报之精，让人叫绝，惜墨如金，言简意赅，堪称军事文书的楷模，也是我们当今公文写作者借鉴的榜样。

(三) 平实

所谓平实，就是平直朴实。平直，就是采用直言的方式，有什么就说什么；朴实，指用语朴素实在。

(四) 规范

所谓规范，是指公文写作的标准性、规定性、统一性。写作格式、数字的书写、文字的使用、标点符号的使用、缩写词语、简称、计量单位等，都必须按照有关标准和规定执行。

例如：

"钱——资金""做小买卖的——商人""媳妇——妻子""奶奶——祖母""上西天——逝世"等，这些对应概念，应用文写作中只能使用后者，如果用了前者，既不规范，又有失庄重，与公文的语体特点和要求不相协调。

 **知识扩展**

如何才能把公文写短点

第一，抱西瓜者短。"既要抱西瓜，又要捡芝麻。"公文写作一定要抓住关键，不能面面俱到，不要泛泛而谈，要根据时间、地点、场合来判断、取舍，学会抓大放小，才能把公文写短。关键就是"西瓜"，其他就是"芝麻"，"西瓜"必须写，"芝麻"可捡可不捡。从素材取舍的角度来看，新事物、与受众有关的事物是重点，陈旧的、与受众无关的事物，能简就简。

第二，删繁就简者短。有的公文结构太复杂，有三级标题、四级标题，有的甚至还有五级标题，真是叠床架屋。这样的公文，貌似考虑很全面、思路很清晰，实则看的人、讲的人难受，听的人一头雾水，经常都不知道讲到第几层了，更难以弄清中心意思是什么。一般来说，公文有两级标题就够了，最多用三级标题。

第三，开门见山者短。公文不同于文学作品，讲究简洁、直接，开门见山，直奔主题，不绕弯子。公文每一段前三句一定要把想表达的主要观点、主要事实点出来，后面再做必要的阐述。这样能把公文写短点，受众也不累。

第四，意犹未尽者短。写公文一定要认准角色、站对角度，话说到什么程度，说多少、说多细、说多深，要根据对象、时间、场合来定，做到当行则行、当止则止、意犹未尽。要做到这一点，平时应多揣摩、多领悟。

第五，"土里土气"者短。公文语言讲究严谨、朴实，要求以书面语言表述为主，但也要接地气。"十八大"以来，公文文风发生了很大变化，比如，"房子是用来住的，不是用来炒的""精准扶贫，不落一人""鞋子合不合脚，自己穿了才知道"，这些话多么简洁，入脑又入心。

资料来源：党建网[EB/OL]. http://www.wenming.cn/djw/djw2016sy/djwjggz/201911/t20191104_5305832.shtml, 2019-11-04.

优秀例文2-1

××市2019年下半年中小学教师资格考试国考面试公告

根据《教育部考试中心关于2019年中小学教师资格考试考务相关事项的通知》(教试中心函〔2018〕231号)和《××省中小学教师资格考试改革工作实施方案(试行)》(×教发〔2015〕190号)有关规定，现将××市2019年下半年中小学教师资格考试国考面试有关事项公告如下：

一、笔试成绩查询

2019年下半年中小学教师资格考试笔试成绩由教育部考试中心公布，考生于2019年12月10日登录网站(ntce.neea.edu.cn)查询笔试成绩。

二、面试时间与地点

(一) 面试时间

2020年1月4日至5日(具体时间详见准考证)。

(二) 面试地点

具体地点详见准考证。

三、面试内容与形式

(一) 面试内容

主要考核申请人的职业认知、心理素质、仪表仪态、言语表达、思维品质等教师基本素养和教学设计、教学实施、教学评价等教学基本技能。如需了解《考试标准》和《考试大纲》(面试部分)等相关面试信息，可登录教育部中小学教师资格考试网站查询。

(二) 面试形式

面试采取结构化面试、情景模拟等方式，包括抽题、备课(活动设计)、回答规定问题、试讲(演示)、答辩(陈述)、评分等环节。

(三) 面试程序

1. 候考。考生持面试准考证、身份证，按时到达考点，进入候考室候考。

2. 抽题。按考点安排，登录面试测评软件系统，计算机从题库中随机抽取1道试题，经考生确认后，打印试题清单。

3. 备课。考生持备课纸、试题清单进入备课室，撰写教案(或活动演示方案)，备课20分钟。

4. 回答规定问题。考生由工作人员引导进入指定面试室。考官从题库中随机抽取2个规定问题，考生回答，时间5分钟。

5. 试讲/演示。考生按照准备的教案(或活动演示方案)进行试讲(或演示)，时间10分钟。

6. 答辩。考官围绕考生试讲(或演示)内容和测试项目进行提问，考生答辩，时间

5分钟。

(四) 面试科目

1. 小学教师资格考试面试科目分为小学语文、小学英语、小学社会、小学数学、小学科学、小学音乐、小学体育、小学美术、心理健康教育、信息技术、小学全科，考生需选择相应的报考科目；初级中学、高级中学教师资格考试面试科目，应与笔试科目三《学科知识与教学能力》相一致。

2. 根据教育部要求新增部分学科。其中，中小学教师资格考试初中、高中类别增设"心理健康教育""日语""俄语"学科；小学类别面试增设"心理健康教育""信息技术""小学全科"学科。

四、网上报名与现场确认

(一) 报名条件

符合《××省中小学教师资格考试改革工作实施方案(试行)》(×教发〔2015〕190号)规定的报名对象、报名条件，且参加全国中小学教师资格考试笔试各科目成绩合格并在有效期限内的，可报名参加本次面试。

(二) 网上报名

中小学教师资格考试面试实行网上报名，本次面试网上报名时间为2019年12月10日至12月13日16：00。符合报名条件者，可在规定的网报时间内，自行登录教育部中小学教师资格考试网(ntce.neea.edu.cn)，依照报名系统指引及相关要求填报信息。

注意事项：

1. 参加2019年下半年中小学教师资格考试笔试的考生，网报时不用重新注册。参加其他批次中小学教师资格考试笔试的考生，在面试报名前需要重新进行注册和填报个人及报考信息，重新注册操作不影响考生的面试报名资格。考生所报类别笔试各科目均合格，且成绩在有效期内的考生方具备面试报名资格。报名系统有判别考生笔试成绩是否具备报名资格的功能，笔试成绩尚不具备报名资格的考生将无法进行面试网上报名操作。

2. 报考小学、初级中学、高级中学教师资格考试面试，需在网报时选择本人笔试考区(即考生本人户籍或居住证所在市，全日制普通高校在读学生为就读学校所在市)。

3. 考生须本人登录教育部中小学教师资格考试网站报名系统进行网上报名，并对本人所填报的个人信息和报考信息的准确性负责。禁止培训机构和学校团体代替考生报名，如有违反规定造成填报信息有误的，责任由考生本人承担。

4. 如忘记密码，可通过教育部中小学教师资格考试网站报名系统提示重置密码，报名系统将把新的密码通过短信发送到考生笔试报名时所填报的手机上；若有考生变更手机号码，可通过拨打教育部考试中心教师资格考试客服电话核实身份后，进行人工重置密码，获取新的登录密码。(客服电话010-82345677)

(三) 现场确认

现场确认地点：××市公共行政服务中心三楼教育局窗口(大连市甘井子区东北北路101号)

现场确认时间：2019年12月11日—16日

工作日：上午8：30—12：00，下午13：00—17：00

周末：上午9：00—12：00，下午13：00—15：00

注意事项：

报考小学、初级中学、高级中学教师资格考试面试的考生，到本人所在市考区的现场确认地点办理现场确认手续。逾期未办理资格审查和确认信息手续的，视为放弃报考。

现场确认须携带以下材料：

1. 以户籍所在地或居住地报考的考生：

(1) 有效期内第二代居民身份证原件；

(2) 毕业证书原件，国(境)外学历需同时提交教育部留学服务中心出具的《国(境)外学历认证书》的原件；持军队院校学历的军籍人员除提供有效的毕业证外，还需提供当年军人服役证明或转业证明；持军队院校学历的非军籍人员除提供有效的毕业证外，还需提供招生入学时新生录取名册(新生录取名册可在当年就读学校招生部门档案中复印后盖章，不可以录取通知书代替)；

(3) 以户籍所在地报考的考生需提交本人户口本或集体户口证明原件，以居住地报考的考生需提交公安部门颁发的有效居住证。

2. 以工作单位所在地报考的考生：

(1) 有效期内第二代居民身份证原件；

(2) 毕业证书原件，国(境)外学历需同时提交教育部留学服务中心出具的《国(境)外学历认证书》的原件；

(3) 所在工作单位的工作证或者工作单位所在地公安机关颁发的有效居住证。

3. 以就读学校所在地报考的考生：

(1) 有效期内第二代居民身份证原件；

(2) 盖有学校公章、注册信息完整的学生证原件，学生证丢失或信息不全无法确认考生在全日制普通高校就读及在读年级的，应提交学校学籍管理部门出具的在籍学习证明。

(特别提示：请申请人注意，现场确认材料未说明事项由各市认定机构在其发布的认定公告中明确告知，请申请人以各市认定机构的公告为准)

(四) 考试缴费

审核合格通过的考生，应再次登录报名系统，在网上缴纳考试费。按照省物价局、省财政厅《关于调整我省教师资格考试收费标准的通知》(辽价发〔2016〕6号)

规定，我省中小学教师资格面试收费标准为：幼儿园、中等职业教师为每人220元，其他类教师为每人180元。网上缴费截止日期12月17日15：00，未按时缴费者视为放弃考试。考试费一旦缴纳，即入省级国库，无法退费，请考生注意。

(五) 准考证打印

打印面试准考证时间为2019年12月30日开始，考生自行登录教育部中小学教师资格考试网站报名系统下载、打印面试准考证，按照准考证上的时间、地点和相关要求参加面试。

五、面试成绩查询与合格证明发放

(一) 面试成绩查询

本次面试成绩查询时间为2020年3月3日，考生自行登录教育部中小学教师资格考试网站查询本次面试成绩。如对本人的面试成绩有异议，可在面试成绩公布后5个工作日内向所在考区提出复核申请。

(二) 合格证明发放

中小学教师资格考试笔试和面试均合格的考生，由教育部考试中心统一颁发《中小学教师资格考试合格证明》，该合格证明是申请教师资格认定时的必要条件。面试成绩公布后考试成绩合格的考生，可自行登录教育部中小学教师资格考试网(ntce.neea.edu.cn)"合格证查询"栏目，查询、下载、打印PDF格式"网页版"考试合格证明(黑白、彩打都可以)，提供给认定部门使用。考试合格证有效期3年，具体有效期以考试合格证明上标示的日期为准。

六、其他事项

(一) 考生应遵守教育部《面试考生守则》，如有违纪违规行为，按照《国家教育考试违规处理办法》(教育部第33号令)进行认定和处理。

(二) 考生要了解《考试标准》和《考试大纲》(面试部分)等信息，请登录教育部中小学教师资格考试网查询。

七、××市中小学教师资格考试国考面试组织单位及联系电话

单位名称：××市教育事业发展中心

联系电话：××××-620000

××市教育局(公章)

2019年12月6日

资料来源：中公教育[EB/OL]. http://dalian.offcn.com/html/2019/12/95241.html?tdsourcetag=s_pctim_aiomsg, 2019-12-06.

评析：这是一则通知，格式科学规范，内容清晰明白，语言简洁朴实，体现了

公文写作的规范性、时效性、平实性等特点。

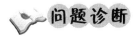

辨析下面两篇应用文,指出哪一篇是党政机关公文,哪一篇是一般应用文。

××教育局关于召开《××市职业院校校企合作促进办法》政策解读会的通知

市政府各有关部门,各区市县教育局、各先导区教育行政部门,各在连高职学院,各中职学校,有关企业、行业、职教集团代表:

日前,经市政府同意,××市人民政府办公室印发了《××市职业院校校企合作促进办法》。为做好政策的宣传和解读工作,市教育局决定召开《××市职业院校校企合作促进办法》政策解读会。现就有关事宜通知如下:

一、会议时间

2019年12月9日(星期一)下午1:30—3:00

二、会议地点

××市教育局701会议室(××市沙河口区联合路119号)

三、会议内容

市教育局解读《××市职业院校校企合作促进办法》

四、参会人员

1. 市发改委、财政局、人社局、编办、科技局、审计局、工信局、商务局、国资委、税务局等市政府相关部门负责人;

2. 各区市县教育局、各先导区教育行政部门负责人;

3. 在连各高职学院、各中职学校校领导及校企合作部门负责人;

4. 有关企业、行业、职教集团代表负责人。

五、报送参会回执

请于12月8日前用手机微信扫描下方二维码填写参会人员信息。

联系人:于辉　电话:84603391

××市教育局(公章)
2019年12月6日

请假条

××老师:

昨天,我在放学回家的途中被雨水淋了,患了感冒并咳嗽,医生建议在家休息，因此需请假两天(3月3日至3月4日)，请予批准。

此致

敬礼

学生　王亮

3月3日

评析：第一篇是通知，属于党政机关公文；第二篇是启事性文书，属于一般性应用文。

写作训练

我们从网上的公文中找到了一些词语使用不合适的句子，请同学们进行修改。

1. 近年来一些地方出现了毁林开荒、乱占林地，致使森林资源遭到严重破坏……

2. 各地农业银行、信用社要积极支持粮食专业户发展养猪、养牛，帮助解决饲料供应等问题。

3. 公民土地发生"被征收"时，原则上补偿的标准应以"被征收人"所在地的房屋市场价为准，政府必须通过正常的程序，被征收人同意并补偿合理的基础上，再进行拆迁，不得强拆。

4. 命令(令)机关所行使的是国家权力，而且命令(令)表述的内容是国家和地方、军队的重大事项，受理机关和人员必须毫无条件地坚持遵照执行，它的强制性要高于其他文种。

语言训练

××中学的大门面对繁华街市，对学生安全和教学都不利。为此，学校研究，拟定将大门移至面向弄堂的一侧，并利用原大门处面对繁华街市的有利条件将其改建成一个便利店经商创收，解决学校部分教育经费不足的问题。但此事必须得到区教育局的认同，也要得到区城建办的同意。

根据上述事项的需要，遵循"隶属关系"和"职权范围"原则，说说撰写公文时应该选用什么文种和哪些合理材料？

文化采撷

中国古代"六百里加急公文"是什么概念

驿站是我国古代供传递官府文书和军事情报的人或来往官员途中食宿、换马的场所，通常每隔20里就要设置一个，其建设和营运费用由国家财政支出。驿站这一场所自先秦时便已经存在，秦汉时已经完善。唐代至清代，全国各地基本都设有驿站。可以说中国是世界上最早建立组织传递信息的国家之一，邮驿历史长达3000多年。据《大唐六典》记载，最盛时全国有1639个驿站。专门从事驿务的人员共两万多人，其中驿兵一万七千人。邮驿分为陆驿、水驿、水路吞并三种，各驿站设有驿舍，配有驿马、驿驴、驿船和驿田。

对于普通文书，各个驿站按部就班地处理就可以。但是一旦公文注明"马上飞递"字样，就需加急处理。按规定要求每天三百里，遇紧急情况可达四百里、六百里，最快达八百里。但就算一匹好马顶多也就能连续跑一百多公里，而且以这个速度跑完的话，马也基本就废了。那么，像这种几百里加急的文书是怎么传递的呢？送信的驿卒接到任务骑上马后一刻都不能耽误，快马加鞭，以最快速度奔跑，吃喝要全在马上。当路过驿站时，会对马的状态进行评估。要是感觉骑的那匹马不能以最好的状态去跑，会在所经过的驿站换骑另一匹状态良好的马，驿站的工作人员必须全力支持，还要为送信的人准备好路上的吃食。各个朝代的法令都针对邮递过程中的各种失误制定了详细的处罚规则。相关人员稍有差错，便会遭到严厉的处罚。

资料来源：360问答[EB/OL]. https://wenda.so.com/q/1534894499210051, 2018-04-11.

第二节 政令畅通，令行禁止——党政机关公文格式

课前阅读

1971年7月9日，基辛格秘密访华，同中国代表章文晋、黄华谈判。双方在草拟公告的问题上陷入了僵局。美方草案中有句"中国政府向尼克松发出访华邀请，尼克松表示乐于接受"，中方不同意这种说法。中方草案中有句"尼克松愿意访华，我们就提出邀请"，美方则不同意这种说法。双方僵持不下。关键时刻，章文晋专为此事请示周恩来总理。周总理仔细斟酌后，将原文改为："获悉尼克松总统表示愿意访问中华人民共和国，周恩来总理代表中华人民共和国政府邀请尼克松总统于1972年5月前的适当时间访问中国，尼克松总统愉快地接受了这一邀请。"基辛格看到中方修改后的文本，感到很高兴，马上同意。后来中美双方同意见报的公告，就采用了这种表述形式。

由这件事我们可以看到，草拟公告一度出现僵局，双方代表的办事能力、写作能力都受到了挑战。中方代表既表现出很强的原则性，同时也表现出办事的灵活

性。周总理在不违背原则的前提下，拿出求同存异、使中美双方都满意的方案，这正是办事能力的一种高水平发挥，也是周总理高超的语言文字表述能力的生动体现。草拟公告需要很强的办事能力和写作能力，草拟其他公文同样需要这样的能力。那么，公文到底是怎样一种文体？怎样才能写好公文呢？

知识卡片

一、党政机关公文的构成要素

公文格式，即公文的外观形式，是指公文的各个组成部分在公文中所占的位置及其相互关系，是公文规范化的重要标志。按照《党政机关公文格式(GB/T 9704—2012)》的规定，党政机关公文一般由份号、密级和保密期限、紧急程度、发文机关标志、发文字号、签发人、标题、主送机关、正文、附件说明、发文机关署名、成文日期、印章、附注、附件、抄送机关、印发机关和印发日期、页码等部分组成。

二、党政机关公文制作印刷的要求

(一) 幅面尺寸

公文用纸采用GB/T 148—1997中规定的A4型纸，其成品幅面尺寸为210mm×297mm。

(二) 版面

1. 页边与版心尺寸

公文用纸天头(上白边)为37mm±1mm，公文用纸订口(左白边)为28mm±1mm，版心尺寸为156mm×225mm。

2. 字体和字号

如无特殊说明，公文格式各要素一般用3号仿宋体字。特定情况可以做适当调整。

3. 行数和字数

一般每面排22行，每行排28个字，并撑满版心。特定情况可以做适当调整。

4. 文字的颜色

如无特殊说明，公文中文字的颜色均为黑色。

(三) 印制装订要求

1. 制版要求

版面干净无底灰，字迹清楚无断划，尺寸标准，版心不斜，误差不超过±1mm。

2. 印刷要求

双面印刷，页码套正，两面误差不超过±2mm。黑色油墨应当达到色谱所标

BL100%,红色油墨应当达到色谱所标Y80%、M80%。印品着墨实、均匀,字面不花、不白、无断划。

3. 装订要求

公文应当左侧装订,不掉页,两页页码之间误差不超过±4mm,裁切后的成品尺寸允许误差为±2mm,四角成90°,无毛茬或缺损。

骑马订或平订的公文还需注意以下问题。

(1) 订位位于两钉外订眼距版面上下边缘各70mm处,允许误差为±4mm;

(2) 无坏钉、漏钉、重钉,钉脚平伏牢固;

(3) 骑马订钉锯均订在折缝线上,平订钉锯与书脊间的距离为3mm～5mm。

此外,包本装订公文的封皮(封面、书脊、封底)与书芯应吻合、包紧、包平,不脱落。

三、党政机关公文格式各要素

党政机关公文的格式如图2-1所示。

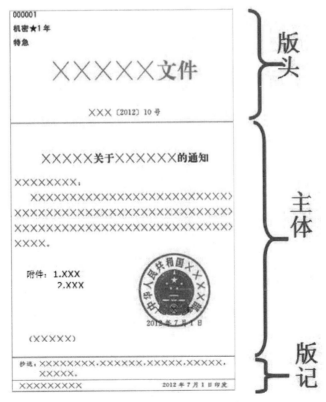

图2-1 党政机关公文格式示例

公文分为版头、主体、版记三部分。

(一) 版头

公文首页红色分隔线以上的部分称为版头。版头包括份号、密级和保密期限、紧急程度、发文机关标志、发文字号、签发人、分割线，如图2-2所示。

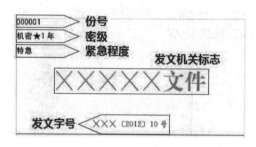

图2-2　党政机关公文格式版头部分示例

1. 份号

份号是将同一文稿印制若干份时每份公文的顺序编号。涉密公文应当标注份号。如需标注份号，一般用6位3号黑体阿拉伯数字顶格编排在版心左上角第一行。

2. 密级和保密期限

涉密公文应当根据涉密程度分别标注"绝密""机密""秘密"以及保密期限。如需标注密级，一般用3号黑体字，顶格编排在版心左上角第二行；如需同时标识保密期限，密级和保密期限之间要用"★"隔开，保密期限中的数字用阿拉伯数字标注。

例如：

秘密★6个月、机密★3年、绝密★10年

3. 紧急程度

紧急程度即公文送达和办理的时限要求。根据紧急程度，紧急公文应当分别标注"特急""加急"，电报应当分别标注"特提""特急""加急""平急"。如需标注紧急程度，一般用3号黑体字顶格编排在版心左上角；如需同时标注份号、密级和保密期限、紧急程度，应按照份号、密级和保密期限、紧急程度的顺序自上而下分行排列。

4. 发文机关标志

发文机关标志由发文机关全称或者规范化简称加"文件"二字组成，也可以使用发文机关全称或者规范化简称。

发文机关标志居中排布，标志上边缘至版心上边缘的距离为35mm，推荐使用小标宋体字，颜色为红色，以醒目、美观、庄重为原则。

联合行文时，如需同时标注联署发文机关名称，一般应当将主办机关名称排列在前；如有“文件”二字，应当置于发文机关名称右侧，以联署发文机关名称为准上下居中排布，如图2-3所示。

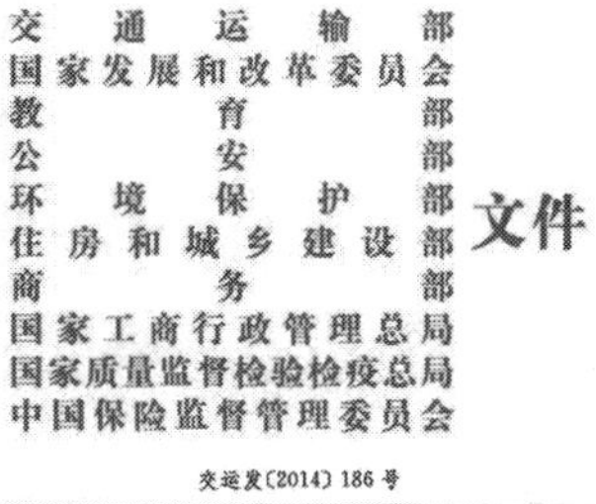
交通运输部
国家发展和改革委员会
教育部
公安部
环境保护部
住房和城乡建设部
商务部
国家工商行政管理总局
国家质量监督检验检疫总局
中国保险监督管理委员会
文件

交运发〔2014〕186号

图2-3　联合行文时党政机关公文格式版头之发文机关示例

5. 发文字号

发文字号由发文机关代字、年份、发文顺序号组成。发文字号应置于发文机关标志下空两行，居中排布。年份、发文顺序号用阿拉伯数字标识。年份应标全称，用六角括号“〔 〕”括入；发文顺序号不加“第”字，不编虚位(即1 不编为01)，在阿拉伯数字后加“号”字。联合行文时使用主办机关的发文字号。上行文的发文字号居左空一字编排，与最后一个签发人姓名处在同一行。

例如：

国发〔2020〕1号、大财〔2020〕10号

6. 签发人

签发人是在上报的公文中批准签发的领导人姓名，只用于上行文。签发人平行排列于发文字号右侧。发文字号居左空一字，签发人姓名居右空一字。签发人用3号仿宋体字，签发人后标全角冒号，冒号后用3号楷体字标识签发人姓名。

例如：

签发人：李明

如有多个签发人，签发人姓名按照发文机关的排列顺序从左到右、自上而下依次均匀编排，一般每行排两个姓名，回行时与上一行第一个签发人姓名对齐。下移红色反线，使发文字号与最后一个签发人姓名处在同一行，并使红色反线与之的距离为4mm。

7. 版头中的分隔线

版头中的分隔线即在发文字号之下4mm处印制的与版心等宽的红色分隔线。

(二) 主体

置于公文首页红色反线(不含)以下至抄送机关(不含)之间的各要素统称主体。主体包括标题、主送机关、正文、附件说明、发文机关署名、成文日期、印章、附注、附件，如图2-4所示。

图2-4 党政机关公文格式主体部分示例

1. 标题

标题即对公文主要内容的概括，要求准确、简要，由发文机关名称、事由和文种组成。标题位于红色分隔线下空两行，用2号小标宋体字，可分一行或多行居中排布；回行时，要做到词意完整、排列对称、长短适宜、间距恰当，标题排列应当使用梯形或菱形。除法规名称加书名号外，一般不用标点符号。

例如：

××××职业技术学院关于召开2020年总结表彰大会的通知

知识扩展

公文标题除法规、规章名称加书名号外，一般不用标点符号。写作中，人们不循此规，常常导致不该使用标点的使用了，或该使用标点的却用错了。例如，《国务院批转财政部〈关于加强国有企业财务监督的意见〉的通知》，批转对象"关于加强国有企业财务监督的意见"是公文，不属法规性文件，应删去书名号；再如，《中央职称改革领导小组转发国家教育委员会中小学教师职务试行条例等文件的通知》，被转发的对象"中小学教师职务试行条例"属法规性文件，故应加上书名号；又如，《××县工商局、税务局关于发布"××县农村集贸市场管理暂行办法"的通知》，发布对象"××县农村集贸市场管理暂行办法"属法规性文件，按规定应使用书名号，且两个发文机关之间不用顿号，而是采用空一格办法解决。

2. 主送机关

主送机关是指要求公文予以办理或答复的主要受理机关，应当使用机关全称、规范化简称或者同类型机关统称。主送机关应编排在标题下空一行的位置，居左顶格3号仿宋体字标识，回行时仍顶格，最后一个主送机关名称后标全角冒号。如主送机关名称过多导致公文首页不能显示正文，应将主送机关名称移至版记，标识方法同抄送。若有多个主送机关，要按性质、级别或惯例依次排列，同类型、相并列的单位之间用顿号间隔，不同类型、非并列关系的单位之间用逗号间隔，最后一个主送机关后标全角冒号。

3. 正文

公文正文用来表述公文的具体内容。公文首页必须显示正文，一般用3号仿宋体字，编排在主送机关的下一行，每自然段左空两字，回行顶格，数字、年份不回行。一般每面排22行，每行排28个字。文中结构层次序数依次可以用"一、""（一）""1.""（1）"标注，一般第一层用黑体字，第二层用楷体字，第三层和第四层用仿宋体字标注。

4. 附件说明

附件说明即公文附件的顺序号和名称。公文如有附件，在正文下空一行、左空两字用3号仿宋体字标识"附件"，后标全角冒号和附件名称。如有多个附件，使用阿拉伯数字标注附件顺序号(如"附件：1.××××××")，附件名称后不加标点符号。附件名称较长需回行时，应当与上一行附件名称的首字对齐，如图2-5所示。

图2-5 党政机关公文格式主体部分之附件示例

5. 发文机关署名、成文日期、印章

(1) 加盖印章的公文。成文日期一般右空四字编排，印章用红色，不得出现空白印章。

单一机关行文时，一般在成文日期之上，以成文日期为准居中编排发文机关署名，印章端正、居中下压发文机关署名和成文日期，使发文机关署名和成文日期居印章中心偏下位置，印章顶端应当上距正文(或附件说明)一行之内。

联合行文时，一般将各发文机关署名按照发文机关顺序整齐排列在相应位置，并将印章一一对应、端正、居中下压发文机关署名，最后一个印章端正、居中下压发文机关署名和成文日期，印章之间排列整齐、互不相交或相切，每排印章两端不得超出版心，首排印章顶端应当上距正文(或附件说明)一行之内。

(2) 不加盖印章的公文。单一机关行文时，在正文(或附件说明)下空一行、右空二字编排发文机关署名，在发文机关署名下一行编排成文日期，首字比发文机关署名首字右移二字，如成文日期长于发文机关署名，应当使成文日期右空二字编排，并相应增加发文机关署名右空字数。

联合行文时，应当先编排主办机关署名，其余发文机关署名依次向下编排。

(3) 加盖签发人签名章的公文。单一机关制发的公文加盖签发人签名章时，在正文(或附件说明)下空二行、右空四字加盖签发人签名章，签名章左空二字标注签发人职务，以签名章为准上下居中排布。在签发人签名章下空一行、右空四字编排成文日期。

联合行文时，应当先编排主办机关签发人职务、签名章，其余机关签发人职务、签名章依次向下编排，与主办机关签发人职务、签名章上下对齐。每行只编排一个机关的签发人职务、签名章。签发人职务应当标注全称，签名章一般用红色。

(4) 成文日期中的数字。用阿拉伯数字将年、月、日标全，年份应标全称，月、日不编虚位(即1不编为01)。

(5) 特殊情况说明。当公文排版后所剩空白处不能容下印章或签发人签名章、成文日期时，可以采取调整行距、字距的措施解决。

6. 附注

附注即公文印发传达范围等需要说明的事项。如有附注，居左空二字加圆括号编排在成文日期下一行。

7. 附件

附件即公文正文的说明、补充或者参考资料。附件应与公文正文一起装订。"附件"二字及附件顺序号用3号黑体字顶格编排在版心左上角第一行，附件标题居中编排在版心第三行。附件顺序号和附件标题应当与附件说明的表述一致。附件格式要求同正文。

如附件与正文不能一起装订,应当在附件左上角第一行顶格编排公文的发文字号,并在其后标注"附件"二字及附件顺序号。

(三) 版记

公文末页首条分隔线以下、末条分隔线以上的部分称为版记。版记包括抄送机关、印发机关和印发日期等,如图2-6所示。

图2-6 党政机关公文格式版记部分示例

1. 抄送机关

抄送机关指除主送机关外需要执行或知晓公文的其他机关。公文如有抄送,应左空一字用4号仿宋体字标识"抄送",后标全角冒号。抄送机关间用逗号隔开,回行时与冒号后的抄送机关对齐,在最后一个抄送机关后标句号。

如需把主送机关移至版记,除将"抄送"二字改为"主送"外,编排方法同抄送机关。当既有主送机关又有抄送机关时,应当将主送机关置于抄送机关上一行,之间不加分隔线。

2. 印发机关和印发日期

印发机关是印制公文的主管部门,印发时间是公文的付印时间。印发机关和印发日期位于抄送机关之下占一行位置,用4号仿宋体字。印发机关左空一字,印发时间右空一字。印发时间以公文付印的日期为准,用阿拉伯数字将年、月、日标全,年份应标全称,月、日不编虚位(即1不编为01),后加"印发"二字。

版记中如有其他要素,应当将其与印发机关和印发日期用一条细分隔线隔开。

3. 分隔线

主体与版记之间有分隔线,与版心等宽,首条分隔线和末条分隔线用粗线(推荐高度为0.35mm),中间的分隔线用细线(推荐高度为0.25mm)。首条分隔线位于版记中第一个要素之上,末条分隔线与公文最后一面的版心下边缘重合。

4. 页码

页码即公文页数顺序号，一般用4号半角宋体阿拉伯数字标识，置于版心下边缘之下一行，数字的左右各放一条一字线，单页码居右空一字，双页码居左空一字。

 **知识扩展**

公文写作常见的格式问题

1. 发文字号不规范

公文版头包括份号、密级和保密期限、紧急程度、发文机关标志、发文字号、签发人6个要素。在这6个要素中，出现问题最多的是发文字号。发文字号由发文机关代字、年份和发文顺序号组成，常见的错误主要有：一是年份书写不规范，如把2017年写成17年，不够完整准确；二是年份外面使用中括号、小括号等，不够规范，正确的写法是使用六角括号。

2. 文种使用不规范

在文种选择和使用方面，出现的问题比较多。

一是生造文种。按照《条例》的规定，法定文种包括决议、决定、命令(令)、公报、公告、通告、意见、通知、通报、报告、请示、批复、议案、函、纪要。也就是说，选择发文的文种时，不能在上述15种之外。比如，"××市人民政府关于××××年××工作的实施方案"，这种写法显然是不规范的，因为实施方案不是法定文种，应该修改为"××市人民政府关于印发××××年××工作的实施方案的通知"。

二是叠用文种。《条例》中规定的15个文种，不能把两个不同作用的文种叠加在一起使用。比如，"关于××××的请示报告"，请示和报告都是上行文，上级接到此文以后无法确定到底是请示的事项还是报告的事项，不能正确处理，因为两者的行文目的和回复形式是不同的。请示的适用范围是向上级机关请求指示和批准，所以请示通常是请求上级批准、解决和指示，需要上级以批复的形式给予明确的答复，一个请示必须用一个批复回复。报告的适用范围是向上级机关汇报工作、反映情况，回复上级机关的询问。报告属于请阅件，上级通常会以阅存的方式处理。

3. 标题写作不规范

标题是公文内容的提炼与概括，是用简练的语言概括出公文的核心内容，让收文者通过阅读标题，清楚文件的基本内容。完整的公文标题包括发文机关、事由和文种三个部分。在实际写作中容易出现的问题是标题要素不完整，有的机关单位发文只写事由和文种，有的只写文种，随意地省略发文机关和事由，这样的写法不利于收文者掌握公文的基本内容，影响工作效率。

4. 正文写作不规范

公文主体部分的核心要素是正文，正文写作是写作者对公文主题的把握、框架的搭建、材料的分析以及语言的运用的综合体现。正文涵盖的要点是方方面面的，而正文当中经常出现的错误就是结构层次序号混乱。公文正文内容比较复杂时，需要划分结构层次，公文正文结构层次序数依次可以用"一""（一）""1""（1）"标注，一般第一层用黑体字标注，第二层用楷体字标注，第三层和第四层用仿宋体字标注。

四、党政机关公文的特定格式

（一）信函格式

(1) 发文机关标志使用发文机关全称或者规范化简称，居中排布，上边缘至上页边距离为30mm，推荐使用红色小标宋体字。联合行文时，使用主办机关标志。发文机关标志下4mm处印一条红色双线(上粗下细)，距下页边缘20mm处印一条红色双线(上细下粗)，线长均为170mm，居中排布。

(2) 如需标注份号、密级和保密期限、紧急程度，应当顶格居版心左边缘编排在第一条红色双线下，按照份号、密级和保密期限、紧急程度的顺序自上而下分行排列，第一个要素与该线的距离为3号汉字高度的7/8。

(3) 发文字号顶格居版心右边缘排在第一条红色双线下，与该线的距离为3号汉字高度的7/8。

(4) 标题居中编排，与其上最后一个要素相距两行。

(5) 第二条红色双线的上一行如有文字，与该线的距离为3号汉字高度的7/8。

(6) 首页不显示页码。

(7) 版记不加印发机关和印发日期、分隔线，位于公文最后一面版心的最下方。

（二）命令(令)格式

(1) 发文机关标志由发文机关全称加"命令"或"令"字组成，居中排布，上边缘至版心上边缘为20mm，推荐使用红色小标宋体字。

(2) 发文机关标志下空二行居中编排令号，令号下空二行编排正文。签发人职务、签名章和成文日期的编排同一般性公文格式要求。

（三）纪要格式

(1) 纪要标志由"×××××纪要"组成，居中排布，上边缘至版心上边缘为35mm，推荐使用红色小标宋体字。

(2) 标注出席人员名单，一般用3号黑体字，在正文或附件说明下空一行、左空二字编排"出席"二字，后标全角冒号，冒号后用3号仿宋体字标注出席人单位、姓名，回行时与冒号后的首字对齐。

(3) 标注请假和列席人员名单,除依次另起一行并将"出席"二字改为"请假"或"列席"外,编排方法同出席人员名单。

(4) 纪要格式可以根据实际情况制定。

优秀例文2-2(党政机关公文样式)

问题诊断

请指出下列公文版头部分的错误。

份号:025		特急
秘密:5年		
	××市财政局,××市人事局	
	联合文件	
	×人发(20××)15号	

提示:

请按照正确的党政机关公文格式版头部分排版要求来对照检查。

写作训练

××大学制定了评定优秀班级的实施方案,下发所属单位。请拟公文标题,并

完整地给出这份公文版头、主体和版记的各项内容。(正文内容可省略)

语言训练

说说15种党政机关公文中，哪些是上行文，哪些是下行文，哪些是平行文。不同行文方向在语言沟通方面需要注意什么？你还能联想到哪些需要注意的职场沟通规范？

文化采撷

古代公文常识

我国奴隶社会和封建社会绵延四千余年，政府公文不仅数量巨大，而且形式丰富多样。

从公文制成的材料看，殷商王朝的卜辞刻在龟甲兽骨上；商周的铭文铸刻在青铜器上；秦汉时使用较多的是竹简和缣帛；东汉以后有了纸张，公文书写材料逐渐用纸张替代；一些特殊的文书还用金、铁制成，如武则天祭嵩山的金简文书，宋、明颁发给勋贵的铁券诰命，等等。

从书写公文的文字看，唐宋以后楷书是书写公文的主要形式。有些公文对文字有特别的要求，如一般用于封赠的公文以篆书书写，用于罢免大臣的公文以隶书书写，有些朝代还规定不得用行书、草书书写国家正式公文。

关于公文的种类，更是名目繁多，主要有以下几种。

一、典、谟、训、诰、誓、命

它们是我国上古时代的公文名称，保存在《尚书》中。典指国家的法典、法规；谟是谋的意思，指规划一类的文书；训是训示、训令；诰是告示、布告；誓是誓言、誓词，相当于后来的檄文；命是常见的命令之类。

二、制、诏、策(册)、戒、敕、旨、谕

它们是封建时代皇帝在政务活动中颁发的各种公文的名称。制书是皇帝用于颁布重大制度时所用的文书；诏书多用于对官僚的训示、答复臣僚的上奏、皇帝即位的布告；策书是用于封赠或罢免大臣的命令性文书；戒书是皇帝对臣下进行训诫所用的文书；日常政务活动中所用的命令性文书称敕书，即民间称谓的圣旨，明代则称为敕谕。

三、奏、章、表、议

它们是文武百官向皇帝上奏的文书形式。奏是封建时代官僚向皇帝言事的主要公文形式；章多用于庆典时向皇帝致敬、官员就任新职，依例须撰写谢章感恩，同类公文还有表、笺；议是臣僚向皇帝表达不同意见的文书。

四、启、移、谘、关、札、状、檄、露布

它们是政府衙署相互往来或个人与官署交往的文书。启是官府往来的书信或下级给上级个人的书信；移是同级衙署互相送达的文书；谘是两个衙署相互商量事情使用的文书；关是此衙署通知彼衙署有关事情的文书；札是上级官员给属员的文书；状是百姓向官府申诉的文书；檄与露布是指军事行动中的讨伐性文告。

我国古代各种类型和名称的文书之间有继承和沿革的关系，文书种类繁多，反映了国家政治事务的复杂多样。

资料来源：百度文库[EB/OL]. https://wenku.baidu.com/view/8e046e55fe00bed5b9f3f90f76c66137ef064f7f.html.

第三节 一体知照，逾期无效——通知

课前阅读

先讲一则童话，小熊要请客，给森林里的各种鸟儿发通知，让大家起床后到他家吃饭。鸟儿们接到通知后，都按通知的时间——"起床后"来了，结果呢？小麻雀在清晨五点多就来了，许多鸟儿在上午七八点钟到了，而猫头鹰直到天黑了才来。小熊很不高兴，责备猫头鹰来得太晚了。猫头鹰说："我是按你通知的时间来的呀！"小熊忽然想起，麻雀等鸟儿是在夜里休息，猫头鹰却是白天睡觉、夜里活动，待它"起床后"，可不就是天黑了。小熊想到这些，一拍脑袋，说："猫头鹰，对不起，不怪你，就怪那通知。"猫头鹰说："怎么怪'通知'呢？只能怪那个写通知的人考虑事情不周到。"小熊一想通知是他自己写的，羞得脸都红了。

这则童话描写的是森林里不同鸟儿不同的生活习性，但对我们学写通知也有启发，你觉得小熊写的通知存在哪些问题呢？

知识卡片

一、通知的含义

通知是用于批转下级机关的公文，转发上级机关和不相隶属机关的公文，发布

文件，传达要求下级机关办理和需要有关单位周知或者执行的事项，任免人员的一种公文。通知被誉为公文中的"老黄牛"，是应用最多的公文。

二、通知的特点

(一) 应用的广泛性

通知的应用十分广泛，各级机关、单位和团体均可使用通知，一般由特定的单位发给下级单位，行文没有发文单位的级别限制。在各类党政公文中，通知是最常用的文种。

(二) 功用的告知性

通知即通而告知，因而通知具有突出的告知性特点。告知特定的事项，并将所要告知的事项交代清楚，是所有通知的基本要求。

(三) 行文的指导性

通知作为下行文种，除具有告知性外，大部分通知还会在由上级单位告知特定事项的基础上，在内容中有针对性地对下级单位提出方向性和指令性的指导意见，此为通知的"指导性"。

(四) 制发的时效性

通知的使用都限定在一定时间内，传递要及时、快捷、高效，不能贻误时机，以免影响公务的执行和办理。

三、通知的种类

通知的种类有：指示性通知，发布性通知，批转、转发性通知，告知性通知，会议通知，任免通知。

(一) 指示性通知

指示性通知是指导下级机关部署工作，阐明工作活动的指导原则，要求下级机关办理或共同执行时使用的通知。不宜用命令(令)发布的有关行政法规和规章、办法、措施，可使用这种通知行为。指示性通知具有强制性、指挥性和决策性的特点。

例如：

关于对教育实践活动整改落实情况进行"回头看"的通知

(二) 发布性通知

发布性通知主要用于发布行政规章，如发布规定、条例、办法、细则等，要求有关单位执行。这类通知具有行文简洁、语言庄重的特点。

例如：

国务院关于印发全国国土规划纲要(2016—2030年)的通知

(三) 批转、转发性通知

批转、转发性通知用于发布某些行政法规，转发上级、同级或不相隶属的机关的公文以及批转下级机关的公文。这类通知包括批转性和转发性两种。批转性通知适用于上级机关对下级部门的文件加批语下发，需要在标题中加"批转"两字；转发性通知是"转发"非下属机关的有关文件的通知，需要在标题中注明"转发"字样。

例如：

国家煤矿安监局关于转发煤矿部分工种安全技术培训大纲及考核要求的通知
财政部关于批转财政部权责发生制政府综合财务报告制度改革方案的通知

(四) 告知性通知

告知性通知是用于告知某一事项或某些信息的通知。

例如：

国务院办公厅关于2020年部分节假日安排的通知

(五) 会议通知

会议通知是告诉有关单位或个人参加会议的通知。

例如：

关于召开2019年招生总结表彰会议的通知

(六) 任免通知

任免通知是用于告知有关单位或个人任免或聘用国家机关工作人员职务的通知。

例如：

北京市人民政府关于×××任免的通知

四、通知的写法

通知由标题、主送机关、正文、落款四部分组成。

(一) 标题

通知的标题由发文机关名称、事由和文种三部分组成。

发布性批转、转发性通知的标题由"发文机关名称+发布(批转、转发)+被发布文件的标题+通知"组成，事由是所发布、批转、转发的公文的名称。在这类标题中，如果发布、批转、转发的公文标题较长，在拟写通知标题时，应注意简写。简写方法：保留末次发布(批转或转发)文件机关和始发文件机关，只保留一个"关于"和一个"的通知"字样。

例如：

"××市政府办公室关于转发《××省政府关于转发<××厅关于××的通知>的通知》的通知"。可简化为"××市政府转发××厅关于××的通知"，省、地区等曾转发的情况在正文中交代清楚。

(二) 主送机关

主送机关即通知的受文机关，受文机关应当使用全称、规范化简称或者同类型机关统称。普发性通知往往省略主送机关。

(三) 正文

不同类型的通知，其正文写法有所不同。

1. 指示性通知

正文内容分三个部分：第一部分为引言，说明缘由。第二部分为主体，即通知的具体内容。如果内容比较复杂，则分条列项陈述。重要内容详细写，放在前面；次要内容应尽量简化，放在后面。第三部分为结尾。应提出贯彻执行的要求，如"请认真贯彻执行"等，也有的通知不写结尾。

总体说来，指示性通知的目的在于布置工作任务，要求下级遵照执行，通知要说明"办什么事""为什么办这些事""怎样办这些事"。

2. 批转、转发、发布性通知

通知正文分两个部分：第一部分是批语；第二部分写批转、转发或印发的规章或文件。批语内容比较简单，说明批转、转发或印发的文件名称和有关要求即可，基本格式为"现将《关于……的规定》(或批转、印发、转发)给你们，请……"。比较复杂的文件，在结尾处或者对如何实施做具体说明，或者阐述意义等。

3. 告知性通知

告知性通知的行文目的是让受文对象了解有关事项，在正文部分把事项叙述清楚即可。

4. 会议通知

会议通知的正文一般包括：召开会议的缘由和根据；会议的主题或议程；与会人员的条件及名额；会议的时间(会期)、地点；应备的有关材料、费用等；报到时间、地点及有关联系事宜。

5. 任免通知

任免通知的正文只在任免决定依据之后，写明任命某人担任某职务或免去某人的某职务即可。

(四) 落款

在通知的正文右下方写明发文机关名称、成文日期，并加盖公章。

知识扩展

撰写通知时常见的四个病误解析

1. 标题中常见的病误

在实际工作中，我们常常见到一些通知的标题，有的只写"通知"，也有的多一点要素，例如会议通知就写"会议通知"。以上写法是不妥当的。一份通知的标题无作者、缺事由，不仅会给机关的文书管理工作带来许多困难，而且当相似的通知多了以后，会导致难以区别，造成混乱。通知的标题可采用完全式标题，由发文机关名称、通知事由和文种三个要素构成，如《国务院关于进一步加强淘汰落后产能工作的通知》；也可以采用不完全式标题，省略发文机关，由事由、文种组成标题，如《关于2019年度工作会议的通知》。

2. 标点符号的病误

公文标题中，除法规、规章名称加书名号外，一般不用标点符号。但目前一些单位在批转(转发)非法规性文件时，会在标题拟制中加注书名号，这种现象相当普遍。例如，《××县人民政府转发××县职业技术教育委员会〈发展职业院校教育的情况报告〉的通知》。这份通知的标题违背了"除批转(转发)法规性文件外，一般不加书名号"的规定精神。"报告"不是法规性文件，所以在批转(转发)标题的拟制中，应该舍去书名号。

3. 主送对象不明确

一些通知没有主送机关，或者主送机关不明确。例如，"各相关单位""各有关部门"等。这样笼统的写法是不正确的。通知应标明主送机关，这是为了有利于通知事项、要求的办理和执行。主送机关的名称一般采用全称，也可用规范化的简称。如有多个不同性质的机关，要用标点符号分开。不同性质的机构，两者之间要用逗号；

同性质的机构，两者之间用顿号。一般不用"各有关单位"这样模糊的泛称。

4.内容不清楚，受文者难以适从

例如，某省教育厅发出一份工作会议通知，其中写道"11月21日来省厅报到，会期五天""各市(区)教育局负责同志参加会议"。这份通知存在如下问题：首先，"来省厅报到"缺少具体部门，不利于执行；其次，"负责同志"外延太大，不明确。

五、通知的写作要求

(一) 内容要具体明确

通知与实际工作关系非常密切，因此通知的内容要具体明确，便于理解与执行，充分保证日常工作的正常开展。

(二) 结构要严谨清晰

通知的结构或采用自然段形式，或采用条文形式，必须条理清晰、排列有序，段落和条文之间杜绝内容交叉或重复。

(三) 制发要迅速及时

通知具有很强的时效性。无论是部署重大工作，还是处理大量的日常工作，都必须及时，所以通知应制发及时，传递及时，执行、办理及时，力求高效率。

优秀例文2-3(指示性通知)

××省教育厅办公室关于开展"寻找最美孝心少年"大型公益活动的通知

各市教育局：

为学习宣传贯彻"十九大"精神，落实立德树人根本任务，培育和践行社会主义核心价值观，根据教育部基础教育司《关于推荐2018"寻找最美孝心少年"大型公益活动候选人的通知》(教基司函〔2018〕24号)要求，省教育厅决定开展"寻找最美孝心少年"大型公益活动，现将有关事项通知如下：

一、推选条件

全省范围内18岁以下少年儿童，尊敬长辈、孝敬父母；为父母排忧解难，帮父母照顾兄弟姐妹，代父母担当家庭责任；自强不息、阳光向上、奋发有为。

二、评选办法

1."寻找最美孝心少年"大型公益活动的起止时间为2018年5月至2018年7月。

2018年5月至6月底，各中小学校形成活动的具体实施方案，并广泛开展活动宣传。通过班级层面择优推荐，年级层面演讲，到校级层面汇报展示，最后由学生代表、教师代表、家长代表现场投票，确定"寻找最美孝心少年"大型公益活动的学校推荐候选人，并在校内公示。每个县区评选出100名候选人，在"寻找最美孝心少年"大型公益活动主题网站报送参评材料。

2018年7月中旬前，省教育厅将在全省万名候选人内评选出100名"最美孝心少年"，并在相关媒体上公布入选名单。同时，推荐30名"最美孝心少年"作为全国2018"寻找最美孝心少年"大型公益活动候选人。

2. 本次评选活动以网上报名的形式进行。学校负责将候选人参评材料整理为一个文件夹(文件夹以"市+学校+候选人姓名"的形式命名)，文件夹内容包括：(1)加盖学校公章的候选人事迹材料、参评表以及学生的个人签名(事迹材料、参评表、学生签名均为PDF格式)1份；(2)事迹材料的Word格式文件1份，材料内容必须真实可靠，字数不得多于1500字；(3)学生本人的清晰近照2张。学校将所有候选人的参评材料文件夹制成一个压缩文件，以"市+学校"命名，发送到活动邮箱。

3. 推选过程要坚持实事求是、客观公正的原则，如发现候选人有弄虚作假、拉票舞弊等行为，一经查实，取消参选资格。

三、组织单位

××省教育厅主办，××省基础教育教研培训中心协办，××教育宣传中心承办。

本次活动评选出的百名孝心少年的相关事迹，将在××教育宣传中心各个媒体平台(××教育宣传中心所有微信公众号、《××教育工作》报、《××教育》杂志、《小学生报》报刊、《初中生学习指导》杂志等)开辟专栏进行宣传报道，××广播电视台教育青少频道《新知》栏目也将同期进行专题报道。

四、联系方式

1. "寻找最美孝心少年"大型公益活动主题网站：http：//xxsn.stu.com

2. ××教育宣传中心微信公众号："近期活动"栏目

3. 活动邮箱：ln2017@163.com

网络报送材料联系人：魏颖　孙兆楠

联系电话：024-8600000

活动联系人：

××省教育厅义务教育处：××

辽宁教育宣传中心：××

××教育厅办公室(公章)

2018年5月23日

资料来源：辽宁省教育厅[EB/OL]. http://www.lnen.cn/jcjy/ywjy/dygz/285205.shtml, 2016-05-11.

评析：这是一则指示性通知。开头交代了发文的缘由、目的；在主体部分，提出指示性意见和具体的工作要求。语言庄重简洁，行文规范，具有权威性、政策性的特点。

优秀例文2-4(发布性通知)

国家发展改革委关于印发美丽中国建设评估指标体系及实施方案的通知

发改环资〔2020〕296号

自然资源部、生态环境部、住房城乡建设部、水利部、农业农村部、国家统计局、中科院、国家林草局，各省、自治区、直辖市、新疆生产建设兵团发展改革委：

根据中央领导同志重要批示精神，我们会同有关部门制定了《美丽中国建设评估指标体系及实施方案》，现印发给你们，请结合实际贯彻落实。

一、请中国科学院组建专门工作团队，研究评估技术方法，制定评估工作方案，建立与有关部门的工作沟通机制，按方案要求开展美丽中国建设进程评估。

二、请自然资源部、生态环境部、住房城乡建设部、水利部、农业农村部、国家林草局根据职责研究提出相关评估指标2025、2030、2035年目标值，近期聚焦"十四五"目标任务，抓紧研究确定2025年目标值，初步提出2030、2035年预期目标值；与中国科学院做好工作对接，按照职责分工提供有关数据，加强评估指标的统计基础能力建设，提高数据的准确性和时效性。请国家统计局在数据校核、评估方法、结果检验等方面对中国科学院和有关部门提供工作支持和技术指导。

三、请各省、自治区、直辖市、新疆生产建设兵团发展改革委会同有关方面积极配合中国科学院做好评估相关工作。

附件：美丽中国建设评估指标体系及实施方案

国家发展改革委(公章)
2020年2月28日

资料来源：中华人民共和国改革和发展委员会[EB/OL]. https://www.ndrc.gov.cn/xxgk/zcfb/tz/202003/t20200306_1222531.html, 2020-02-88.

评析：这是一则发布性通知。国家发展改革委将《美丽中国建设评估指标体系及实施方案》发布给下级机关，要求下级机关遵照执行。行文简洁，语言庄重。

优秀例文2-5(批转性通知)

国务院批转国家发展改革委关于2016年
深化经济体制改革重点工作意见的通知

国发〔2016〕21号

各省、自治区、直辖市人民政府，国务院各部委、各直属机构：

  国务院同意国家发展改革委《关于2016年深化经济体制改革重点工作的意见》，现转发给你们，请认真贯彻执行。

  附件：关于2016年深化经济体制改革重点工作的意见

国务院(公章)
2016年3月25日

  资料来源：中华人民共和国中央人民政府网[EB/OL]. http://www.gov.cn/zhengce/content/2016-03/31/content_5060062.htm, 2016-03-25.

  评析：这是一则批转性通知。国家发展改革委给国务院行了一个《关于2016年深化经济体制改革重点工作的意见》的文，国务院认为这个意见措施得力、效果明显，予以批准，然后转发给国务院下属各部门各单位遵照执行。语言简洁，行文规范。

优秀例文2-6(转发性通知)

大连市人民政府办公厅转发省政府办公厅关于印发
辽宁省第一批取消调整涉及企业和群众办事创业的证明目录的通知

各区市县人民政府，各先导区管委会，市政府各委办局、各直属机构，各有关单位：

  经市政府同意，现将《辽宁省人民政府办公厅关于印发辽宁省第一批取消调整涉及企业和群众办事创业的证明目录的通知》(辽政办发〔2018〕31号，详见辽宁省人民政府网站，以下简称《通知》)转发给你们，请认真贯彻执行。

  各地区、各有关单位要高度重视此项工作，严格按照《通知》要求，进一步推进政府职能转变，建立健全政府职能部门信息共享机制，加强事中事后监管，切实减轻企业群众办事创业的负担，持续优化营商环境；要进一步优化便民利民服务，对照《通知》的目录，及时修改办事指南，优化办事流程，同时做好对企业和群众的政策解读与宣传工作。

各地区、各有关单位要将贯彻落实此项工作进展情况，形成总结报告，于9月14日前，将纸质版(加盖公章)反馈市编委办(市政府341房间)，电子版发至邮箱。

联系人：刘宁；联系电话：83610808、83634700(传真)；邮箱地址：15541193907@163.com。

附件：辽宁省第一批取消调整涉及企业和群众办事创业的证明目录

大连市人民政府办公厅(公章)
2018年8月20日

资料来源：大连市人民政府[EB/OL]. http://www.dl.gov.cn/gov/detail/file.vm?diid=101D05000180809020118082833, 2018-08-20.

评析：这是一则转发性通知。大连市人民政府(下级机关)转发辽宁省人民政府办公厅(上级机关)的文件，给大连市人民政府所属的下级机关遵照执行。事项交代清楚，语言庄重，行文规范。

优秀例文2-7(告知性通知)

关于观看第二季"××好声音"大赛决赛的通知

各分、子公司，职能部室：

由集团团委主办的第二季"××好声音"大赛决赛将于4月11日(本周五)下午14：20在会议中心阶梯会议室如期举行。实力唱将，同台竞技，精彩节目，不容错过！另主办方为到场观众准备了丰厚的礼品，期待大家的到来！

入场券请各部门派人到××处领取，联系电话：×××××××××。

××××(公章)
2020年4月8日

评析：

通知虽小，要素齐全。这是一则告知性通知，用于传递信息。一般要说明什么事、什么地点、什么时间、有什么要求等。

文字精练，下了功夫。这则通知几乎没有多余的话，作者不因其"小"而大意，而是用心锤炼、斟词酌句。

适应场合，风格亲切。它不同于行文系统中的"正式通知"，通篇是正儿八经的公文式语言。它用于单位内部周知事项，因此用了些"广告"语，如"精彩节目，不容错过"，有青年人的"潮"劲，亲切、抓人。

优秀例文2-8(会议通知)

关于召开第二届七次常务理事会议的通知

协会各部、处、专委会、工青妇组织、县区工作站、会员单位:

根据创建国家"四好"商协会要求,为进一步完善协会组织架构,修订协会相关制度,促进协会规范健康发展,按照2018年第六次会长办公会议要求,定于10月16日下午召开安康市青年创业协会第二届七次常务理事会议,具体内容如下:

一、会议时间

2018年10月16日(星期二)下午14:30—18:00

二、会议地点

安康宾馆(副楼3楼西会议室)

三、参会人员

1. 会长、副会长、秘书长、副秘书长、五部一处、各专委会、工青妇组织、县区工作站主要负责人。

2. 协会常务理事及拟增补常务理事(详见附件)。

四、会议内容

1. 总结2018年前三季度工作,部署第四季度工作;

2. 协会副会长、秘书长述职;

3. 审定协会相关制度;

4. 增补常务理事;

5. 2018年"青创安康"表彰。

五、会议要求

1. 参会人员原则上不得请假,确因特殊原因不能参会的,须向会长请假,征得同意后安排人员代会。无故不参加会议又不履行请假手续的,将严格按照协会相关制度办理。

2. 提前15分钟签到入场,遵守会议纪律,不得迟到早退。

3. 与会人员统一着正装,按照座次对号入座,自带纸笔。

4. 参会人员接到通知后,要以电话或微信形式告知协会办公室,以便办公室做好会务准备工作。协会办公室电话:3232722(李建松:18191597070;米杰:13992520936;秦群:13991537109)。

附件:常务理事名单

安康市青年创业协会(公章)

2018年10月12日

资料来源:安康市青创协会[EB/OL]. https://www.sohu.com/a/259073219_811167, 2018-10-12.

评析： 这是一则会议通知。虽然各要素顺序有调整，但无一项缺失。主题清晰，时间明确，会议地点准确到门牌号，相关要求清楚细致。

优秀例文2-9(任免通知)

省政府关于周详等职务任免的通知

苏政发〔2019〕78号

各市、县(市、区)人民政府，省各委办厅局，省各直属单位：

经研究决定：

任命周详为省应急管理厅副厅长(兼)；

任命沈海毅为省政府驻北京办事处副主任，试用期一年；

任命赵明为省大数据管理中心主任，试用期一年；

免去张迅的江苏交通控股有限公司总经理职务；

免去王海鹰的省发展和改革委员会副主任(挂职)职务；

免去樊和平的省社会科学院副院长职务；

免去周京新的省国画院院长职务。

江苏省人民政府(公章)
2019年12月7日

资料来源：江苏省人民政府网[EB/OL]. http://www.jiangsu.gov.cn/art/2019/12/11/art_46138_8841443.html, 2019-12-07.

评析： 这是一则任免通知。分条列项，简洁清楚，行文规范。

问题诊断

请根据会议通知要求修改下面的通知。

××××市教育局通知

全市各中小学：

根据《××省中小学教师专业发展培训若干规定(试行)》和《××市中小学教师专业发展培训实施细则(试行)》，我们研究召开各学校负责人会议，现将有关事项通知如下：

1. 会议时间：2019年5月5日在×宾馆报到，会期两天。

2. 参加会议人员：全市每个中小学各来一名负责人，不得缺席，否则取消这个学校教师参加培训的资格一年，并请各区县教育管理部门有关负责人出席会议。

3. 资料自备。

4. 差旅费自理。

特此通知。

××市教育局(公章)

2019年3月28日

提示：

1. 标题要素缺失，语义不明。
2. 前言语言表达不清，用词不当。
3. 会议日程、报到地点、会议日程等相关信息均不详。
4. 标点符号使用不当。

写作模板2-1(指示性通知)

×××关于××××(拟采取措施)的通知

×××(主送机关)：

近期××××××(分析面临的形势和存在的问题)，×××××(指出进一步采取措施的重要性、必要性和紧迫性)。根据×××××(依据)，为了××××(目的、主旨)，经研究，决定××××(拟采取措施)，现就有关事项通知如下：

一、××××××

二、××××××

三、××××××

(通知的具体内容)

××××××(提出希望和要求)

××××(公章)

××××年×月×日

写作模板2-2(批转性通知)

×××(上级单位)关于批转××××(下级单位)××××(文件)的通知

×××(主送机关)：

××××××(上级单位)批准×××××(下级单位)×××××(文件)，现转发给你们，请认真贯彻执行。

××××××(提出希望和要求)

附件：××××××(文件名称)

××××(公章)

××××年×月×日

写作模板2-3(转发性通知)

×××(下级单位)关于转发××××(上级单位)××××(文件)的通知

×××(主送机关)：

××××××(下级单位)×××××(文件)已经×××××(上级机关)同意，现转发给你们，请认真贯彻执行。

××××××(提出希望和要求)

附件：××××××(文件名称)

××××(公章)

××××年×月×日

写作模板2-4(发布性通知)

×××关于印发《××××(规定)》的通知

×××(主送机关)：

为了××××××(目的)，根据××××××(依据)，×××(单位)制定了《××××(规定)》，现印发给你们，请结合实际情况，认真贯彻执行。

××××××(提出希望和要求)

附件：××××(文件名称)

××××(公章)

××××年×月×日

写作模板2-5(告知性通知)

×××关于成立××××(机构)的通知

×××(主送机关)：

为了××××××(目的)，根据××××××(依据)，决定成立××××××机

构,负责××××××工作,现将有关事项通知如下:

一、××××××(机构)人员组成

××××××

二、××××××(机构)主要职责

××××××

××××××

三、××××××(机构)下设办公室,主要负责××××××工作

四、××××××(其他说明事项)

××××(公章)

××××年×月×日

写作模板2-6(会议通知)

×××关于召开××××会议的通知

×××(主送机关):

为了××××××(目的),根据××××××(依据),×××(办主单位)决定召开××××××会议,现将有关事项通知如下:

一、会议议题

××××××××××××××××××××××××。

二、参加人员

××××××××××××××××××××××××。

三、会议时间

×月×——×日(会期×××,×××××报到)

四、会议地点

××××××××××××××××××××××××。

五、有关事宜

(一)××××××××××××××××××××。

(二)××××××××××××××××××××。

(三)××××××××××××。

联系人:×××;电话:××××××××;传真:××××××××。

××××××××(公章)

××××年×月×日

写作模板2-7(任免通知)

×××关于××××任免的通知

×××(主送机关)：

经×××××××××××会议决定：(任免依据)

×××(姓名)任××××××(职务)。

×××(姓名)任××××××(职务)。

免去×××(姓名)××××××(职务)。

××××(公章)
××××年×月×日

写作训练

学校团委、学生会各部门及其下属社团准备面向全校公开招募一批新成员，请为此次招募活动拟写一份通知，内容要素自拟。

语言训练

判断下列说法是否正确，并说明理由。

1. 李强被提拔为公司财务部经理，公司发出了一份通告告知大家。

2. 《××职业技术学院关于召开招生工作会议的通知》，这是一个完整的通知标题，其中"××职业技术学院"是发文机关，可以省略。

3. 通知的成文时间写作：2018年11月。

4. 有的会议组织者为了更好地进行统计和安排，会在通知事项中告知对方需填写会议报名回执表并提交给会务组，回执表通常以附件的形式出现，这一要素现在逐渐成为大中型会议通知必须具备的要素。

文化采撷

古代"录取通知书"

现在的高考录取通知书都是由学校印制，填上考中者的姓名，由邮政快递送达。在古代，"高考"录取通知书无论是做工，还是送达，都比现在更复杂、更隆重。

科举制始创于隋，形成于唐，完备于宋，强化于明，至清趋向衰落，光绪卅一年(1905年)科举考试正式废止，历经1300余年。唐代把金屑涂饰在笺简上，供进士及第到家报喜所用，称为"榜帖"。这就是当时的录取通知书。宋代曾敏行在《独醒杂志》卷四中提及："时第一名毕渐，当时榜帖，偶然脱去渐字旁点水，天下遂传名云毕斩。"

最早的榜帖是泥金帖子，"泥金"手法是中国传统的高档装涂工艺，可见人们对其重视程度。五代王仁裕在《开元天宝遗事·泥金帖子》中提及："新进士才及第，以泥金书帖子附家书中，用报登科之喜，至文宗朝，遂寖削此仪也。"宋代杨万里在《送族弟子西赴省》中有云："淡墨榜头先快睹，泥金帖子不须封。"两者都提到泥金帖子。那么杨万里诗中的"淡墨榜"又为何呢？古代科举考试录取的进士，用淡墨书榜，故称为"淡墨榜"。

后来出现了金花帖子，被视为"正式版"科举录取通知书。南宋赵彦卫在《云麓漫钞》卷二中提及："国初，循唐制，进士登第者，主文以黄花笺，长五寸许，阔半之，书其姓名，花押其下，护以大帖，又书姓名於帖面，而谓之榜帖，当时称为金花帖子。""黄花笺"是一种洒金粉的顶级用笺，用此来书写通知书，可见珍贵。明代陈继儒在《太平清话》卷四中提及："宋朝吴郡士登科者，始于龚识，其家居昆山黄姑，犹藏登第时金花榜帖，乃用涂金纸，阔三寸，长四寸许。"到了清代，就出现了刻板印制的科举通知书。

在古代，送通知书也比较隆重，是一种官府行为，各级官府会安排专人将通知书直接送达学子家中。报喜人骑上高头大马，高举旌旗，带上唢呐班子，一路上鸣炮奏乐，吹吹打打，热闹非凡，犹如现在男子结婚迎亲一般。《儒林外史》中描写了报榜的情景："只听得一片声的锣响，三四匹马闯将来。那三个人下了马，把马拴在茅草棚上，一片声叫道：'快请范老爷出来，恭喜高中了！'"

中秀才举人或者进士及第希望比较大的人家都会在煎熬中苦苦等待喜报的到来，有专人在门口等候，真是望眼欲穿。一旦报喜的人到了，即大呼小叫向主人报喜。报喜是个好差事，衙门里的公差争破头想干这差事，碰到大户人家能赏一些红包，也就是"喜钱"；稍微穷点的人家也能摆上一桌，赏些酒喝。古人收到榜帖后，一般要把它张贴在厅堂里最显眼的位置，如同现在上级颁发的奖状或与领导人合影一般，让来访的客人进门便能看到，以此炫耀一番，光宗耀祖。

资料来源：甘肃农民报[EB/OL]. http://szb.gansudaily.com.cn/gsnmb/201807/17/c75483.html, 2018-08-17.

第四节 旌善惩恶，以文达意——通报

课前阅读

关于莘县燕塔一青年男子坠落身亡的情况通报

2月9日下午15时15分，我局指挥中心接群众报警，有一青年男子从燕塔坠落。接警后，我局立即指派警力到达现场并组织图侦、技术等有关警种对现场进行封锁和勘察。

今天(2月9日)是正月初五，正是新春向好。可是，一条年轻的生命就这样从眼前陨落，大好的年华就这样提早结束，让人不禁扼腕叹息。生命不易，一路前行，且行且珍惜。父母渐老，羔羊跪乳，须报养育恩。生活中或有这样那样的困顿挫折，情绪也会有高低起伏，但我们每个人都是在生命的旅程中，奋力跋涉，负重前行。人生没有过不去的坎，哪怕面临绝境，只要咬紧牙关，坚持坚持再坚持，也许就会山重水复疑无路，柳暗花明又一村。生命，属于我们每个人都只有一次，不可也不能重复。无论如何，作为一个人，都要自珍自重，都要对自己负责，对父母家人负责。

没有经历过，谁也无法体会死者家人的沉痛心情。不诽议，不传播，是对死者的尊重，也是对其家人的安抚和保护。请勿再传播相关视频，让逝者安息，让生者在悲痛中逐渐回归生活平静。

资料来源：搜狐网[EB/OL]. https://www.sohu.com/a/293843922_100191055, 2019-02-09.

这一则通报文辞一改"冷冰冰"的通报体，寥寥几笔概括事发经过，再以人性化的行文劝大家"自珍自重"，最后推己及人，劝说当地网友不要再传播血腥视频，以免给死者家人造成反复伤害。

通报发布后引发关注，一天之内阅读数超过10万次。不少网友有感于通报中的提醒内容，为年轻生命的逝去感到痛心和惋惜。也有网友称，通报的行文让人看到温情的一面，不再是冷冰冰的表述，赞其有"人情味"。

知识卡片

一、通报的含义

通报是适用于表彰先进、批评错误、传达重要精神和告知重要情况的公文。

二、通报的特点

（一）典型性

通报所涉及的事实，不论是表彰性的、批评性的，还是通报情况的，都要求具有典型意义。典型就是具有普遍性、代表性，事实越典型，其警示和借鉴意义就越大，只有个性没有普遍意义的题材，缺乏广泛的指导价值。

（二）告知性

通报的内容，常常是把现实生活当中一些正反面的典型或某些带倾向性的重要问题及时告诉人们，让人们知晓、了解。

（三）分析性

由于通报的功能在于表彰先进、批评错误和传达重要事项，为了增强说服力，并引起有关方面的关注，通报在行文内容中，在交代清楚相关事实情况的基础上，还要对所反映的事实情况的性质和所能产生的影响进行具体分析和阐述。分析性是通报在内容表述方面的一大特点。

（四）时效性

上级机关应该适时发布通报，通报的事实较为具体，对发生的时间、地点等要素都要交代，这就要求通报应及时发布。通报的内容总是跟特定时期背景有着紧密的联系，通报得过于迟缓，就失去其沟通情况、宣传教育的目的。因此，通报的制发应该迅速及时，以免时过境迁，失去其积极作用。

三、通报的种类

（一）表彰性通报

表彰性通报用来表彰先进人物或先进集体，介绍先进事迹，推广典型经验，是从高层机关到基层单位都广泛采用的常用公文类型。

例如：

2019年全省教育系统先进集体和先进个人表彰的通报

××××职业技术学院关于2019年优秀学生表彰的通报

（二）批评性通报

批评性通报是对工作中发生、出现的重大事故、重大失误、错误倾向、不良风气提出批评所使用的公文文种，重在以儆效尤，有针砭、警示、纠正的作用。批评性通报可以针对个人所犯的错误制发，也可以针对某一部门、单位的不良现象制发，还可以针对普遍存在的某种问题制发。这类通报应用面广、数量大，惩戒性突出。

例如：

广电总局关于××省××市电视台违规情况的通报
教育部办公厅关于近期几起中小学生溺水事故的通报

(三) 传达性通报

传达性通报又称情况通报，主要用来传达重要精神、沟通重要情况。为了让下级单位对一些重要事件或全局状况有所了解，上级机关应该适时发布这样的通报。常见的工作情况通报内容有工作进展情况、落实情况、评比检查结果等。这类通报具有沟通和知照的双重作用。

例如：

中办通报、省委通报、市委通报
教育部关于对部分省份中小学幼儿园安全防范工作督导检查情况的通报

四、通报的写法

通报由标题、主送机关、正文、落款四部分组成。

(一) 标题

标题由制发机关、被表彰或被批评的对象和文种构成，通常有两种构成形式：一种是由发文机关名称、事由和文种组成，如《国务院办公厅关于对少数地方和单位违反国家规定集资问题的通报》；另外一种是由事由和文种构成，如《关于给不顾个人安危勇于救人的王××同志记功表彰的通报》。此外，有少数通报的标题是在文种前冠以机关单位名称，如《中共××市纪律检查委员会通报》；也有的通报标题只有文种名称。

(二) 主送机关

通报的受文机关应当使用全称、规范化简称或者同类型机关统称。除少数普发性通报外，都应标注主送机关。

(三) 正文

通报的正文内容主要有通报的事实、评价、决定事项、希望和要求等。不同性质的通报，其侧重点各有不同。

1. 表彰通报

表彰通报用来表彰先进人物或先进集体，介绍先进事迹，推广典型经验。表彰通报的正文分为四个部分。

(1) 介绍先进事迹。这一部分用来介绍先进人物或集体的行动及其效果，要写清时间、地点、人物、事件基本过程。表达时使用概括叙述的方式，只要将事实讲清楚即可，不能展开绘声绘色地描述，篇幅也不可过长。

(2) 先进事迹的性质和意义。这部分主要采用议论的写法，要注意文字精练，还要注意措辞的分寸感和准确性，不能出现过誉或夸饰的现象。

(3) 表彰决定。这部分写什么会议或什么机构决定给予表彰对象什么项目的表彰和奖励。如果表彰的是若干个人，或者有具体的奖励项目，可分别列出。

(4) 希望号召。这是表彰通报必须要有的结尾部分，用来提出希望、发出号召。希望号召部分表述的是发文的目的，也是全文的思想落脚点，要写得完整、得体，富有逻辑性。

2. 批评通报

批评通报是针对某一错误事实或某一有代表性的错误倾向而发布的通报，有针砭、纠正、惩戒的作用。它可以针对某一个人所犯的错误事实而发，也可以针对某一部门、单位的不良现象而发，还可以针对普遍存在的某种问题而发。批评通报正文也分为四个部分。

(1) 错误事实或现象。如果是对个人的错误进行处理的通报，这部分要写明犯错误人的基本情况，包括姓名、所在单位、职务等；然后是对错误事实的叙述，要写得简明扼要、完整清晰。如果是对部门、单位的不良现象进行通报，这部分要占较大的篇幅；如果是针对普遍存在的某一问题进行通报，这部分要从不同地方、不同单位的许多同类事实中，选择一些有代表性的进行综合叙述。

(2) 错误性质或危害性的分析。处理单一错误事实的通报，这部分要对错误的性质、危害进行分析，一般都写得比较简短；对综合性的不良现象或问题进行通报，这部分的分析性文字可能要复杂一些。

(3) 惩罚决定或治理措施。对个人单一错误事实进行处理，要写明根据什么规定，经什么会议讨论决定，给予什么处分等；对普遍存在的错误现象或问题，在这部分中要提出治理、纠正的方法措施。如内容复杂，这部分可以分条列项。

(4) 提出希望和要求。在结尾部分，发文机关要对受文单位提出希望和要求，以便受文单位能够高度重视，认清性质，汲取教训，采取措施。

如果是针对一些违纪比较严重的现象进行通报，结尾部分的措辞还可以更严厉一些，譬如提出继续违纪要严惩、要登报公布等警告。

3. 传达性通报

传达性通报是用来传达重要精神、沟通重要情况的通报，目的是让下级单位或民众对一些重要事件或全局状况有所了解。例如，《农业农村部办公厅关于公布

2020年第一期兽药质量监督抽检情况的通报》。传达性通报正文由三个部分构成。

(1) 缘由与目的。情况通报的开头要叙述基本事实，阐明发布通报的根据、目的、原因等。作为开头，篇幅不宜过长，要综合归纳、要言不烦。

(2) 情况与信息。主体部分主要用来叙述有关情况、传达某些信息，通常内容较多，篇幅较长，要注意梳理归类，合理安排结构。

(3) 希望与要求。在明确情况的基础上，对受文单位提出一些希望与要求。这部分是全文思想的归结之处，写法因文而异，总体原则是抓住要点、切实可行、简练明白。

(四) 落款

在正文后右下方标注发文机关、成文日期，加盖印章。

五、通报的写作要求

(一) 事例要典型

通报要站在全局的高度，放眼整体利益，通报的事项必须具有普遍意义，考虑到全局的指导作用，以及对受文对象的教育意义。提炼出的经验教训必须由通报事例自然而然地引申出来，具有较强的针对性，又具有个性特征。

(二) 事实要准确

通报必须客观如实地反映情况，做出的分析与决定要科学、准确、切合实际。

(三) 行文要及时

通报的一个重要特点是时效性强，特别是与当时政治、经济、社会形势相适应的事例，一定要及时通报，否则时过境迁，通报将失去其意义。

(四) 要求要可行

通报提出要求时，要切实估计受文单位的情况，提出切实可行的要求。期望过高或一刀切，盲目乐观或片面悲观，都会导致事与愿违、适得其反。

知识扩展

通知和通报的区别

通知：适用于发布、传达要求下级机关执行和有关单位周知或者执行的事项，批转、转发公文。

通报：适用于表彰先进、批评错误、传达重要精神或者情况。

通知与通报的区别有哪些呢？简单来说，有以下几点。

1. 告知的内容不同

通知：告知的主要是工作情况，以及共同遵守执行的事项。

通报：告知正反面典型，或有关重要的精神或情况。

2. 目的要求不同

通知：提出具体工作意见和办法，要求下级机关遵照执行或办理。

通报：主要是交流、了解情况，着眼于思想和路线方面的教育，以指导、推动今后的工作。

3. 表现方法不同

通知：主要是叙述，告知人们做什么、怎样做，叙述具体。

通报：兼用叙述、分析和议论，有较强的感情色彩。

4. 其他

通知：事实尚未发生。

通报：以事实为前提。

此外，通报的范围大于通知，其性质更为正式。

优秀例文2-10(表彰性通报)

共青团××师范学院委员会关于表彰2019年 学生暑期社会实践工作的通报

各二级学院团委：

在今年暑期社会实践活动中，我校广大青年学生深入宣传贯彻习近平新时代中国特色社会主义思想和习近平总书记在纪念"五四运动"100周年大会上的重要讲话精神，以"青春心向党·建功新时代"为主题组建了47支校级社会实践团队赴近10个省、市、自治区广泛开展理论普及宣传、国情社情观察、科技兴农帮扶、教育关爱服务、文化艺术服务、爱心医疗服务、美丽中国实践等多种形式的实践活动。各队立足基层服务，通过扩大活动覆盖面，提升活动实效性，探索总结实践育人新机制，引领广大青年学生在社会实践中受教育、长才干、做贡献，取得预期成效。

为树立典型、表彰先进，经评审，共有17支校级立项团队脱颖而出，评出一等奖3名，奖金各1000元，共3000元；二等奖6名，奖金各800元，共4800元；三等奖8名，奖金各500元，共4000元。共计奖金11 800元。授予郑惠强等91位同学"暑期社会实践先进个人"称号。共评出47篇暑假社会实践优秀报告，一等奖8篇，二等奖16篇，三等奖23篇，现给予公布表彰。

希望受到通报表扬的团队和个人戒骄戒躁，再接再厉，勇于创新，扎实工作，不断取得更好成绩。希望各学院继续总结经验，宣传典型，积极探索发挥新形势下实践育人优势，引领广大青年学生牢记时代使命，书写人生华章，努力成长为堪当民族复兴大任的时代新人。

附件：1. ××师范学院2019年学生暑期社会实践先进团队
2. ××师范学院2019年学生暑期社会实践先进个人
3. ××师范学院2019年学生暑假社会实践优秀报告

共青团××师范学院委员会(公章)
2019年11月6日

资料来源：泉州师范学院[EB/OL]. http://www.qztc.edu.cn/twh/2019/1119/c1890a239146/pagem.htm, 2019-11-08.

评析：这是一则表彰性通报。首先概括了先进单位的先进事实，做出了相应的评价，并决定予以表彰，鼓励其做出贡献，最后提出希望。该通报层次清楚，语言简洁，格式规范。

优秀例文2-11(批评性通报)

××职业学院关于给予××同学留校察看处分的通报

各有关部门、高职学生班：

××同学是我校××系××专业×班学生，该同学在2019年12月20日英语期末考试中，私自夹带与考试有关的资料进入考场，并进行抄袭，属考试作弊。事后，该同学对自己所犯错误有深刻的认识。

为严肃校纪，同时也教育其本人，根据《××职业学院考试相关规定》中第五条第二款规定，决定给予××同学留校察看处分。

××职业学院(公章)
2019年12月21日

评析：这是一则批评性通报。首先告知了该学生的犯错事实，并依据规定做出了相应的处分决定，起到了警示他人、教育本人的作用。该通报语言简洁，格式规范，符合批评性通报的写作要求。

优秀例文2-12(传达性通报)

××教育局关于对2018年全市中小学"书香校园"评估验收情况的通报

各县区教育局、市属各学校、市管民办学校：

根据《关于做好全市中小学"书香校园"评选活动的通知》(××教基〔2018〕

308号)要求,10月22日至24日,我局组织对申报"书香校园"的中小学进行了评估验收,现将相关情况通报如下:

一、基本情况

本年度"书香校园"创建评选,市教育局对《××市中小学"书香校园"评选细则》进行了充分修订,强化了学校阅读课程建设、深度阅读开展、阅读活动引领等内容。在各县区评选和市属学校各教学管理片区择优推荐的基础上,选出39所中小学上报市教育局。

市教育局组建专家评估检查组,依据评选细则,通过实地查看、听取汇报、查阅资料、随机访谈等方式,对申报学校进行了综合评估。评估期间,共听取学校汇报39场次,随机访谈300余人次,查阅各种档案资料1000余卷(册)。经评估检查组综合评议,市教育局审核认定,××市实验幼儿园等36所学校评估总分90分以上,达到《××市中小学"书香校园"评选细则》要求。

(一)机制完备,形成自发调动的良好态势。各创建学校都能制定系统的创建规划和实施方案,组建由学校领导和各学科教师参与的创建小组,充分发挥教师的积极能动引领作用。永登龙岗小学大力倡导"书香立校、书香育人",确定了"活力东小—实力东小—魅力东小"的五年发展规划,将建设"书香校园"作为提升学校办学品质的重要途径。二十七中、五十五中、水挂庄小学等学校将美术、音乐、科技等学科教学与阅读活动有机融合,在创新阅读形式的基础上,增强了悦读感,师生读书交流成为常态。

(二)投入精准,形成重点突出的教育项目。各校图书的数量和质量都能够充分满足学生大量阅读的需求。实验幼儿园建成了拥有20 000多册藏书的全国幼儿园中最大的绘本图书馆,二十七中藏书多达11万册,孔家崖小学两年内图书购置装箱费用达16万元;科学院小学、永登八中等学校还投入大量资金购置了可移动电子阅读设备,让校内阅读变得更加轻松快捷;五十六中、万里小学购置大型电子阅读设备,学生可轻松按照目录查找到自己喜欢的作品展开阅读。

(三)氛围浓厚,形成书香致远的本真面貌。学校不再仅仅将图书"藏"在图书馆和阅览室,而是想方设法地充分利用有限区域,在楼道、教室、校园的角落开辟阅读空间,布置温馨的阅读环境。五中、五十七中、八十一中、民族中学、四十六中、福利二小的校园呈现"一墙一角皆文化,一草一木蕴教育"的阅读文化,浓郁的书香浸润着师生致远人生。

二、做法及成效

各县区、市属学校各教学管理片区在本次"书香校园"创建评选中认真组织,有效指导,各学校广泛开展阅读活动,探索创新阅读实践,全面促进了学校内涵的发展。

(一) 加强课程建设,引导阅读活动向纵深发展。学生的阅读依赖于教师科学的指导和帮助,教师的阅读及阅读指导能力是"书香校园"建设的根本。孔家崖小学对全体教师开展阅读指导培训,学校坚持每天下午开展阅读指导,师生分享阅读成果;实验幼儿园以绘本阅读为载体,以园内阅读、亲子阅读等多种形式为过程,构建了多元、立体的"1+N"绘本阅读课程;东岗小学将阅读活动"与课堂接轨,同生活联袂",建构书香课程,制定了特色教育载体"敦礼八艺";福利一小以课程统整建设为重点,自主创新诵读课程、阅读课程、写作课程、书艺课程的校本课程,构建读写诵书一体化的课程体系。

(二) 创建多样活动,呈现活泼精彩的生态效果。各学校都有适合学生和老师读书的校级系列活动,多方位、多途径、多形式地开展读书活动,安静阅读与精彩展示相得益彰,师生更爱阅读、更爱书本。各学校创编校刊,且刊登教师、学生读书作品,并创建不同的文学社团,小学依托学校的各种兴趣社团,中学有专门的文学社团。各学校领导带头做好读书笔记,学生的读书笔记认真翔实,小学还有读书卡、学生手抄报和亲子手抄报等多样的笔记形式。榆中周前学校、榆中博雅小学、万里小学学生的阅读成果通过多种形式展现,收获与幸福跃然纸上;五十五中开展"诗词鉴赏大会""古诗文书写大赛""周一诗会""端午诗会"等活动,引导学生靠近经典,感受文学之美、汉字之趣,增强文化自信,不断提高学生文学赏析能力和道德修养;三十四中开展师生共写随笔,共同编织有意义的生活,充分利用"两论坛一书苑"在学校各个年级部、各处务开展教师朗诵活动,让读书学习蔚然成风;健康路小学先后迎来了表演艺术家六小龄童,儿童文学家曹文轩、郁雨君、赵静、徐玲,中国少年儿童出版社副总编雪岗和何强伟老师,亚洲故事大王马来西亚籍许友彬先生,著名军事作家八路和学生面对面零距离接触。

(三) 构筑多元评价,促进阅读活动的多元发展。在"书香校园"建设中改革评价体系,进一步激励了师生的自觉阅读。安西路小学全面推进阅读考级制,根据学生的年龄和认知水平,把考核内容细化分为六个级别;火星街小学用"独特的行走方式"打开另一种阅读方式——由家委会牵头组织本班大小读书友进入生活的城市,让每个学生将阅读与生活实践紧密地联系在一起,深受家长、学生的喜爱;西湖小学师生在暮省时间共同对一天的阅读生活进行梳理,及时发现班级和个人一天内的进步和不足;皋兰县魏家庄小学的"千人腰鼓""读书之星""书香家庭"的评比活动,形成家校共育的良好局面。

(四) 探索深度阅读,激发师生成长的活跃思维。教育家苏霍姆林斯基说:"让学生变聪明的方法,不是补课,不是增加作业量,而是阅读、阅读、再阅读。"科学院小学举行了展示读书心得、读书征文比赛等活动,开发校本课程,每天安排20分钟晨读古诗词课程和15分钟午练课程，让学生在日积月累中积养习惯，通过漂流图书、"悦读"知识、绘本"悦读"、齐诵共吟、节日节气、诗词研讨等具有鲜明特色的阅读活动，将学校"悦读润心"的文化落到了实处；四十六中将阅读纳入课程计划，强化阅读指导，保障阅读时间，每周在校本课中还开设一堂课外阅读指导课，有计划、有目的地进行课外阅读指导，并大力倡导家校形成良好的读书习惯，以书香的高雅气质，带给学生一生受益的精神财富，同时积极开辟"线上"书友交流会。

三、问题及建议

"书香校园"创建是中小学开展全民阅读活动的重要项目，但在评估中也发现一些问题：一是幼小阶段读书活动形式多样，实效性强，而中学阶段读书活动形式相对单一；二是读书会、书友会等读书组织与外界学术交流活动较少；三是图书阅览室在阅读活动中的价值有待进一步提升。

今后的"书香校园"建设，要在不断地学习思考中，进一步探究，让阅读成为师生的习惯。

（一）制定阅读培养目标，把好图书进校关。通过学校层面对推荐书目和图书购置严格把关，有引导性地选择各类书刊，向学生推荐相应书目，引导师生读好书、读经典作品，并进行切实有效的导读活动。

（二）继续加强氛围营造，营造阅读文化氛围。学校要处处充满书香，处处可见阅读的学生，学生处处有书可读，要让阅读成为师生的习惯。要在"香"字上大下功夫，深入挖掘内涵，有效指导实践，进一步探索"深度阅读""有效阅读"的意义。

（三）依靠项目强化引领，建设特色"书香文化"。通过"亲近母语""阅读地平线""新教育实验"等项目的培训和引领，进行阅读课程开发和阅读理念更新，提高"书香校园"建设实效性，真正将阅读课程化。

（四）加强"书香校园"研究，发挥图书馆优势。加强对"书香校园"的理论、模式、效能等深层次的研究，厘清中小学图书馆在"书香校园"时代的发展定位与战略。通过充分发挥图书馆的功能，加强"书香校园"建设的先锋引领作用。

附件：2018年××市"书香校园"名单

××市教育局(公章)
2018年11月28日

资料来源：兰州市教育局[EB/OL]. http://jyj.lanzhou.gov.cn/art/2018/12/13/art_351_530780.html?authkey=fddne3, 2018-12-13.

评析： 这是一份传达性通报，主要通报了全市中小学开展"书香校园"评估验收活动的情况。正文首先通报情况，然后有针对性地提出具体要求。内容明确，格式规范。

 问题诊断

××省人民政府关于表彰奖励"7·12"
抢险灭火有功单位、有功人员的通报

今年七月十二日，××县××加油站因静电作用发生火灾，在周围群众及国家财产的安全受到严重威胁时，当地公安干警、武警官兵和消防干警奋勇当先，临危不惧，英勇战斗，谱写出一曲可歌可泣的时代赞歌。有关医务人员和新闻工作者为抢救受伤人员、宣传报道英雄事迹做出显著成绩。他们的英雄事迹和模范行为受到了广大群众的高度赞扬，在全省引起强烈反响。为了表彰在"7·12"抢险灭火战斗中的有功单位和有功人员，××省人民政府决定：

一、对××县公安局、武警××地区支队××县中队予以通报嘉奖。

二、给予武警××地区消防支队司令部、武警×省总队政治部新闻电视工作站、省卫生厅医政处、××医大附属一院烧伤科、省人民医院烧伤科、××县人民医院外科、××市第二人民医院烧伤外科、××市第三人民医院外科、解放军××军区总医院外五科、××日报社政治部、××电视台新闻部通联科、中国人民解放军××部队各记功一次。

三、给予××、×××等各记大功一次。

四、给予×××、××等各记功一次。

希望受表彰奖励的集体和个人牢记全心全意为人民服务的宗旨，戒骄戒躁，不断进取，为人民再立新功。

省政府号召全省人民向他们学习，学习他们临危不惧的大无畏精神、无私忘我的奉献精神和团结协作的集体主义精神，在党中央领导下，全面贯彻落实党的"十×大"和十×届×中全会精神，进一步解放思想，抓住机遇，按照省委×届二次全会的要求，为夺取我省经济建设和两个文明的新胜利而努力奋斗。

××省人民政府(公章)
××××年××月××日

提示：

1. 标题不够简洁。

2. 先进事迹的介绍不够明确具体，缺乏事实支撑。

3. 希望号召部分文不对题，缺乏针对性。

写作模板2-8(表彰通报)

××××(发文单位)关于表彰××××的通报

××(主送机关)：

　　介绍经过：××××××××××××(时间、地点、人物、事件、原因、结果)

　　分析评价：(成绩、成就、影响、性质、意义)

　　决定事项：

　　一、×××××××

　　二、×××××××

　　三、×××××××

　　　·················

　　××××××××提出希望或发出号召。

××××(公章)

××××年×月×日

写作模板2-9(批评通报)

××××(发文单位)关于××××的通报

××(主送机关)：

　　介绍经过：××××(时间、地点、人物、事件、原因、结果)

　　分析评议：××××(性质)

　　××××(造成损失或后果)

　　××××(叙由并引出决定事项)

　　一、×××××××

　　二、×××××××

　　三、×××××××

　　　······

　　××××(防止类似事件发生的措施)

　　××××(号召或希望)

××××(公章)

××××年×月×日

写作模板2-10(传达通报)

××××关于××××的通报

××(主送机关)：

　　为了××××，根据××××，决定××××。现将有关情况通报如下：

　　一、××××

　　××××(总目的、总任务、总要求、总做法、总成果)

　　二、××××

　　××××(成功的做法，效果与经验)

　　三、××××

　　××××(存在的问题与薄弱环节)

　　四、××××

　　××××(今后的打算与安排)

　　××××(号召或希望)

××××(公章)
××××年×月×日

语言训练

写作通报有何注意事项？表彰性通报正文一般写什么内容？

写作训练

请结合之前学习的公文格式和通报的写作要求等知识对下文进行修改。

××市人民政府文件
×府发〔2019〕第11号
关于表彰市××厂实现"安全生产年"的通报

市属各企业：

　　为确保企业生产和人民生命财产安全，我市××厂从各方面采取有力措施，花大力气抓各项安全生产制度的贯彻落实，并建立了安全生产各级岗位责任制，2019年实现全年无重大生产和伤亡事故，成为我市标兵企业。为此，市政府决定给予市××厂通报表扬，以资鼓励。

　　市政府号召全市各企业学习市××厂的先进经验，结合企业实际，建立和健全安全生产岗位责任制，抓好安全生产，争创标兵企业，为把我市安全生产提高到一个新水平而努力。

特此通报

主题词：关于 表彰 通报

××市政府(公章)

二〇一四年元月

提示：

1. 党政机关公文格式各要素是否正确？
2. 标题该如何修改？
3. "特此通报"是否合适？
4. 你还发现哪些问题？

 文化采撷

中国古代如何表彰杰出人物

在古代，历朝历代都有杰出人物，朝廷会通过建阁、塑像、下诏等方式进行表彰。此外，老百姓还会给受他们爱戴的杰出人物编歌谣、赠送荣誉称号，以表达尊敬之情。

一、皇帝的奖赏

在古代，对于杰出人物来说，最高奖赏来自皇帝。皇帝予以表彰的目的很明确，就是在官员和民众中产生良好效应。其中，最直接的奖赏是下诏表彰。

明代永乐年间汶上知县史诚祖因廉洁勤政、断案公平，对待百姓宽厚仁慈，维护了地方繁荣稳定，被朝廷评定为"治行第一"。明成祖朱棣向全国下发诏书表彰他的突出政绩，另外还赏赐他御酒一坛、金纱衣一件、钱钞千贯。

除了诏书奖赏，还有建阁塑像。唐代时，唐太宗为表彰功臣而建筑了凌烟阁，命令画家阎立本在阁内绘制房玄龄、杜如晦、长孙无忌、魏征、尉迟敬德等二十四位功臣的画像，再由书法家褚遂良题字，流传后世。宋代如法炮制，宋理宗于宝庆二年(1226)刻赵普、曹彬、潘美、王旦等二十四位功臣神像于昭勋阁。

有些楷模生前得不到嘉奖，在去世后，因为其突出的贡献受到皇帝表彰，对于这些人的家族来说，也是一种莫大的荣幸。东汉时期的渔阳太守张堪，文武兼备，在军事上打得北部匈奴不敢入犯，经济上创造性落实了光武帝刘秀的休养生息的国策，被史学家称为"渔阳惠政"。张堪病逝后，刘秀亲自颁发诏书褒扬他的功绩，并赏赐布帛一百匹。

宋代名臣王旦，历任参知政事、宰相，他虽身居高位，但为官始终清正廉明。

作为国家栋梁，王旦去世后，宋仁宗亲自为他撰写了"全德元老之碑"的碑额。同时代的名臣范仲淹坚持"先天下之忧而忧，后天下之乐而乐"的人生信条，一心为国为民办实事。范仲淹去世后，宋仁宗追加范仲淹为兵部尚书，亲书褒贤之碑，还安排欧阳修为他撰写碑文。

二、百姓的歌谣

除了皇帝的嘉奖，老百姓还会通过写歌谣、请求留任等方式表达他们对杰出人物的敬意。

西汉时期的召信臣以及东汉时期的杜诗，都任过河南南阳太守，而且两人都实行善政，使人民得以休养生息、安居乐业，因此南阳人民送给他们这样的美称："前有召父，后有杜母。"后来的"父母官"(现在该称呼已不适用)一词，就是从这里演绎而来的，"召父杜母"也作为成语流传下来。

东汉名臣种暠(hao)先任益州刺史，颇有德政。后来凉州羌人发生骚动，朝廷便任命种暠为凉州刺史。他采取了一系列措施，稳住了羌人，发展了生产，深得百姓拥戴。后来种暠被征召升迁时，百姓都请求留下种暠。执政的梁太后叹道："没有听说哪个刺史得人心到这个地步的。"于是批准了他们的请求。种暠又留任一年后，升汉阳太守。

明代况钟主政苏州时，为政廉明、务实爱民，深得百姓爱戴。治理苏州十年任满，照例应该上调朝廷任职，可是当地百姓联名上书，恳请况钟连任。最后，明英宗朱祁镇不得不准奏。人们为此还写有歌谣"况青天，朝命宣。早归来，在明年"。

明代李信圭，洪熙年间(明仁宗朱高炽)初为清河知县(今江苏淮阴)。上任后，他一边整顿民风，一面上书朝廷，请求免去一切防农之务，当地才渐渐有了农桑的条件。正当清河景况稍缓之时，不想又遭大旱，饥民遍野。李信圭奔走于上官，请放贷济，减缓征派。除了旱灾之外，当地还常遭受淮水的涝灾，每逢此时，李信圭察访民情，请求救济。他家中老母亲中风躺在床上，李信圭白天忙政务，晚上侍奉老母亲，为清河吏民做出了表率。后朝廷决定擢升他为蕲州知州，清河百姓闻讯，出动五百多人赴京上书乞留。朝廷看到李信圭如此得民心，就授予他知州之职，仍留清河县事。李信圭在清河生活了二十二年。

三、流传后世

除上述几种嘉奖方式外，还有一种嘉奖方式，就是通过地方志将杰出人物的德政记入史册。

清代时，江苏常熟知县于宗尧，上任后大刀阔斧，从整治吏治入手，使那些久混于官场的圆滑官员无法浑水摸鱼，不得不打起精神为百姓办事，他也因此得到了百姓的信任。当时常熟最大的弊端是漕运，经过他多方努力，这个长期困扰常熟百姓的漕政弊端终于在于宗尧上任后的三个月内终止。后人在修地方志时特意记下了于宗尧的这一德政，称赞说："漕事不为民困，自宗尧始。"然而于宗尧自己却因积劳成疾，于康熙十一年(1672年)病故在任上，年仅23岁。消息传出后，老百姓纷纷捐资为其治丧，就连在此做生意的小商贩也"争投一钱"。于宗尧家人将其葬于常熟县虞山南麓，人们在其墓前的神道立一大碑，上题"万民留葬"四个大字。百姓还为他建祠堂，撰写传记，流传后世。

资料来源：首都文明网[EB/OL]. http://www.bjwmb.gov.cn/zxfw/wmwx/wskt/t20180208_859513.htm.

第五节 有请必回，缓急相济——请示

课前阅读

2009年3月，温家宝总理在召开政府工作报告座谈会中，许多人大代表对城镇登记失业率很有意见，温总理当时说："你们社会劳动保障部该赶紧上网，或者你们赶紧开发布会，别等着我来发话你们再去做，今后各部委都这样，只要网上出了什么问题是需要解释的，你们不用请示我，别把一个问题拖成一个不得了的大问题！"

工作中的请示制度是完全必要的，不请示不汇报，可能会造成大乱。但在今天，一些官员常常以"请示"的名义，把事情往上级领导那一推，然后坐等上级决策，导致许多紧急问题因"坐等"批复而错过了最佳处理时机。

那么，作为行政公文的"请示"是怎样的文种呢？

知识卡片

一、请示的含义

请示属于上行文，"适用于向上级机关请求指示、批准"。当事项超出所属机关的权力或能力范围时，可通过请示来获得上级机关的帮助，加速问题的解决，避免工作中的失误。

二、请示的特点

(一) 单一性

请示是下级机关为请求上级机关批准某一事项或解决某个问题而制发的，故而

请示的"一文一事"是其写作的一大特点。此外,由于权责的明确性,请示的主送机关较为单一,一般情况下主送一个上级领导机关或者主管部门即可。

(二) 期复性

由于请示是由下级向上级机关所提出的请求指示、批准的文种,因此,其目的是得到反馈,即期待上级明确表态予以回复,所以在语言上有一定的期复性。

(三) 时效性

一般来说,请示的事项是亟待明确或亟待解决的问题,时效性很强,上级机关受文后应及时研究,无论是否同意,均应及时做出批复。

(四) 先行性

请示是下级机关向上级机关请示问题,所以请示必须要在事前行文,不允许"先斩后奏",必须在批复后才能实施。

三、请示的种类

(一) 请求指示的请示

请求指示的请示多涉及政策上、认识上的问题,主要应用于以下三种情况。

1. 请求指导

遇到新情况、新问题,在有关方针、政策、规章以及上级的指示中,都找不到相应的处理依据,无章可循,因而没有对策,需要上级机关给予指示。

例如:

关于妥善处理高等学校学生退学后有关问题的请示

2. 请求解释和说明

对有关方针、政策和上级机关发布的规定、指示有疑问,需要上级机关给予解释和说明。

3. 请求裁决

与友邻机关或协作单位在较重要的问题上出现意见分歧,需要上级机关裁决。

(二) 请求批准的请示(包括求转性)

请求批准的请示多涉及人事、财务、机构等方面的具体问题,又可分为以下三种情况。

1. 请求批准有关规定、方案、规划

依据有关规章和管理权限,下级机关制定的某些规定、方案、规划等,需要经过上级部门的批准才能发布实行。

例如：

河北省公安厅关于提请印发
河北省人民政府关于进一步加强道路交通安全工作的实施意见的请示

2. 请求审批某些项目、指标

在工作中遇到人、财、物方面的困难，自己无法解决，可以提出解决方案请上级机关审核批准，在人、财、物方面给予相应的调配。

例如：

××省地质勘探大队关于增加专业技术人员编制名额的请示
辽宁人民政府关于设立大连金普新区的请示

3. 请求批转有关办法、措施

某职能部门在职权范围内制定了相关的办法和措施，却不能直接要求平级机关和不相隶属机关照办，便可以用请示的方式要求上级机关批转给有关部门执行。

例如：

关于批转高淳区2018年度安全生产监督检查计划的请示

四、请示的写法

请示包括标题、主送机关、正文和落款四部分。

(一) 标题

1. 标题的构成

请示标题由发文机关、事由、文种三部分组成。

2. 标题的写法

请示的标题一般有两种构成形式：一种是由发文机关名称、事由和文种构成，如《××县人民政府关于××××××的请示》；另一种是由事由和文种构成，如《关于开展春节拥军优属工作的请示》。

3. 标题写作的注意事项

(1) 不能将"请示"写成"请示报告"或"报告"。

(2) 标题中尽可能不要出现"申请""请求"之类的词语，避免造成意义上的重复。

例如：

关于请求(申请)修建篮球场所需经费的请示 (×)

关于修建篮球场所需经费的请示 (√)

关于修建篮球场所需经费的请示报告 (×)

(二) 主送机关

请示的主送机关一般只有一个，即其直接上级机关。

(三) 正文

请示的正文包括请示缘由、请示事项、请示结语三部分。

1. 请示缘由

请示缘由是指提出请示事项和要求的理由、背景和依据，要写在正文的开头。请示缘由必须写得充分、具体、清楚，有理有据，进而顺理成章地提出根据，这是请示事项成立的前提条件，也是得到上级机关批准的关键。

2. 请示事项

请示事项是指请求上级机关批准、帮助、解答的具体事项。请示事项要符合国家法律、法规，符合实际，具有可行性和可操作性。因此，事项要写得具体、明确、条项清楚，以便上级机关给予明确批复。如果请示事项内容比较复杂，则要分清主次，一条一条地写明。

3. 请示结语

请示的结尾一般有较为固定的结语，以示对上级机关的尊重。习惯用语一般有"当否，请批示""妥否，请批复""以上请示，请予审批"或"以上请示如无不妥，请批转各地区、各部门研究执行"等。这是请示必不可少的内容，应另起段写。

(四) 落款

在请示正文的右下方签署发文机关、成文日期，并加盖印章。

五、请示的写作要求

(一) 一文一事

一份请示只能写一件事，这是《国家机关行政公文处理办法》的规定，也是实际工作的需要。如果一文多事，很可能导致上级机关无法做出批复。

(二) 单头请示

一份请示只主送一个上级机关，不能同时主送两个或两个以上机关。受双重领导的机关向上级机关请示工作时，要根据请示内容的性质，主送一个上级领导机关，抄送另一个领导机关。

(三) 一般不越级请示

如果因为情况特殊或事项紧急必须越级请示，要同时抄送越过的机关。请示一般不直接送领导个人，除非是领导直接交办的事项。

(四) 不得抄送下级机关

请示是上行公文，不得同时抄送下级机关，更不能要求下级机关执行上级机关未批准的事项。

优秀例文2-13(请求指示)

××省高级人民法院关于交通肇事是否给予被害者家属抚恤问题的请示

最高人民法院：

据我省××县人民法院报告，他们对交通肇事致被害人死亡是否给予被害者家属抚恤的问题，有不同意见。一种意见认为，被害者是有劳动能力的人，并遗有家属要抚养的，就给予抚恤；被害者若是没有劳动能力的老人或儿童，就不给予抚恤。另一种意见认为，只要不是由被害者自己的过失所引起的死亡事故，不管被害者有无劳动能力，都应酌情给予抚恤。我们同意后一种意见。几年来的实践经验证明，这样做有利于安抚死者家属。

妥否，请批复。

××省高级人民法院(公章)
20××年9月10日

资料来源：百度文库[EB/OL]. https://wenku.baidu.com/view/49bd25a8284ac850ad024286.html, 2018-07-02.

评析：这是一则请求指示的请示。这类请示多涉及政策、认识上的问题，请求上级明示。正文开门见山，提出对交通肇事是否给予被害者家属抚恤有不同意见，继而申明同意的意见及同意的理由，最后提出要求，请求上级明确批复。全文观点鲜明，语言简洁。

优秀例文2-14(请求批准)

中国银行××分行关于成立××市中国银行会计事后监督机构的请示

中国银行总行：

为更加深入全面地进行金融改革，确保金融体制健全，缓解××分行会计业务的烦琐压力，合理进行会计人员的岗位设置，我行根据现有条件，拟成立"中国银行××分行会计事后监督机构"。现将有关事项请示如下：

1. 该处室是我行的行政机构，无独立核算功能。

2. 办公地点计划在我行所属的"百合园"工作区内。

3. 会计事后监督岗位的工作人员在全市我行系统内招聘，以有经验的人员为主。采用笔试、面试的方法，统一由分行人事部门和会计处联合招考。

妥否，请批复。

附件：关于成立"××市中国银行会计事后监督机构"的可行性报告

中国银行××分行(公章)
20××年4月10日

资料来源：百度文库[EB/OL]. https://wenku.baidu.com/view/49bd25a8284ac850ad024286.html, 2018-07-02.

评析： 这是一则请求批准的请示。事由合理充分，请示事项明确，格式规范。

问题诊断

指出下面两篇公文的主要问题并加以修改。

解决校园监控系统建设资金的请示

××市教育局、财政局：

因网络的日益繁荣，我校想着手建设校园监控系统，经过相关监控系统公司预算，需要投入经费壹佰万元。为使工程尽快上马，加快教学质量改进，我校特向你们提出要求拨款，以解燃眉之急。另外，因教学需要，还请求增加教师10名。特此报告，请立即批复。

××市职院(公章)
2019年12月

提示：

1. 文中标题写作是否合适？

2. 主送机关的写作是否准确？

3. 文件内容有何问题？是否有要素缺失？

××学校关于要求解决教具问题的请示报告

××字〔2019〕14号

××市人民政府、××市教育局：

　　我们学校是全镇人民集资兴办的一所中学，由于地处山区，交通不便，又是新建学校，师资力量薄弱，不能很好地满足教学上的需要，故请求市教育局领导给予支持并解决问题，以保证这所学校教学工作的顺利开展。

　　以上问题是否可行，请予回复。

××市××学校(公章)

校长：×××(私印)

2019年×月×日

提示：

1. 文中标题写作是否合适？
2. 主送机关的写作是否准确？
3. 文件内容有何问题？是否有要素缺失？
4. 文件落款是否准确？

写作模板2-11

×××关于××××的请示

×××(主送机关)：

　　××××××××××××，××× ×××(请示理由：要充分)，请示事项如下：

　　一、××××××(请示事项，要明确)

　　二、××××××

　　三、××××××

　　四、××××××

　　妥否，请批复。(请示结语，要得体)

××××(公章)

××××年×月×日

写作训练

学生会将于2019年10月举办辩论赛，为保证比赛顺利进行需申请经费，经核算，共需经费1000元。学生会现有经费400元，尚缺少600元，向学校申请拨给经费500元。这份请示该怎么写呢？

语言训练

请示作为请求性公文，用语应该仔细揣酌。在职场中，我们也要经常和上司沟通请示工作。请大家想想，我们在和上司请示某项工作的时候，应该注意哪些职场礼仪？

文化采撷

李密陈情

晋朝时，李密父亲早逝，母亲改嫁，孤儿李密由祖母刘氏含辛茹苦抚养长大。后李密因为人忠厚、性格好、有才干，被武帝相中，想招他做太子洗马(太子的侍从或伴读)。诏书下了好几回，李密却始终没去。

武帝动怒，李密只好上了一封奏表给武帝。奏表中说："小人我假若当初没有祖母，就不能活到今天，而祖母现在没有我，也不能度过余年。儿臣我今年四十四岁，祖母今年九十六岁，照这样看来，我能替皇上尽力的日子还多得很，而能报答祖母恩情的日子却是少之又少呀！"武帝看了这封表章，才明白过来，称赞李密的诚实，又感动于他的孝心，便给他分配了两个奴婢，还发下传令到县府，叫地方官定期供给李密祖孙二人的赡养费。

李密的《陈情表》自古以来备受文人志士的推崇，其情动人，其理严谨，寓法于情理之中，层层铺排，委婉渐进，对现代公文尤其是请示文种写作有重要的启示意义。

第六节 名正言顺，大行其道——报告

课前阅读

"请示、报告"的前世今生

随着公文处理法规宣传与公文写作实践的深入，各类法定公文的区分与使用日趋规范。提起"请示报告"这样的错误用法，如今人们大多能自觉规避。殊不知，这个"错误"的背后,还有一段"名正言顺"的故事,下面我们一起穿越历史……

1949年后,党和政府的工作重点转向国家经济建设和发展社会事业,开始建立我国社会主义的公文制度。1951年9月,中央人民政府政务院颁发了《公文处理暂行办法》(以下称《暂行办法》),将公文分为7类12种,即报告、签报、命令、指示、批复、通报、通知、布告、公告、通告、公函、便函。《暂行办法》规定:对上级陈述或请示事项用报告。可见,当时并没有请示文种,设置的"报告"文种实质上涵盖了"报告情况""请求批准"两项功用。故此,向上级"请示打报告"在20世纪50年代初、中期是符合规定的做法,实际工作中常出现不正规的"请示报告"。于是,"报告"文种涵盖两类不同用途,实际政务活动中出现两种偏误的问题便"一发不可收拾",产生了"深远的历史影响"!

偏误一:下级汇报工作情况,但上级误解为请求批复而给了答复,导致因已完成的活动与复文精神不完全吻合而须返工。

偏误二:下级请求批复,但因上级误解为只是告知情况,故而迟迟未作答复,影响了工作。

为求得上下级之间对同一篇报告公文目的的明确认同,"请示报告"形式在写作实践中广泛流行开来,以示与不要求批复的报告相区别。起初,将标题写成《关于请示……的报告》,后逐渐演变为《关于……的请示报告》,久而久之,积非成是,"请示报告"名正言顺、大行其道,这种现象到如今仍很多见。

虽然我国于1957年后确立了请示文种,明确了请示与报告文种的性质,但很多人都未能更新观念,"请示报告"的提法一直存在并仍在使用。那么,报告的写法到底和请示有哪些不同呢?

知识卡片

一、报告的含义

报告用于向上级机关汇报工作、反映情况、提出建议,答复上级机关的询问。报告使用范围很广。按照上级部署或工作计划,每完成一项任务,一般都要向上级写报告,反映工作中的基本情况、取得的经验教训、存在的问题以及今后工作设想等,以取得上级领导部门的指导。

二、报告的特点

(一)单向性

报告是下级机关向上级机关汇报工作、反映情况、提出建议时使用的单方向上行文，除需要批转的报告外，一般不需要上级机关给予答复。它不像请示那样具有双向性特点，必须有批复与之相对应，报告大多是单向性行文，一般不需要相对应的文件。

(二) 陈述性

报告在汇报工作、反映情况时，所表达的内容和使用的语言都是陈述性的。本单位遵照上级的指示，做了什么工作、怎样去做这些工作、取得哪些成绩、存在哪些不足等，都要一一向上级陈述。反映情况时，要把时间、地点、人物、事件、原因、结果叙述清楚，向上级机关提供准确的现实性信息。即便是提出建议的报告，也要在汇报情况的基础上，再深入一步提出建议来。

(三) 事后性

在机关工作中，有"事前请示，事后报告"的说法。多数报告都是在工作开展一段时间之后，或者是在某种情况发生之后向上级机关做出的汇报。但建议报告除外，它没有明显的事后性特点，应该尽量提前一些。如果木已成舟，再提出建议就失去了报告的意义。

 知识扩展

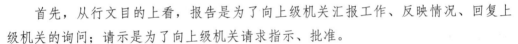

报告和请示的辨析

报告、请示虽均为上行文，但两者存在显著区别。

首先，从行文目的上看，报告是为了向上级机关汇报工作、反映情况、回复上级机关的询问；请示是为了向上级机关请求指示、批准。

其次，从行文行为上看，报告为事后，请示为事前，即"事前请示，事后报告"。请示具有专项性，应当"一文一事"；而报告可以是综合性工作报告，也可以是专项工作报告。

最后，从行文方向上看，报告具有单向性，是下级机关向上级机关单向行文；请示具有双向性，无论同意与否，上级机关都应给予答复。

三、报告的种类

(一) 工作报告

凡是用来向上级汇报工作的报告，都是工作报告。

工作报告又可分为综合报告和专题报告两种。

综合报告涉及面宽，主要工作范围之内的方方面面都有涉及，可以有主次的区分，但不能有大的遗漏。大到国务院提供给人民代表大会的政府工作报告，小到某单位向上级提供的年度、季度、月份工作报告，都属于这种类型。

专题报告的涉及面窄，只针对某一方面的工作或者某一项具体工作进行汇报。

例如：

×××学院关于2018年党团建设工作的报告

(二) 情况报告

如果本单位出现了正常工作秩序之外的情况，比如发生了事故、出现了意想不到的问题等，应该及时向上级汇报。一些有倾向性的新动态、新风气，以及最近出现的新事物等，必要时也要向上级报告。凡此种种，都属于"情况报告"。

作为下级机关，有责任做到下情上报，保证上级机关耳聪目明，对下面的情况始终了如指掌，这就是情况报告的意义。如果隐情不报，则是一种失职的表现。

例如：

2018年全国政协常委会提案工作情况的报告

关于全县小城镇建设情况的报告

(三) 建议报告

经过深思熟虑，对自己职权范围内的某方面工作有了切实可行的设想之后，将其归纳整理成意见、办法、方案，上报上级，希望上级机关采纳，这就是建议报告。

对于建议报告，上级如果采纳，可能会批转给有关部门实施，这是建议报告目的的最终实现。但上级部门也可能不予采纳，这也是很正常的。作为下级机关，有提建议的权利，却没有逼迫上级机关一定采纳的权力，对此，要有清醒的认识。

例如：

关于新冠肺炎疫情对中国摩托车行业影响和建议的报告

(四) 答复报告

答复上级机关询问的报告，称为答复报告。这种报告内容针对性最强，上级询问什么，就答复什么，不能答非所问。对待上级机关的询问，一定要慎重，如果不了解实情，要经过深入的调查研究后再答复。

例如：

关于军校大学生演讲比赛××协作区复赛结果有关情况的报告

四、报告的写法

报告由标题、主送机关、正文、落款四部分组成。

(一) 标题

报告的标题有两种写法：一是发文机关+主要内容+文种；二是主要内容+文种。

(二) 主送机关

行政机关的报告，主送机关尽量要少，一般只送一个上级机关即可。若受双重领导，主送机关可以不止一个。报告应报送自己的直接上级机关，一般情况下不要越级行文，如需其他相关的上级机关阅知，可以抄送。

(三) 正文

报告类型不同，其正文有不同的写作模式，主要由报告缘由、报告事项、报告结语三部分组成。

1. 工作报告正文

工作报告主体部分的结构布局没有固定模式，有的分两部分写，一部分总结分析前一时期的工作，另一部分提出下一步的工作任务及政策措施。有的分三部分写，第一部分是工作回顾，包括前一时期的工作成绩、存在的问题、产生问题的原因和有利因素；第二部分写今后一个时期的主要目标和任务，这一部分往往篇幅较长，内容较多；第三部分是为完成上述目标任务需要采取的保证措施。工作报告的结尾，同领导讲话的结尾一样，提出号召，收束全文。

2. 情况报告正文

情况报告的主要内容通常包括概况、发生情况的经过、后果、对发生情况的原因进行分析或定性、提出处理意见及应对措施等。如果把这些内容进行归类，大致可以归纳为三个方面：出现了什么情况——"情"，为什么会出现这种情况——"因"，怎样应对这种情况——"策"。这与人们的思维习惯"是什么、为什么、怎么办"相吻合，由此构成了情况报告所特有的三大板块的行文思路：陈述情况，分析原因，提出对策。归纳起来就是三个字：情、因、策。

3. 建议报告正文

建议报告除正文外，写法与工作情况报告基本相同。正文一般包括三方面内容：一是建议提出的依据、目的和背景，即根据什么、为了什么提出此项建议；二是建议的具体内容，这是建议报告的主体，要把所提出的意见或方案陈述清楚；三是建议的合理性和可行性论证。

4. 答复报告正文

先写什么时间收到了反映情况的信,或见到了派来了解和调查情况的同志,接下去用一句话提一下要回复的问题,再写一两句答复前的准备工作。这三句话由一小段文字组成,这算一层意思。第二段写回复的全部内容,如果事件简单,只用一段文字表达就可以了;如果事情复杂,可分若干段来写。

(四)落款

在正文右下方署发文机关、成文日期,并加盖公章。

五、报告的写作要求

(一)把握报告的行文对象

报告的行文对象必须是与自己具有领导或者指导关系的直属上级,主要是政府及相关主管部门。报告某些特殊事项时,行文对象可为党委、人大等。

(二)不得直接报送上级机关领导者个人

除个别领导同志直接交办事项和必须直接报送的绝密事项外,报告一般不得以机关单位名义报送市委、市政府领导同志个人。

(三)报告中不得夹带请示事项

如有事项需向上级领导机关请示,必须以"请示"单独行文,切忌将请示事项夹带在报告中。

知识扩展

请示中可以"夹带"报告事项吗?

报告中不得夹带请示事项,那请示中可以"夹带"报告事项吗?从请示与报告的区别来看,请示中应该对与请示事项有关的情况进行报告,为上级机关做出决策提供依据和参考。

工作实践中,有的单位在请示工作特别是请求政策支持时夸大困难而不是实事求是地报告现状;有的转报下级单位的请示,对有关情况不调查核实、不分析研究、不表明态度,原封不动上报;有的没附必要的背景材料、情况说明等需要上级机关掌握的情况;等等。这些请示中未全面、准确地说明有关情况的做法,直接影响上级机关办理请示的质量和效率。因此,请示中不仅须对有关事项进行报告,而且应当全面、准确、真实地报告,以便于请示的办理。

优秀例文2-15(工作报告)

××市场管理中心关于创建卫生文明市场工作的报告

××区商务局：

自20××年6月全市创建卫生文明城市工作开展以来，我市场管理中心严格按照市委、市政府的决策部署，以创建湖南省卫生城市和文明城市为目标，不断完善市场卫生基础设施建设和卫生管理制度，强化市场环境卫生管理，全力以赴开展"两创"工作。在全体干部职工的共同努力下，中心所辖的蓝田市场和三角坪市场的卫生、秩序有了很大的改观，卫生管理工作实现经常化、制度化、规范化。回顾半年来的"两创"工作，已取得阶段性成果，但也存在一些不容忽视的问题，有待在来年的工作中认真加以解决。现将半年来的工作报告如下：

一、"两创"工作的主要做法及成效

(一) 组建专职队伍，健全管理制度

……

(二) 注重"两创"宣传，营造良好氛围

……

(三) 加大资金投入，改善经营条件

……

(四) 实行堵疏结合，确保通道畅通

……

(五) 开展集中整治，确保工作效果

……

(六) 加大考核力度，落实奖罚制度

……

通过以上做法，提高了广大干部职工、市场内相关人员的卫生意识，树立了良好的卫生环境观念，较好地改变了蓝田市场、三角坪市场的卫生环境、经营秩序和市容市貌，向创建卫生文明市场迈开了成功的第一步。

二、当前存在的主要问题

(一) 市场设施无法满足经营需要……

(二) 三角坪市场内的经营户过去养成了流动经营的不良习惯……

(三) 自产自销农民与蔬菜贩子争地盘的矛盾难以消除……

(四) 市场内人流量大，无车辆停放场地，导致市场秩序混乱加剧……

(五) 少数工作人员责任心不强，存在管理缺位的真空时段……

以上五个方面的问题，是影响创建卫生文明市场的关键问题，根据半年时间积累的"两创"工作经验，我们将认真分析问题存在的原因，采取坚决有效的措施，在今后的工作中认真解决。

三、明年"两创"工作思路

(一) 坚持标准，切合实际，科学制定××年"两创"工作方案……

(二) 面对现状，寻找差距，全面整顿和规范蔬菜市场和经营秩序，尽快扭转三角坪市场秩序混乱的被动局面……

(三) 加大投入，强化责任，不惜代价并持之以恒地抓好市场秩序和环境卫生工作……

(四) 跟踪管理，注重实效，努力实现市委市政府确定的卫生文明城市创建目标……

特此报告。

××市场管理中心(公章)
20××年12月31日

资料来源：百度文库[EB/OL]. https://wenku.baidu.com/view/b9b525d5a517866fb84ae45c3b3567ec112ddc69.html, 2019-04-15.

评析：这篇工作报告对创建文明市场的总体工作情况、主要做法及成效进行了回顾，肯定了工作中所取得的成绩，同时也认识到目前尚存在的问题，进而提出下一步的工作思路，是一篇规范的工作报告。

优秀例文2-16(情况报告)

××区防疫站关于个体饮食店卫生情况的报告

××市防疫站卫生科：

最近，我们对本区个体饮食店的卫生情况进行了一次抽查，发现不讲究卫生的情况十分严重，现报告如下：

被抽查的65家个体饮食店，其中一项或几项不符合卫生标准的为50家，近77%；食品不合格率为60%。总体来看，这些饮食店的卫生有"三差"：

一、卫生设施差。一些店家的操作专用间面积小于规定标准，其中绝大多数店家完全有条件扩大操作专用面积，但店主不愿意因此缩小店堂面积而影响盈利。如同泰街十里香烤鸡店，操作专用面积不到2平方米，而防疫规定为3平方米以上；新华路面店、顺风酒店、泰来小吃店等33个店家都没有专用洗碗池和消毒池。

二、个人卫生差

……

三、操作工具卫生差

……

造成个体饮食卫生状况差的原因，主要是我们重视不够，管理工作抓得不好，还因为站内人员少而管理范围较大，抽不出专业人员负责个体的食品卫生检查监督工作。为了改变个体饮食店的不卫生状况，保障人民群众的身体健康，我们准备与工商行政管理局联合组成一支专门队伍，对个体饮食店的卫生情况进行监督管理，聘请一些责任心强的退休人员参加这项工作。督促不符合卫生标准的个体饮食店尽快改善卫生条件，达到卫生标准。

××区防疫站(公章)
20××年3月3日

资料来源：百度文库[EB/OL]. https://wenku.baidu.com/view/bc1015f9640e52ea551810a6f524ccbff021ca69.html, 2019-10-05.

评析：这是一篇情况报告。正文分为三部分，首先开门见山，提出要报告的情况。中段写详细情况，客观地反映了个体饮食店的不良卫生情况，事实清楚、客观。结构上按问题的性质分层次叙写，同时加上序号，使主体层次分明、内容集中。结尾指出造成这些情况的原因，并提出了改善方案，起到了情况报告的作用。

优秀例文2-17(答复报告)

××学校关于学生收费情况的报告

××市人民政府：

前接"×政办字〔20××〕×号"函，询问我校对学生收费的情况，现报告如下：

我校对学生收费的标准是根据省人民政府"×政发〔20××〕×号"文件精神，同时又针对我校所设专业的不同而制定，并报市物价局核准后执行，不存在乱收费、多收费的情况。另外，我校针对部分特困学生实行减免部分学费和不定期补助的做法，使部分特困生得以顺利完成学业。

今后，我校在收费方面将继续严格按上级有关文件精神和当地物价部门核准的收费标准执行，决不做违规之事。

专此报告。

附件：1. ××学校收费标准
　　　2. ××市物价局关于××学校收费标准的批复

××学校(公章)
20××年12月2日

评析：这是一篇答复报告，先写行文的原因，引述上级来函文号及询问的问题；然后过渡到下文答复上级的询问；再对上级的询问作具体回答；最后简要说明本校在收费方面对学生有益的其他做法及今后的工作想法。条理清晰，行文规范。

优秀例文2-18(报送报告)

××职业技术学院关于报送20××年度高职院校精品课程材料的报告

××省教育厅：

根据×教办〔20××〕12号文件精神，我院20××年度高职院校精品课程申报材料已拟制完毕，现随文上报。

请审阅。

附件：1. 20××年度××省高等职业教育精品课程申报表
　　　2. 20××年度××省高等职业教育精品课程推荐汇总表
　　　3. 20××年度××省高等职业教育精品课程负责人信息表

××职业技术学院(公章)
20××年5月15日

评析：这是一篇报送报告。先写清楚报告缘由和报送材料的名称，结尾部分用"请审阅"之类的习惯用语。文字简洁，行文规范。

问题诊断

请指出下面两个文件的问题并修改。

关于拨给灾区贷款专项指标的请示报告

省行：

7月10日，芜湖地区遭受特大洪水袭击，灾情严重。农田受灾总面积达38 000多亩，各种农作物损失达100多万元，农民个人损失也很大。

由于灾情严重，短期内恢复生产有一定的困难，仅靠正常农贷指标难以解决问题。为此，请省行下达专项救灾贷款指标500万元，以便支持灾区迅速恢复生产。

中国农业银行芜湖支行(公章)
2020年7月28日

提示：
1. 标题是否正确？
2. 内容安排是否合适？
3. 是否缺失写作要素？

德耀镇人民政府关于请求解决村级文化设备的申请报告

古蔺县文旅局：

　　为丰富村民的文化生活，以及村民对文化生活的要求逐步提高，村民在不同的时间都在开展跳广场舞、打羽毛球、打军鼓等文化活动。以前贵局配备的文化设备已有不同程度损坏，不能满足需求。特向贵单位申请增添一批文化设备，望批准为谢。

　　特此申请

　　附件：村级文化设备申请统计表

德耀镇人民政府(公章)
2018年9月29日

提示： 这份文件到底是什么文种？

写作模板2-12(工作报告)

×××关于××××工作的报告

×××(主送机关)：

　　××××××，××××××(前言，情况概述)，现将××工作报告如下：

　　一、××××××(做法)

　　二、××××××(成效经验或教训)

　　三、××××××(打算或对策措施)

　　特此报告。(结语)

××××(公章)
××××年×月×日

写作模板2-13(情况报告)

×××关于××××情况的报告

×××(主送机关):

×××××,××××××(前言,情况概述),现将××情况报告如下:

一、××××××(事件的过程、原因等)

二、××××××(经调查核实的情况或处理的依据、结果)

三、××××××(下一步拟采取的措施)

特此报告。(结语)

××××(公章)

××××年×月×日

写作模板2-14(建议报告)

×××关于××××的报告

×××(主送机关):

××××××,××××××(依据、原因、背景),现将××情况报告如下:

一、××××××(建议及具体内容)

××××××

××××××

××××××

二、××××××(建议的合理性、可行性论证)

××××××

××××××

请审阅。(结语)

××××(公章)

××××年×月×日

写作模板2-15(答复报告)

×××关于××××的报告

×××(主送机关):

贵处《××××》收悉(答复引语),现将××××(上级询问内容)报告如下:

一、××××××(具体答复事项)

二、××××××
三、××××××
专此报告。

××××(公章)

××××年×月×日

语言训练

1. ×学校请求××财政局拨给10万元修建食堂，××财政局××副局长告诉学校领导："打个请示报告给我，我来批给你们。"这种说法对不对？为什么？

2. ××县广播电视站在特大洪灾中损失极大，为尽快修复广播电视设施，正常开展工作，该站拟撰文请求上级拨给500万元救灾款。甲说应按惯例写请示报告，为争取各级领导支持，应主送县广播电视局、县财政局、县政府、分管县长、县委宣传部、分管宣传部长、地区广播电视局、地区财政局、地区行署、省广播电视厅。乙说主要是反映受灾情况，因此应写成情况报告，而且县广播电视局也拨不出经费，不如就不主送县广播电视局，只主送上述其他机关和领导。这些说法对不对？你认为应该怎样做才对？请陈述理由并简要分析。

写作训练

请你以最近学校开展的一项活动为主题，代校团委向学校党委写一份活动情况报告。说明为什么要开展这次活动、活动是怎样开展的以及有什么收获。

文化采撷

2018政府工作报告引用的诗词

2018年3月5日，国务院总理李克强在作政府工作报告，说到提高政府效能时，引用了毛泽东诗词《沁园春·长沙》中的"百舸争流"一词，希望广大干部干出一番生动局面。除此之外，李克强还在今年的政府工作报告中引用了"安不忘危，兴不忘忧""不因善小而不为"等典故。

"安不忘危，兴不忘忧"

李克强在作政府工作报告，说到中国经济问题时说："安不忘危，兴不忘忧。我们清醒认识到，我国仍处于并将长期处于社会主义初级阶段，仍是世界上最大的发展中国家，发展不平衡、不充分的一些突出问题尚未解决。"

该词语出《易经·系辞下》："是故君子安而不忘危，存而不忘亡，治而不忘乱。"

该词语义：做人要有忧患意识。当政者在安定的时候不要忘记危险，在生存的时候不要忘记灭亡，在国家大治的时候不要忘记发生动乱的可能性。

"不因善小而不为"

李克强在作政府工作报告，谈民生保障时说："倾情倾力做好托底工作，不因事难而推诿，不因善小而不为，要让每一个身处困境者都能得到社会的关爱和温暖。"

该词语出《三国志·蜀书·先主传》："勉之，勉之！勿以恶小而为之，勿以善小而不为。惟贤惟德，能服于人。"

该词语义：不要以为小恶无害而觉得犯罪也无所谓，不要因为善事太小而不做。只有贤能和纯正的道德才能服人。这是蜀汉昭烈帝刘备留给儿子刘禅的遗诏中的规劝语。

"千帆竞发、百舸争流"

李克强在作政府工作报告，提到全面提高政府效能时说："广大干部要提高政治素质和工作本领，求真务实，干字当头，干出实打实的新业绩，干出群众的好口碑，干出千帆竞发、百舸争流的生动局面。"

"千帆"在古诗词中常用于形容河运的热闹景象，如唐代诗人刘禹锡《酬乐天扬州初逢席上见赠》中的"沉舟侧畔千帆过，病树前头万木春"。该句后被引申为一扫颓废之态，蓬勃发展的景象，即千帆竞发、万木争荣。

"百舸争流"出自毛泽东《沁园春·长沙》："看万山红遍，层林尽染；漫江碧透，百舸争流。"意思是上百条船争着在水上疾驰，意指很多人都在奋勇前进。

资料来源：新浪网库[EB/OL]. http://news.sina.com.cn/china/xlxw/2018-03-05/doc-ifyrztfz8285997.shtml, 2018-03-05.

第七节 以文传情，以心互通——函

中国第一份外交公函

1949年10月1日，毛泽东在开国大典上发表建国公告，并向全世界庄严宣布："本政府为代表中华人民共和国全国人民的唯一合法政府。凡愿遵守平等、互利及互相尊重领土主权等项原则的任何外国政府，本政府均愿与之建立外交关系。"新华社迅即向全世界播发了全文，同时按照外交惯例，由中央人民政府外交部部长周恩来向各国原驻华外交代表发出公函，要求他们将公告转交本国政府。这是中华人民共和国的第一份外交文书，也是周恩来以外交部长身份发出的第一份外交公函。

当时，各国驻华代表在中国分驻三地，奥地利、缅甸、埃及、印度等12个国家的前驻华大使馆在南京，希腊、巴西、瑞典等14个国家的旧领事馆在上海，苏联、美国、英国等7国的旧领事馆在北京，所以这份外交公函于10月1日开国大典后迅速发往北京、南京和上海三地。各国原驻华外交代表收到外交公函和建国公告后，立即转达本国政府，一时间，北京、南京、上海的电报局繁忙异常，中华人民共和国成立的消息迅速传遍了世界。中国政府愿在平等、互利和互相尊重领土主权原则下与所有国家建立外交关系的立场也即时为世界各国所知晓，为顺利开展建交工作奠定了良好的基础。

外交工作，国之大事。从中国第一份对外《公告》《公函》的准备和送出中，我们看到了中国外交的气度、姿态、责任、效率。

知识卡片

一、函的含义

函也称公函，是一种商洽性公文。函适用于不相隶属机关之间商洽工作、询问和答复问题、请求批准和答复审批事项，主要适用于以下四种情况：一是平级机关或不相隶属机关单位之间的商洽性、询问性和答复性公务联系；二是向无隶属关系的业务主管部门请求批准有关事项；三是业务主管部门答复或审批无隶属关系的机关请求批准的事项；四是机关单位对个人的公务联系，如答复群众来信等。

二、函的特点

(一) 沟通性

函对于不相隶属机关之间相互商洽工作、询问和答复问题，起着沟通作用，充分显示平行文种的功能，这是其他公文所不具备的特点。

(二) 灵活性

函的灵活性表现在两个方面：一是行文关系灵活。函是平行公文，但是它除了平行行文外，还可以向上行文或向下行文，没有其他文种那样严格的特殊行文关系的限制。二是格式灵活，除了国家高级机关的主要函必须按照公文的格式、行文要求行文外，其他一般函比较灵活自便，也可以按照公文的格式及行文要求办。可以有版头，也可以没有版头，不编发文字号，甚至可以不拟标题。

(三) 单一性

函的主体内容具备单一性的特点，一份函只宜写一件事项。

三、函的种类

(一) 按内容和用途分

按照内容和用途的不同，函可分成四种类型。

1. 商洽函

商洽函即用于平行机构或不相隶属机构之间商洽工作、联系有关事宜、协调某一问题或某项工作的函。如商调干部函、联系租赁函、洽谈业务函等。

例如：

中国科学院××研究所关于建立全面协作关系的函

2. 询问、答复函

询问、答复函即主要用于不相隶属机关之间互相询问、答复处理有关问题的函。去函为问，复函为答；去函目的明确，复函目标集中。

例如：

××公司关于给××酒店问询的函

3. 请批、批准函

请批、批准函即向不相隶属的业务主管部门制发的请批函，以及业务主管部门向不相隶属的机关单位制发的批准函。请批函和批准函常误用为请示、报告、批复，应注意区分。

例如：

关于推荐张三等九位同志参加××考察活动的函

4. 告知函

告知函亦称通报函，是将某一活动或事项告知对方的函。这种函类似知照性通知，由于没有隶属关系，用"通知"不妥，所以宜用"函"。另外，告知函不要求对方回复。

例如：

××省人民政府办公厅关于××省人民政府驻福州办事处更名的函

(二) 按照行文方向分

按照行文方向，函可分为去函和复函两种。

1. 去函

去函也叫来函，是本机关主动发出的函。

2. 复函

复函即针对来函所提出的问题或事情，被动答复的函。

例如：

国务院办公厅关于悬挂国徽等问题给辽宁省人民政府办公厅的复函

四、函的写法

函由标题、主送机关、正文、落款四部分组成。

(一) 标题

函的标题由发文机关、事由和文种三部分组成。

去函介词"关于"之后，要选用"商洽""商请""请求"等词语，表明函的用途。如《××省人民政府关于请求免税进口救灾物资的函》。

复函标题的文种词"函"字前一定要写"复"字。如《××省人事厅关于批准录用周××等同志为国家公务员的复函》。

(二) 主送机关

函的主送机关是询问或者答复的机关，即受文办理来函事项的机关单位。

(三) 正文

函的正文由发函缘由、发函事项、结语三部分组成。

1. 发函缘由

发函缘由概括交代发函的目的、原因、根据，然后用"现将有关问题说明如下"等过渡语转入主体。

复函缘由一般首先引述来文的标题、发文字号，再说明回复的根据，然后用"现将有关事项函复如下"等过渡语转入主体。

2. 发函事项

发函事项是函的核心内容。内容单一，一函一事，行文要直陈其事。无论是商洽工作，询问和答复问题，还是向有关主管部门请求批准事项等，都要用简洁得体的语言把需要告诉对方的问题、意见叙写清楚。如果是复函，则要针对对方来文回复，内容要紧扣对方询问的事项，要把自己的意思表述得明确、具体、简洁，使对方办理起来有所依从。

3. 结语

不同类型的函结语有别。如果行文只是告知对方事项而不必对方回复，则结语常用"特此函告""特此函达"。如果要求对方复函，则用"盼复""望函复""即请复函"等语。请批函多以"请批准""请大力协助为盼"等习惯用语收束。复函多以"专此函复""特此函复"作为结语。

(四)落款

在正文右下方署发文机关、成文日期,并加盖公章。

五、函的写作要求

(一)开门见山,直叙其事

写函不必详述过程,不必大发议论。不论哪种类型的函,都应开门见山,直接入题,不必寒暄、客套。

(二)内容单一,一函一事

函的内容一般要求一函一事,不需要在原则、目标、意义等方面作很多阐述,直接说明商洽事项即可。

(三)措辞得体,平等待人

函的语言表达非常讲究,必须谦和、诚恳。对上要谦敬,但不恭维逢迎;对下要严肃,但不自傲训人;对平行单位、不相隶属单位,要以礼待人,用商量口吻,切忌盛气凌人。如是复函,则态度要明朗,语言要准确,切忌模棱两可、含糊笼统。

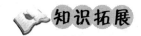
知识拓展

函和请示的区别

1. 行文关系不同

函是平行文,用于不相隶属机关之间或向有关主管部门请求批准;请示是上行文,只能在有隶属关系的上下级之间运用。

2. 复文处理不同

对函的回复用复函;对请示的回复用批复。

优秀例文2-19(请求批准函)

××省人民政府关于请求免税进口救灾物资的函

海关总署:

今年我省遭受特大干旱,大批农作物枯死,养殖水产品因缺淡水成批死亡。8月31日至9月2日又遭受了16号强热带风暴及特大海潮袭击,仅××、××、××三市就冲毁盐田7.9万亩,虾池22万亩,冲跑对虾650万公斤,损毁渔船1400多条,果树受灾140多万亩,农业遭灾面积达250多万亩,粮食减产2亿多公斤,直接经济损失达20多亿元。

灾情发生后，我省各级领导、各级有关部门以及全省人民积极行动，全力开展抗灾自救。为保护出口货源，帮助企业尽快恢复生产，我省经贸委安排进口钢材×万吨，胶合板×立方米，木材×立方米，柴油×万吨，以发展灾后出口商品生产，确保完成今年出口××亿美元创汇任务。为此，特请海关总署减免我省经贸委统一安排进口的上述救灾物资的海关关税、产品增值税等税费。

当否，请审批。

××省人民政府(公章)
20××年9月15日

资料来源：百度文库[EB/OL]. https://wenku.baidu.com/view/a3700dd9a0116c175f0e48fb.html, 2014-07-04.

评析： 这是一篇给不相隶属机关发的请求批准函，先写自己所遇到的困难、需要解决的问题；然后用"为此"过渡，引出所要请求的事项，把自己的请求具体地告诉对方。全文语气诚恳，态度谦和，内容明确，请求具体。

优秀范文2-20(请求批准函)

××市卫生局关于拟录用高校硕士毕业生的函

市人事局：

根据市委组织部、市人事局《关于××年市级机关录用应届高校优秀硕士毕业生的通知》精神，我们对拟录用到我局机关工作的高校硕士毕业生按规定程序进行了考试、审查。经研究，拟录用高校硕士毕业生4人。

当否，请审批。

附件：录用审批材料

××市卫生局(公章)
20××年3月20日

优秀例文2-21(批答函、复函)

××市人事局关于批准市卫生局录用高校硕士毕业生的复函

市卫生局：

你局《关于拟录用高校硕士毕业生的函》(×卫函〔20××〕15号)收悉。

根据市委组织部、市人事局《关于××年市级机关录用应届高校优秀硕士毕业生的通知》的规定,批准录用周××等4名高校硕士毕业生到你局工作。

特此函复。

附件:录用人员名单

××市人事局(公章)
20××年4月2日

评析:例文2-20是请批函,例文2-21是批答函,请批与批答为对应关系。尽管发文机关与主送机关为平级单位,但就主管权限来说,市人事局为主管人事部门,因此,市卫生局"进人"必须按照程序,以请批函形式报送市人事局批准,市人事局也当以批答函形式回复市卫生局。两文语言简洁,态度诚恳,行文规范。

写作模板2-16(去函)

×××关于商洽×××的函

×××(主送机关):

×××××××××(去函缘由)

×××××××××(具体事项)

特此函达。(结语)

××××(公章)
××××年×月×日

写作模板2-17(复函)

×××关于商洽×××的复函

×××(主送机关):

贵(单位)《×××商洽×××的函》(×函〔20××〕14号)已收悉(复函引语),经研究,答复如下:

×××××××××(答复事项)

专此函复。(结语)

××××(公章)
××××年×月×日

下面是一份函,根据所学知识,试指出行文中的不当之处。

公函

××大学校长:

首先,我们以××省财经学校的名义,向贵校致以亲切的问候。我们以崇敬和迫切的心情,冒昧地请求贵校帮助解决我校当前面临的一个难题。

事情是这样的:最近,我们经与××学院磋商,决定派×位老师到该院进修学习。只因该院正在大兴土木改造扩建,以致本院职工的住房和学生的宿舍及教室破旧拥挤。我校几位进修教师的住宿问题,虽几经协商,仍得不到解决。然而举国上下,与时俱进,培养人才,时不我待,我校几位教师出省进修学习机会难得,时间紧迫,任务繁重,要使他们有效地学习,住宿问题是亟待解决的。

为此,我们在进退维谷的情况下,情急生智,深晓贵校府高庭阔,物实人齐,且具有宽大为怀、救人之危的美德,于是,我们抱着一线希望,与贵校商洽,能否为我校进修教师的住宿提供方便条件。但不知贵校是否有其他困难,如有另外的要求和条件,我校则尽力满足。若贵校对于住宿一事能够解决,我校进修教师在住宿期间可为贵校教学事务做些义务工作,如辅导和批改作业等,这样可以从中相得益彰。我们以校方的名义向贵校表示深深的恩谢。

以上区区小事,不值得惊扰贵校,实为无奈,望谅解,并希望尽快得到贵校的答复。

××省财经学校(公章)

20××年×月×日

提示:

1. 函的写作格式是否规范?
2. 语言是否得当?
3. 是否有写作要素的缺失?

写作训练

我校拟与××职业技术学院联合举办暑期大学生社会实践活动,请以学校名义写一封函,联系此事。

语言训练

下列说法是否正确，为什么？

1. 函与通知、请示的根本区别是发文机关和受文机关的行文关系不一样。
2. 函有发函与复函之分，复函是用于回复来函提出的事项，也可以用批复。
3. 函一般不用"必须""应该""注意"等指示性词语。
4. ××职业技术学院与××集团就校企合作进行书面协商不适宜用函。
5. ××市教育局就教育经费问题请教××市财政局应该用函。

文化采撷

函的来源

古代公文(公牍)写好后，再加一个木片，称为"检"(封面)，"检"中间的下凹部分为"函"，后来指整个公文(信函)。我国古代，书信有种种不同的名称，如"移""关""咨""牒""简""笺""书""函"等。

民国时期，取消了封建社会繁杂的书信名称，取而代之的是"函"或"公函"。

中华人民共和国成立后，各机关使用过"信函""函""公函""便函"等名称。1957年，将"便函"和"公函"合并成"函"，确定为公文种类之一，1981年列入法定公文。

函不具有指令性，主要起桥梁与纽带作用。在公务中使用"函"这一文种，极为简洁、方便。

课题三　事务性文书

教学目标

　　知识目标：了解计划、总结、调查报告的概念、性质、特点及结构；掌握计划、总结、调查报告的一般写法。

　　能力目标：熟练掌握计划、总结、调查报告的写作技巧；能够根据具体情况写出格式完整、内容完备、表述正确、语言简练的事务文书。

　　思政目标：培养学生计划、总结、调研的能力；培养学生收集与处理信息的能力；引导学生在工作中学会规划与自省，善用数据分析解决问题。

第一节　善谋者胜，谋定后动——计划

课前阅读

　　"请你告诉我，我该走哪条路？"
　　"那要看你想去哪里？"猫说。
　　"去哪儿无所谓。"爱丽丝说。
　　"那么走哪条路也就无所谓了。"猫说。

　　　　　　　　——摘自路易斯·卡罗尔的《爱丽丝漫游奇境记》

　　人做事要有明确的目标和计划，这样有助于我们将自己的想法转化为有效行动。那么，计划应该怎样制订呢？

知识卡片

一、计划的含义

　　计划是党政机关、企事业单位、社会团体或个人为了完成未来的某项工作或任务，结合实际情况做出的打算和安排。现实生活中常见的规划、纲要、工作要点、打算、设想、安排、方案等，都属于计划的范畴。

二、计划的特点

(一) 预见性

计划不是对已经形成的事实和状况的描述，而是在行动之前对行动的任务、目标、方法、措施所做出的预见性确认。

(二) 针对性

计划一是根据党和国家的方针政策、上级部门的工作安排和指示精神而定；二是依据本单位的工作任务、主客观条件和相应能力而定。总之，从实际出发制订的计划，才是有意义、有价值的计划。

(三) 可行性

如果目标定得过高，措施无力实施，这个计划就是空中楼阁；反之，目标定得过低，措施方法都没有创见性，虽然很容易实现，但不能因此取得有价值的成就，那也算不上有可行性。

(四) 约束性

计划一经通过、批准或认定，在其所指向的范围内就具有约束作用。在这一范围内，无论是集体还是个人，都必须按计划内容开展工作和活动，不得违背和拖延。

三、计划的分类

计划从不同的角度、按不同的标准有不同的种类。

(一) 按计划时限划分

按计划时限，可分为长期计划(十年以上的远景规划)、中期计划(五年计划)、短期计划(年度计划、季度计划、月份计划、学年计划、学期计划)。

(二) 按计划题材划分

题材指计划涉及的内容，据此可分为综合性计划和专题计划，专题计划又可分为工作计划、生产计划、教学计划、科研计划等。

(三) 按计划范围划分

计划范围指计划适用的界限，据此可分为国家计划、地区计划、单位计划、部门计划、科室计划、班组计划等。

(四) 按计划效力划分

计划效力指计划的约束力，据此可分为指令性计划和指导性计划。

(五) 按计划形式划分

按计划形式，可分为条文式、表格式、条文表格结合式。

在具体制订计划时，由于工作内容具有多面性，一个计划可以同时归于几个不同的类型。如《××市××区2020年工作计划》，就可分属于综合计划、单位计划、年度计划、条文计划、指导性计划等类型。

知识扩展

计划是统称，我们在日常写作中常用计划的别称，其性质、用处各有不同，我们来做一个辨析对比，如表3-1所示。

表3-1 计划类文种辨析

名称	时限	特征	范围
规划	长期	长远、宏大	本单位、本部门
设想	近期	粗略、雏形	本单位、本部门
打算	近期内	粗略、短期	本单位、本部门
安排	短期	切近、具体	本单位、本部门
要点	一定时间内	简明、概要	上级对下级、本单位、本部门
方案	近期或短期	复杂、全面	本单位、本部门

四、计划的作用

(一) 指导和约束作用

计划是为指导实际工作而制订的，既体现政策要求，又结合实际情况，往往还经过充分的论证和领导层的决策，因而具有指导和约束作用。一方面，正式公布的计划，相关单位和个人必须遵照执行；另一方面，用建立在科学分析预测基础上的计划指导工作，能够更合理地安排和使用人力、物力、财力，挖潜堵漏。

(二) 激励和推动作用

切实可行的计划，不仅能使决策具体化，还能充分调动、发挥全员的工作积极性和主动性，能够理顺多方面的关系，实施高效管理，有力推动各项工作的开展。

(三) 监督和检查作用

计划是实际工作中的重要环节，能够统筹全局，既便于掌握工作进度，又便于监督和检查工作，总结经验教训，提出改进措施，有利于今后工作的开展。

五、计划的写法

计划通常由标题、正文和落款三部分组成。

(一) 标题

计划的标题一般由制订单位名称(或适用范围)、计划时限、事由和文种四部分组成，有时也可省略单位名称，但在落款处要写明单位名称。

1. 全称标题：制订单位名称(或适用范围)+计划时限+事由+文种

例如：

××职业技术学院2019年就业工作计划

2. 简称标题

(1) 标题中省略单位。

例如：

2020年就业工作计划

(2) 标题中省略时限。

例如：

××职业技术学院就业工作计划

(3) 标题中省略单位和时限。

例如：

就业工作计划

3. 公文式标题

例如：

××省关于2020年农村工作的部署

(二) 正文

正文是计划的主干部分，包括前言、主体、结尾三个部分。

1. 前言

这部分主要是制订计划的依据或总的指导思想。例如，遵循上级机关的什么方针和指示来制订计划；根据什么形势和工作任务来制订计划；制订计划总的指导思想或总体目标要求是什么；工作重点是什么；等等。在写法上可以通过阐述指导思想统领全文；可以从分析形势入手，引出总的目标或要求；还可以交代行文依据，点明工作重点；也可以总结经验成绩，承上启下，自然引出下文。

例如：

《河北省新兴产业"双创"三年行动计划》前言

为贯彻落实省委、省政府关于加快科技创新、建设创新型河北重大决策和大力推进大众创业万众创新(简称"双创")有关文件精神，深入推动我省"双创"系列部署和政策落地实施，大力提升新兴产业规模和质量，加快发展新经济、培育新动能、打造新引擎，特制订本行动计划。

评析：这则前言明确地提出工作计划的指导思想及依据，为制订计划提供了前提和基础。

2. 主体

主体是计划的主要部分，内容包括任务和目标、措施和步骤。

(1) 任务和目标。在这部分中，要阐明"做什么"和"做到什么程度"。它既是计划的出发点，又是执行计划的目标。完成什么任务，实现什么目标，有哪些要求，包括必要的指标数字、完成的具体时间，都要写得清晰明了，使人们在执行计划时胸中有数、有所遵循，同时也便于对计划执行情况进行检查。

例如：

《河北省新兴产业"双创"三年行动计划》的目标

力争到2018年底，组织建设20家省级战略性新兴产业示范基地，20家"双创"示范基地，新增省级以上企业技术中心、工程实验室、工程研究中心150家，组建30家新兴产业创业投资基金，每年滚动实施百项重大高技术产业化项目，全力推动全省"双创"向更高层次、更大范围、更深程度发展，推动产业创新能力和科技成果转化能力向专业化、协同化、网络化方向发展，推动战略性新兴产业向规模化、聚集化、高端化方向发展。

评析：这篇计划阐述了总目标，明确了完成什么任务，而且有数据指标，使得目标更加清晰直观。

(2) 措施和步骤。这部分是完成任务达到指标的手段和保证，即阐明"怎么做"的问题。步骤要合理，措施要得当、要切实可行，这样执行者才有信心，才会增强执行计划的自觉性。在一篇计划中，这一部分所占的比重是比较大的。此外，还要明确具体分工和责任，要分清各项工作分别由哪些部门和领导负责，需要哪些部门和人员配合，以保证计划的顺利执行。

计划的主体一般采用分条列项的结构方式，即按主要方面的工作逐项去写，每一个方面的工作构成一个层次，分别冠以数目序号或小标题。每个层次的开头，先用概括性的语言阐明工作任务和目标，然后顺次写出完成该项任务的具体要求、步骤、方法和措施等。如果内容繁多，还可以在大层次中再划分若干小层次，分条阐述。

例如：

《河北省新兴产业"双创"三年行动计划》的措施步骤

一、聚焦创新共识，营造良好环境

(一) ×××××××××

(二) ×××××××××

二、加强组织推动，完善工作机制

(一) ×××××××××

(二) ×××××××××

三、推进重点改革，激发创新活力

(一) ×××××××××

(二) ×××××××××

四、加快定位转型，提升工作效能

(一) ×××××××××

(二) ×××××××××

3. 结尾

在这一部分，可写明一些注意事项或提出所订计划的意见和方法，也可以有针对性地提出希望和号召，作为整篇计划的结束语。当然，这个部分也可略去不写。多数计划在主体部分写完后就不再另写结尾了。

(三) 落款

在落款部分，将计划制订者全称和计划制订日期写在正文右下方。标题中已经出现制订者名称的，落款可省略这一项。以公文形式制发的计划，要按公文格式行文。

此外，同计划有关的材料，如图表、说明文字可作为附件，放在最后。

六、计划的写作要求

(一) 从实际出发，统筹兼顾

无论撰写长期计划还是短期计划，都必须从实际出发，要充分分析客观条件，所撰写的计划既要有前瞻性，又要留有余地，使计划执行者通过一番努力能够完成。

(二) 重点突出，主次分明

在目标较多的情况下，计划要解决先与后、重与轻、主与次的关系，一定要做好点面结合，有条不紊，才能有利于工作的全面开展并达到事半功倍的效果。

(三) 目标明确，步骤具体

计划目标明确，有助于执行者明确努力方向。步骤和措施越具体，越有利于指导实际工作，也越便于检验计划的优劣。

知识扩展

写计划类文书的注意事项

一、基础材料要准确

写计划类文书的各种基础材料，包括数据、信息、资源情况、历史资料等，一定要准确、真实，不能有假。如果以假材料为依据，推测出来的设想将导致规划、计划很难实现，还会造成重大失误。

二、任务目标有余地

计划类文书所提出的任务、目标和各种措施要求一定要实事求是，既不能脱离现实、好高骛远，也不能因循守旧、停滞不前。所以，在任务、目标、措施上应留有余地，允许有上升的空间。也就是说，在充分调动群众积极性的基础上，经过努力，可以实现或超额完成计划。

三、使用朴实的语言

计划类文书与总结、调查报告不同，不需要生动形象的语言，一般使用朴实庄重的语言。这是因为计划类文书的内容都是要求人们未来做的工作，只有理解明白，才能很好执行。所以，语言要朴实无华，不能似是而非、模棱两可，特别是任务目标决不能含糊，一定要清清楚楚、表达准确，这是计划类文书对语言的要求。

优秀例文3-1

×××××学校创建文明校园建设规划方案

创建文明校园活动是我校为创建文明城市，全面贯彻党的教育方针，全面推进素质教育，全面提高师生的思想素质、科学文化素质，促进学校各项工作持续、健康发展的一项重要活动，根据上级部门的要求及有关文件精神，结合我校实际，现就深入开展文明校园创建活动，制定如下规划实施方案。

一、指导思想

全面贯彻落实党的"十九大"精神，深入贯彻习近平总书记系列重要讲话精神和阜阳市关于创建文明城市的有关精神，围绕立德树人根本任务，充分发挥广大师生参与文明校园创建的积极性，把学校建成培养中国特色社会主义建设者和接班人的坚强阵地。

二、基本原则

坚持价值观引领，使培育和践行社会主义核心价值观贯穿于创建活动全过程；坚持贴近师生，使每一名师生都成为创建活动的实践者和受益者；坚持注重实效，引导创建活动稳步推进、普遍开展，力戒形式主义；坚持广泛参与，把创建活动延伸到班级和每个师生员工，夯实校园文明的根基。

三、目标要求

坚持以立德树人为根本，以学生为中心，加强师德建设，重点围绕领导班子建设、思想道德教育、活动阵地建设、教师队伍建设、校园文化建设、整洁优美环境等方面开展工作。通过文明校园创建活动，健全工作机制，提高师生公民道德、职业道德、文明修养和民主法治观念，提高校园文化生活质量，使校园文化内容健康、格调高雅、丰富多彩，提高校园文明程度，使校园秩序良好、环境优美，育人环境进一步改善。

四、实施步骤

(一) 宣传动员，实施方案(2018年3月)

对文明校园创建工作进行安排部署和动员。充分利用校园网、升旗仪式、班会、广播、宣传栏、电子屏、官方微博等各种宣传阵地和形式，大力宣传创建文明校园的意义、目的和主要任务，统一思想认识，明确创建目标，营造共创文明校园的良好氛围。

(二) 组织实施，开展创建(2018年上半年)

学校领导对创建文明学校负总责，把创建文明单位工作作为总体目标，列入学校发展规划和学校工作计划，摆上学校工作的重要议事日程。建立健全专门的组织机构，负责文明学校创建活动的领导、策划和实施，做到有规划部署，有经费投入，有工作人员，有活动场所。根据实施方案和创建标准，细化任务，分解责任，扎实开展自创、自评、自查、自改，逐步完善软硬件条件，持之以恒地开展文明校园创建工作。

1. 凝心静气，打造新型领导集体。以勤政、廉政、务实、高效为目标，加强领导班子的思想、组织和作风建设。积极建设学习型、服务型、创新型党组织，加强教师党员队伍建设，发挥其战斗堡垒作用和先锋模范作用。落实党建工作责任制和"三会一课"等制度。完善校长负责制，实行校务会议等管理制度、教代会制度、校务公开制度，不断完善科学民主的决策机制。贯彻民主集中制，加强团结协作、执政为民的意识，树立良好思想作风，主动服务师生，建立并落实联系点、谈心及接待日等制度，认真贯彻落实《义务教育学校管理标准》。

2. 德育为首，发挥思想道德教育主阵地作用。加强社会主义核心价值观教育实践，积极推动社会主义核心价值观进教材、进课堂、进头脑。充分利用重要时间节点开展"我的中国梦"主题教育实践活动，充分发挥德育工作的导向、动力、保证作用，引导学生从小立志向，有梦想、爱学习、爱劳动、爱祖国。

加强学校德育体系建设，完善德育工作机制，加大德育工作力度，牢固树立教书育人、管理育人、服务育人的思想，科学设置并落实德育课程，深化各学科德育研究，丰富教学内容，改进教学方法，改善教学手段，使每位教师成为管理者、教育者，形成全员重视、关心德育工作的良好氛围，把思想道德教育融入学校教学各个环节，融入学生学习生活各个方面。通过开展学雷锋、做文明学生、评选文明班级的活动，把创建文明学校活动推向新高潮。落实《中小学生守则》，加强学生行为规范养成教育、文明礼仪教育。加强学生心理健康教育，落实《中小学心理健康教育指导纲要(2012年修订)》，培养学生阳光心态、健康人格。

构建校内外德育网络，形成大德育格局，具体包括以下几项措施：①建立学校、社会、家庭相结合的教育网络(建立家长委员会，举办家长学校，坚持家访制度)。②建立学校社会相结合的教育网络(聘请校外辅导员，建立校外德育基地)。③构建学校普法治安网络(与司法、公安、消防、交警等单位密切合作，消除隐患，开展普法教育与共建安全文明学校活动)。④构建舆论导向网络(组织收看教育性强的专题片，组织学生参加爱国主义教育读书活动)。⑤构建假期空闲时间教育网络，利用节假日，组织学生参加丰富多彩的社会实践活动。

3. 创新方法，打造各层次、各范围的教育活动阵地。组织设计不同主题的校园板报、班级板报、宣传橱窗等，定期评比展示。充分利用教室走廊、墙壁、校园文化墙等载体，陶冶学生情操，美化学生心灵，启迪学生智慧。发挥校园广播站、学校通讯、团队教室、劳模工作室、荣誉室的作用，拓展育人渠道和空间。加强校园网络建设，打造学校对内对外宣传交流互动的网络平台。加强团支部、学生会活动设施与场所的建设与管理，营造特色鲜明的社团活动环境。

4. 关注教师成长，培养一流教师队伍。认真落实师德建设要求，扎实开展师德教育，严格师德管理，提升教师思想道德素质。定期组织师资培训，制定教师专业成长规划，不断更新教师教育观念和知识结构，提高教师教学水平。重视班主任、骨干教师的成长，注重年轻教师的培养，创造良好的政策环境、工作环境和生活环境，形成结构合理、梯次发展的教师队伍。广泛深入开展"爱岗敬业"活动，树立教书育人、为人师表的良好形象，表彰先进，带动全体。

5. 沉淀底蕴，丰富校园文化内涵。建设优良校风、教风、学风，运用校训、校史、校歌、校徽、校标等校园文化符号，激励学生爱学校、爱学习，共建校园文明。体现德育、智育、体育、美育要求，精心设计和组织开展劳动技能、志愿服务、文娱体育。积极拓展校园文化建设新载体，充分发挥网络作用，开展形式多样、内容丰富的校园网络文化活动。

6. 持续投入，发挥校园设施育人功效。做好教学设施规划管理，确保校园教学、文艺、体育、科技等活动场所布局合理、整洁有序。做好校园净化、绿化、美化工作，自然景观、人文景观错落有致，使用功能、审美功能和教育功能和谐统一，建设美丽校园。加强安全教育，强化校园治安综合治理工作，确保校园安全、稳定。整治校园周边环境，维护校园周边良好秩序。深入开展环保教育和节约教育，引导师生树立保护环境和节约资源意识，培育节约资源的良好风尚。

××××学校

2018年2月11日

评析：这篇计划的标题属于简称标题，省略了时限。前言部分概述了制订计划的依据和工作思路。计划的内容采用条文式，从指导思想、基本原则、目标要求、实施步骤四个方面来阐述。计划详尽，安排细致，可操作性强。

问题诊断

下面是一位大学生的计划书，你认为这样写可以吗？

大学生活计划书

　　进入大学已有半年，可我还记得，十月金秋的时候，我心怀对大学的憧憬，迈开了离开故土的第一步！还记得，曾经对大学的期盼，曾经为了考上大学而付出的努力，当来到大学的那一刻，我的人生便不再是从前那般充满了希冀！我曾为自己成为一个大学学子而自豪，也曾许下豪言壮志。曾经，那么多的学生社团激发了每一位大一新生的青春激情；曾经，军训让我们知道了什么是成长，什么是承受，什么是独生子女从未体味的一切一切！

　　然而，在人生的旅途中，我们终究是迷茫了，总以为大一是碌碌无为，大一是无聊和浪费，时光在指间悄然流逝，却不知珍惜！我困惑地度过了半年，经过一个寒假的思考，渐渐寻获了大学生活的方向。一个人贵在知道自己应该去干什么，"明其志，方能知所赴"！学校提供的平台是许多专家共同认可的，适合大部分同学需要的，然而我们自己应该更清楚自己的实际需要，在学习课程上有所侧重、有所安排，另外选学一些对自己有价值、有益处的课程，这将更具个性化，更能挖掘自己的潜力。

提示：

1. 标题的书写正确吗？
2. 这是篇计划，目标、措施、步骤体现在哪里？

写作模板3-1

×××学院××××年×××计划

　　为了×××××××××××，根据×××××××的要求，×××××××开

展××××××××活动,特制订如下计划(前言:制订计划的依据):

一、目的与任务

1. ××××××××××××××××××
2. ××××××××××××××××××
3. ××××××××××××××××××

二、措施与步骤

1. ××××××××××××××××××
2. ××××××××××××××××××
3. ××××××××××××××××××

三、其他事项

1. ××××××××××××××××××
2. ××××××××××××××××××
3. ××××××××××××××××××

附文:1. ×××××××××××××××××
   2. ×××××××××××××××××

×××学院
××××年××月××日

写作训练

你马上要参加大学生英语四六级考试,请结合自己的实际情况,完成一篇英语学习计划。

语言训练

1. "凡事预则立,不预则废"说的是什么意思?
2. 你怎么理解"一年之计在于春"?

文化采撷

胡适:写给大学毕业生的一封信

这一两个星期里,各地的大学都有毕业的班次,都有很多的毕业生离开学校去开始他们的成人事业。

学生的生活是一种享有特殊优待的生活，不妨幼稚一点，不妨吵吵闹闹，社会都能纵容他们，不肯严格地要他们负行为的责任。现在他们要撑起自己的肩膀来挑他们自己的担子了。在这个国难最紧急的年头，他们的担子真不轻！我们祝他们的成功，同时也不忍不依据自己的经验，赠他们几句送行的赠言，虽未必是救命毫毛，也许做个防身的锦囊罢！

你们毕业之后，可走的路不出这几条：少数的人还可以在国内或国外的研究院继续做学术研究；少数的人可以寻着相当的职业；此外还有做官、办党、革命三条路；此外就是在家享福或者失业亲居了。

走其余几条路的人，都不能没有堕落的危险。堕落的方式很多，总括起来，约有这两大类：

第一是容易抛弃学生时代求知识的欲望。

你们到了实际社会里，往往学非所用，往往所学全无用处，往往可认完全用不着学问，而一样可以胡乱混饭吃，混官吃。在这种环境里，即使向来抱有求知识学问的人，也不免心灰意懒，把求知的欲望渐渐冷淡下去。况且学问是要有相当的设备的：书籍，实验室，师友的切磋指导，闲暇的工夫，都不是一个平常要糊口养家的人能容易办到的。没有做学问的环境，又谁能怪我们抛弃学问呢？

第二是容易抛弃学生时代理想的人生追求。

少年人初次和冷酷的社会接触，容易感觉理想与事实相去太远，容易发生悲观和失望。多年怀抱的人生理想，改造的热诚，奋斗的勇气，到此时候，好像全不是那么一回事了。渺小的个人在那强烈的社会炉火里，往往经不起长时期的烤炼就熔化了，一点高尚的理想不久就幻灭了。抱着改造社会的梦想而来，往往是弃甲抛兵而走，或者做了恶势的俘虏。你在那牢狱里，回想那少年气壮时代的种种理想主义，好像都成了自误误人的迷梦！从此以后，你就甘心放弃理想人生的追求，甘心做现在社会的顺民了。

要防御这两方面的堕落，一面要保持我们求知识的欲望，一面要保持我们对人生的追求。有什么好方法子呢？依我个人的观察和经验，有三种防身的药方是值得一试的。

第一个方子只有一句话："总得时时寻一两个值得研究的问题！"问题是知识学问的老祖宗：古往今来一切知识的产生与积聚，都是因为要解答问题——要解答实用上的困难和理论上的疑难。所谓为知识而求知识，其实也只是一种好奇心追求某种问题的解答，不过因为那种问题的性质不必是直接应用的，人们就觉得这是无所谓的求知识了。

我们出学校之后，离开了做学问的环境，如果没有一两个值得解答的问题在脑子里盘旋，就很难保持求学问的热心。可是，如果你有了一个真有趣的问题逗你去想它,天天引诱你去解决它,天天对你挑衅你无可奈何它,这时候,你就会同恋爱一个女子发了疯一样,坐也坐不下,睡也睡不安,没工夫也得偷出工夫去陪她,没钱也得缩衣节食去巴结她。没有书,你自会变卖家私去买书;没有仪器,你自会典押衣物去置办仪器;没有师友,你自会不远千里去寻师访友。你只要有疑难问题来逼你时时用脑子,你自然会保持发展你对学问的兴趣,即使在最贫乏的知识中,你也会慢慢地,聚起一个小图书馆来,或者设置起一所小试验室来。所以我说,第一要寻问题。脑子里没有问题之日,就是你知识生活寿终正寝之时!古人说,"待文王而兴者,凡民也。若夫豪杰之士,虽无文王犹兴"。试想伽利略和牛顿有多少藏书?有多少仪器?他们不过是有问题而已。有了问题而后他们自会造出仪器来解决他们的问题。没有问题的人们,关在图书馆里也不会用书,锁在试验室里也不会有什么发现。

第二个方子也只有一句话:"总得多发展一点非职业的兴趣。"离开学校之后,大家总是寻个吃饭的职业。可是你寻得的职业未必就是你所学的,未必是你所心喜的,或者是你所学的而和你性情不相近的。在这种情况之下,工作往往成了苦工,就感觉不到兴趣了。为糊口而做那种非"性之所近而力之所能勉"的工作,就很难保持求知的兴趣和生活的理想主义。最好的救济方法只有多多发展职业以外的正当兴趣与活动。

一个人应该有他的职业,也应该有他非职业的玩艺儿,可以叫做业余活动。往往他的业余活动比他的职业还更重要,因为一个人成就怎样,往往靠他怎样利用他的闲暇时间。他用他的闲暇来打麻将,他就成了个赌徒;你用你的闲暇来做社会服务,你也许成个社会改革者;或者你用你的闲暇去研究历史,你也许成个史学家。你的闲暇往往定你的终身。英国十九世纪的两个哲人,弥儿终身做东印度公司的秘书,然而他的业余工作使他在哲学上、经济学上、政治思想史上都占一个很高的位置;斯宾塞是一个测量工程师,然而他的业余工作使他成为前世纪晚期世界思想界的一个重镇。古来成大学问的人,几乎没有一个不善用他的闲暇时间的,特别在这个组织不健全的中国社会,职业不容易适合我们的性情,我们要想生活不苦痛不堕落,只有多方发展。

有了这种心爱的玩艺,你就做六个钟头抹桌子工作也不会感觉烦闷了,因为你知道,抹了六个钟头的桌子之后,你可以回家做你的化学研究,或画完你的大幅山水,或写你的小说戏曲,或继续你的历史考据,或做你的社会改革事业。你有了这种称心如意的活动,生活就不枯寂了,精神也就不会烦闷了。

第三个方法也只有一句话:"你得有一点信心。"我们生当这个不幸的时代,眼中所见,耳中所闻,无非是叫我们悲观失望的。特别是在这个年头毕业的你们,眼见自己的国家民族沉沦到这步田地,眼看世界只是强权的世界,望极天边好像看不见一线的光明——在这个年头不发狂自杀,已算是万幸了,怎么还能够保持一点内心的镇定和理想的信任呢？我要对你们说：这时候正是我们要培养我们的信心的时候！只要我们有信心，我们还有救。

古人说："信心可以移山。"又说："只要功夫深，生铁磨成绣花针。"你不信吗？当拿破仑的军队征服普鲁士，占据柏林的时候，有一位教授叫做费希特的，天天在讲堂劝他的国人要有信心，要信仰他们的民族是有世界的特殊使命的，是必定要复兴的。费希特死的时候，谁也不能预料德意志统一帝国何时可以实现。然而不满五十年，新的统一的德意志帝国居然实现了。

一个国家的强弱盛衰，都不是偶然的，都不能逃出因果的铁律的。我们今日所受的苦痛和耻辱，都只是过去种种恶因种下的恶果。我们要收获将来的善果，必须努力种现在的新因。一粒一粒地种，必有满仓满屋的收，这是我们今日应有的信心。我们要深信：今日的失败，都由于过去的不努力。我们要深信：今日的努力，必定有将来的大收成。

资料来源：知乎[EB/OL]. https://zhuanlan.zhihu.com/p/33445119?utm_source=wechat_session, 2018-01-30.

第二节 温故知新，数往知来——总结

七个单位"一把手"总结的职场8条铁律

1. 一切向前看，不要向后看，恩恩怨怨随风去，撸起袖子加油干。
2. 有话当面说，绝不背后讲，对上对下，不卑不亢，切勿阳奉阴违，背后乱讲。
3. 专心琢磨事，不要琢磨人，不要嫉贤妒能、搬弄是非、算计他人。
4. 乐于补台，绝不拆台；相互补台，人人出彩；相互拆台，悲惨垮台。
5. 多换位思考，少本位至上，没有友谊的种子，就长不出友好的果实。
6. 深入调研，不听谗言；偏听则暗，兼听则明；遇事冷静，客观研判。
7. 换位思考，理解万岁，要视单位为家庭，视同事为家人，了解人、理解人、关心人。
8. 遇到麻烦事主动上，遇到表彰舍得让。

总结类文书常用的名称就是总结，有时还称"小结""回顾""体会""经

验"。职场经验能够让我们在别人的经历中总结经验、汲取教训，将未来的路走得更稳、走得更远。

 知识卡片

一、总结的含义

总结是指社会团体、企业单位和个人在自身的某一时期、某一项目或某些工作告一段落或者全部完成后进行回顾检查、分析评价，从而肯定成绩，得到经验，找出差距，得出教训，进而得出规律性认识并用以指导今后实践的事务性文书。

二、总结的特点

(一) 自我性

从写作的内容和目的看，总结仅限于本系统、本单位或者本人前阶段的实践活动，总结是为了改进、指导今后的工作，有很强的自我性，因而得出的经验也会带有较强的个性特色，在写作手法上常用第一人称。

(二) 客观性

总结在回顾工作或实践的过程中，要以客观事实为依据，真实、客观地分析情况、解决问题、总结经验，不允许虚构和编造。一篇总结要得出正确结论，必须以典型事例和确凿数据为依据进行客观分析，不允许主观臆断或虚构。

(三) 说理性

总结的过程，就是从感性认识上升为理性认识的过程，在分析事实材料的基础上，比较、归纳、提炼出正确的观点，把实践中的做法理论化，以提高人们认识客观世界的能力，更好地指导今后的实践活动。

三、总结的分类

(一) 按内容分类

根据内容的不同，可以把总结分为工作总结、生产总结、学习总结、教学总结、会议总结等。

(二) 按范围分类

根据范围的不同，可以把总结分为全国性总结、地区性总结、部门性总结、本单位总结、班组总结、个人总结等。

(三) 按时间分类

根据时间的不同，可以把总结分为月总结、季度总结、年度总结、阶段性总结等。

(四) 按性质分类

根据内容性质的不同，可以把总结分为综合总结和专项总结两类。

例如：

××职业技术学院2019年工作总结——这是综合总结

××职业技术学院2019年就业工作总结——这是专项总结

以上分类是相对的，是可以相容或交叉的，应灵活掌握，不必过于刻板。

四、总结的作用

(一) 认识规律

人们在工作、学习实践中形成的零碎、片面的感性材料和感性认识，通过总结可以去伪存真、由表及里地分析研究，使之系统化、条理化，从而认识和掌握事物发展的客观规律。

(二) 指导今后工作

总结来源于实践，又用于实践。通过总结能够探索和把握符合客观实际的规律，用于指导今后的工作或学习。

(三) 交流借鉴

通过总结，人们可以相互促进，提高认识，统一思想，尊重科学，共同进步。

知识扩展

计划和总结的辨析

1. 计划和总结的联系

计划和总结都是人们对一段时间内需要进行的事项的主观意识安排。计划是总结的前提，总结是计划的结论。

2. 计划和总结的区别

(1) 出现时间段不同。计划和总结出现的时间段有所不同，计划早于总结。计划是指根据对组织外部环境与内部条件的分析，提出在未来一定时期内要达到的组织目标以及实现目标的方案途径。总结是指社会团体、企业单位和个人在自身的某一时期或某些工作告一段落或完成后进行回顾检查、分析评价，从而得到经验，找出差距，得到教训和一些规律性认识的方式。

(2) 计划包含的要素有目的或使命、目标、战略、政策、程序、规则、方案、预算等，要明确时间、方法、步骤、预算等。总结主要是对已发生的事项进行效率或经验、做法方面的评价，需要将实际执行的事项与计划内容进行对比。

五、总结的写法

总结一般由标题、正文和落款三部分组成。

(一) 标题

标题主要有以下三种。

1. 全称标题：单位名称(或适用范围)+计划时限+事由+文种

例如：

××职业技术学院2019年就业工作总结

2. 简称标题

(1) 标题中省略单位。

例如：

2019年就业工作总结

(2) 标题中省略时限。

例如：

××职业技术学院就业工作总结

(3) 标题中省略单位和时限。

例如：

就业工作总结

3. 双行标题

例如：

构建进入市场的新机制
——××市2019年推动小商品市场发展的工作总结

4. 文章式标题

例如：

加强基础管理　促进企业发展

(二) 正文

正文一般由前言、主体、结尾三部分组成。

1. 前言

前言也称开头,一般应简单叙述总结的内容和目的,要求简明扼要,紧扣中心,具有吸引力,常采用以下几种方式。

(1) 概述式。概括介绍基本情况,即叙述工作背景、时间、地点、条件等。概述式前言在总结中较为常见。

例如:

2019年,在各级党委、政府的领导下,我局更新观念,及时调整治水思路,把我市水利定位为城市水利,并以城市水利建设为龙头,全面掀起我市水利建设的新高潮。这一年来,我们主要开展了以下几个方面的工作:

(2) 结论式。先明确提出总结的结论,使人们了解经验教训的核心所在,然后引起下文。

例如:

为期两个月的党校学习已经结束了。对于我来说,这是一次形式新颖、内容丰富、全面系统的理论知识学习。通过两个月的学习,我受益匪浅,感受颇深,学到了很多以前没有接触过的知识。不但充实了理论知识,开阔了视野,同时在思想上也有了更新的飞跃,在认识上有了更大的提高。

(3) 提问式。开头提出主要问题,明确总结重点,引起读者关注。

例如:

党校培训是每一个有志加入中国共产党的青年学子的必修课。那么,通过学习究竟可以实现哪些提高呢?现以我个人的学习经历,谈几点体会:

(4) 对比式。开头对相关情况进行比较,以突出成绩,表明优势,引起下文。

例如:

2014—2019年,我厂平均亏损40余万元人民币。建立集团公司后,公司不仅扭亏为盈,而且连年来产值、利润以6.9%的幅度稳步提高,2019年首次创盈利新高,净增利润2000万元人民币……

2. 主体

主体是总结的主要部分，内容包括成绩、做法和经验、问题和教训、今后打算等方面。这部分篇幅大、内容多，要特别注意层次分明、条理清楚。

1) 总结主体部分的内容

(1) 做法与成绩。概括叙述工作的主要方法及取得的成绩。

(2) 经验与体会。着重分析工作中哪些做法是成功的、有效的，取得成功的原因与条件，归纳出规律性认识。可用横式结构或纵式结构。

(3) 问题与教训。找出存在的问题和不足，着重分析问题和不足产生的主客观原因，提出切实可行的改进措施。

2) 总结主体的结构方式

如总结内容较多，可采用以下几种结构方式。

(1) 纵式结构。按照事物或实践活动的发展过程安排内容。写作时，按时间顺序分别叙述每个阶段的成绩、做法、经验、体会。这种写法的好处是事物发展或社会活动的全过程清楚明白。

(2) 横式结构。按材料的逻辑关系将其分成若干部分，标序加题、分门别类地依次展开内容。这种写法的优点是各层次内容鲜明集中。

(3) 纵横式结构。这种写法，多数是先采用纵式结构，即考虑时间的先后顺序，写事物发展的各个阶段的情况或问题，然后用横式结构从几个方面总结经验或教训。

3. 结尾

结尾是正文的收束，应在归纳呼应主题的基础上，提出今后努力的方向、目标和措施，表明决心、展望前景，要求简短。有些总结在主体部分已将这些内容表达过了，就不必再写结尾。

(三) 落款

文章右下角写署名和日期。

六、总结的写作要求

(一) 实事求是

总结不论是写成绩还是写缺点，都必须准确把握分寸，实事求是地叙述事物发展的全过程，用"一分为二"的观点，研究事物的内部联系，寻找其中的规律性。成绩不夸大，缺点不缩小，这样的总结才能指导今后的工作。

(二) 突出个性

总结一定要抓住本单位最突出、最能反映客观事物本质特点、最具鲜明个性和特色的东西来写，否则很容易写得千篇一律、缺乏个性。总结就要有独到的发现、独到的体会，如新的情况、新的问题和新的经验教训等，切忌人云亦云。

(三) 详略得当

有人写总结总想面面俱到，最终导致没有重点，不能给人留下深刻的印象。总结的选材不能求全贪多、主次不分，要根据实际情况和总结的目的，把那些既能显示本单位、本地区特点，又具有一定普遍性的材料作为重点选用，对这些材料应写得详细、具体，而一般性的材料则要略写甚至舍弃，做到该详则详、该略则略。

写好年度工作总结的四个要诀

一、内容真实全面，突出重点

年度总结是对我们全年工作的一个回顾，要求我们必须实事求是地对过去一年中的工作进行反馈。首先在内容安排上必须考虑到方方面面，不能遗漏哪个方面，否则就会影响总结的客观性、系统性和全面性。

工作总结除了要求全面，还要求我们能够学会抓住重心，把那些重点工作放在显眼的位置上，浓墨重彩地把它们写好，使之成为全篇的重头戏，这样的总结才出彩。

同时，好的工作总结不会只讲成绩不讲问题、只说亮点回避矛盾，对工作推进中的困难、决策执行中的偏差等问题，应实事求是、恰如其分地分析和梳理，便于在今后工作中整改和提高。

二、坚持原则，真实可靠

工作总结必须坚持有一说一、有二说二，是则是、非则非的基本原则。

1. 工作总结中的数据务必真实。数据能体现成效，数据对比能直观反映变化。工作总结，要善于用绝对数、对比数来反映情况，特别是经济、建设、民生等方面的总结，更要依靠数据来说话。所以，我们的数据务必真实有效。

2. 工作总结中的依据要硬。工作总结中的任何一句表述，任何一个结论，都要以过得硬的事实为依据，有经得起检验的材料作支撑。这就要求写作时，尽可能多地使用第一手资料，尽可能多地使用领导同志对工作情况的分析和对工作成效的评价等。

三、文稿要精，做到言之有用

与其他公文一样，工作总结也力求精练、重在管用。

1. 工作总结要精在有高度。工作总结必须放眼大局、着眼全局、总揽全局，协调各方的地位和作用，对工作进行概括与梳理、浓缩与提炼、归纳与总结。

2. 工作总结要精在有干货。一年的各项工作中，必定有那么几项是重点，要把这些干货摆在突出位置重点展示。如在开头用简短几句，把当年的工作亮点、特色举措、创新做法以及独到之处，集中归纳起来写，使人一看就明白当年开创性的工作是什么、大事要事有哪些。

四、条理清晰，注重逻辑

一篇好的工作总结，不仅要对工作有精准拿捏，文章架构也要做到层次清晰、条理分明、井然有序，让人一目了然。

1. 注重理顺逻辑。写工作总结，难免会遇到内容多而杂的情况，怎么避免"记流水账"，很考验行文的逻辑。在内容铺排上，可以突出总体情况先行陈述，再梳理几条具体举措，让人迅速获知工作全貌。

2. 注重理清层次。写工作总结，不仅要把文章的总体框架布局确定下来，也要防止内部层次不清晰，段落划分不恰当，相互之间缺乏关联，影响文章"秩序"。可以按照先大后小、先主后次、先总后分的原则，通过层层递进、先抑后扬等方式，做到层次分明、丝丝入扣、结构紧凑。

资料来源：党建网[EB/OL]. http://www.wenming.cn/djw/djw2016sy/djwjggz/201911/t20191129_5334346.shtml，2019-11-29.

优秀例文3-2

教育青年，服务青年，引导青年，脚踏实地做好共青团工作
——工商管理学院2019年团委工作总结

2019年，在校团委的指导下，在学院党委的领导下，工商管理学院团委紧紧围绕院校中心工作，以"中国梦"为主题，以加强团员青年思想政治教育和就业创业教育为重点，倡导"以人为本、全员育人、全程育人、求实创新"的工作理念，秉承服务大局与服务学生的根本宗旨，继续发扬我院共青团工作的优良传统，经过全体学团干部的共同努力，较好地完成了各项工作任务。

一、坚持"凝心聚力、突出特色"，增强共青团基层组织建设的针对性

1. 理论联系实际，推进组织建设。注重团组织生活的质量，发挥高校团组织制度完善、队伍整齐、富有活力的优势，积极组织开展知识竞赛、演讲比赛等活动，深入宣传学习"十八大"精神，让广大团员在参与中受到熏陶和教育，使思想政治教育有的放矢，富有成效。

2. 坚持统一标准，切实推进"推优"。充分发挥团组织密切联系青年的优势，在院团委领导下，组织广大团员青年学习新党章、掌握党的基础知识和基本理论。针对学生的具体情况，提出了提前介入、主动引导、重在培养的"推优"工作思路，通过调查、考察、培养等途径，及早发现先进分子，积极慎重地引导他们向党组织靠拢，本年度推荐优秀团员14人。

3. 突出支部特色，树立良好班风。以支部为单位，开展丰富多彩、特色鲜明、针对性强的团体性活动，增强班级凝聚力、向心力和竞争力。学院组织开展了支部大合

唱比赛、技能对抗赛、素质拓展训练、羽毛球大赛、风采展示等多项文体活动，努力营造和谐、多元、文明并具有高职特点的特色班级文化氛围。

4. 坚持上好团课，开展好团日活动。举办"奋斗的青春最美丽"主题团日活动，开展第二期"火炬计划"学团干部培训，完成了团员注册与新团员发展工作；通过团刊、校园板报、学团工作网站舆论宣传阵地，倡导正确的舆论导向，2019年度基本完成了《辽宁青年》等团刊在班级团支部的普遍订阅。

二、坚持"育人为本、德育为先"，增强团员青年思想政治教育的有效性

1. 夯实入学教育，突出适应教育。2019年迎新工作独具特色，内容丰富，成效显著。学院团委以新生入学教育为契机，开展特色活动，在加强对团员青年感恩教育、诚信教育、适应性教育以及行为养成教育的同时，创新教育模式，挖掘集体性活动对大学生合作精神、竞争意识的培养，全方位提升2019级团员的精神面貌和整体素质。

2. 开展荣辱教育，倡导文明风尚。以"五四"青年节、建党98周年等重大事件和节日为契机，有针对性地开展爱国主义、集体主义教育，引导团员青年树立正确的世界观、人生观和价值观。先后开展了"感恩于心、责任于行、我爱我校"主题演讲比赛、纪念建党98周年大合唱比赛等，增强团员的诚信文明和爱党爱国意识，引导他们树立远大理念，坚定信念。

3. 开展文体活动，增强身心健康。我院组织开展了征文大赛、素质拓展训练、小品大赛、歌舞大赛、篮球对抗赛等多项文体活动。本着"重在参与、平等竞争、科学参赛、突显院貌"的原则，积极组织广大团员青年参加田径运动会、学校排球赛、三人篮球赛，使团员身体素质和竞技技能有了较大提高，体育达标率保持较高水准，并获得校排球联赛女子第一名。在第三届校运会上，我院学子奋勇拼搏，获得女子团体总分第三名，男子团体总分第八名，团体总分第八名，并第三次获得了体育道德风尚奖。

三、突出"务实创新、丰富载体"，增强团员青年素质教育平台的多样性

1. 强化诚信教育，增强学习氛围。开展以"培养学习兴趣，丰富大学生活"为主题的学风建设系列活动。加强学风建设基础工作(早晚自习、课堂出勤等)的检查和监督，加大了团员考试诚信教育力度，开展了诚信签名、"共创考试零违纪"倡议、重温考试规制、诚信宣誓等系列活动，培养团员诚实守信的品德，创造公正、公平的考试环境。

2. 培养感恩意识，树立自强理念。坚持贴近实际、贴近生活、贴近团员，坚持解决思想问题与解决实际问题相结合、教育与自我教育相结合的原则，全面推进励志教育。以工商管理学院"感恩教育月"系列活动为平台，以感恩父母、感恩老师、感恩学校、感恩社会为主题，开展了"感恩于心、回报于行"义务清扫活动、"激扬青春、励志成才"主题征文活动、"爱心互助、品味人生"慰问白云养老院活动等，将诚信、感恩、责任教育与励志教育融为一体，帮助团员塑造完美人格，实现全面和谐发展。

3. 突出专业特色，营造寝室文化。对C4女生公寓进行了全面美化，一楼至六楼分别以"专业特色、我爱家乡、艺术寝室、至理名言、个性空间、温馨祝福"六个模块为主题，将学生自己完成的书画作品、手工艺品、摄影作品等在公寓内进行分类展示，既扮靓了公寓环境，又给团员提供了一个展示才能的舞台。同时，通过继续深化星级寝室评比、笑脸寝室评比、艺术寝室评比、"寝室吉尼斯"等传统活动，打造寝室亲情故事讲述、女生节等新的活动载体，不断增强寝室文化内涵建设。

4. 拓展学生社团，营造青春氛围。按照"特色鲜明、管理科学、活动丰富、作用显著"的要求，加强对学生社团的指导，各社团在老师的悉心指导下，独立自主地开展素质拓展活动、专业巩固活动、科技创新活动、社会实践活动和大众参与活动，在繁荣校园文化、拓展学生素质、巩固专业知识方面发挥了应有的作用。加大各社团的社会服务职能，院青年志愿者协会受邀参加由大连市环保局主办的"蛙哈哈"凯德绿蛙绿色一周环保活动，用自己的实际行动为倡导绿色消费、践行环境保护做出自己的努力。

四、强化"素质拓展、科技创新"，增强团员青年科技创新活动的丰富性

1. 强化通用技能，提升职业能力。将加强团员通用职业能力作为大学生科技文化节的又一目标，结合我院团员青年实际情况制订以提高语言能力、写作能力、合作能力、组织能力、学习能力和创新能力为目标的通用职业能力提升计划。邀请基础部教师、专家担任此项系列活动的讲师或培训师，发挥基础部资源优势，陆续对团员开展相关的学习和训练，旨在提升学生的职业素质和就业能力，为培养符合社会需求的新时期技术技能型高职人才做出努力。

2. 注重社会实践，提升人生境界。2019年，全院学生本着"受教育、长才干、做贡献"的宗旨，在专业老师的精心指导下，我院暑期社会实践呈现"领导重视，专业教课带队；把握时代脉搏，展现专业特色；多种渠道巩固社会实践成果"三个特点，完成校级重点项目3个。除了由学院团委组织的社会实践团队外，我院团员还结合自身专业和兴趣爱好开展了形式多样、切实有效的社会实践活动，如参加工厂实习、乡镇调查、促销、义工等活动，参加人数达525人，共计提交社会实践报告477篇，学院的暑期社会实践活动收获颇多，再次呈现百花齐放的景象。

五、秉承"全员参与、强化服务"的理念，增强团员青年就业创业工作的实效性

1. 完善就业指导，强化就业服务。继续做好就业指导，对已有就业单位的团员，注重对他们进行诚信教育和职业道德教育，提高就业稳定性；对没有就业的团员，继续强化就业技巧，加强对他们求职心理素质的培养。配合就业部门顺利完成就业协议签订、收缴以及报到证的打印工作。在全院师生的共同努力下，工商管理学院2019届毕业生初次就业率达到100%。

2. 召开专场招聘，增强就业实效。召开2020届毕业生专场洽谈会，邀请苏宁电

器、修正药业、锦江麦德龙、百年人寿、大连医科大学附属第一医院等47家企业前来招贤纳士，招聘岗位涉及证券、保险、管理、连锁、销售、财务、商贸、客服等多个领域，提供就业岗位700余个，现场收到学生简历近千份。此次招聘会既为用人单位选用人才提供了平台，也为即将离校的2020届学生提供了良好的就业平台。

六、坚持"严格管理、提升水平"，增强团委工作干部队伍建设的科学性

1. 强化制度规范，保证团员先进性。我院团委为进一步规范青年团员的管理，制定和采取了一系列行之有效的措施。一年中，我院团委坚持"团委例会制度"和"各类活动申报制度"，明确团干部工作职责，所有学生干部有职责督促纠正学生中的不良风气，并不定期地加强检查。

2. 加强学生干部队伍建设。一是严格学生干部选拔。在新生入学和军训期间，就有意识地观察和锻炼全体同学，在广泛征求意见的基础上建立健全了各班班委会和团支部。全方位考核选拔团委学生会的学生干部，使一批工作认真、能力较强、为人正直、威信较高、乐于奉献、富有开拓精神的学生骨干走上了工作岗位。二是完善各项制度，加强对学生干部的培训和指导。工商管理学院学生干部例会制度规定，学生干部会议每周至少召开一次，及时指导工作，发现学生中存在的问题，提出并商讨解决的办法和措施，进而提高学生干部的政治理论水平、管理水平和自我教育、自我管理、自我服务的能力。

工商管理学院团委
××××年××月××日

评析：这是一篇经验性总结。采用双行标题的形式，总结了学院团委各个方面取得的成绩和具体做法，具有很强的典型性和指导性。在写法上总分有序，层次清楚，观点鲜明，材料丰富。

公文写作学习总结

《公文写作》学习了54个学时，由××教授讲课，收获出乎意料地大。原来不想学，现在觉得越学越有味道；原来以为学不到东西，现在不论写作知识还是写作能力都有明显提高。

一、系统地掌握了公文写作的基本理论知识

对公文，过去我只知道它是"官场文章"，对它的性质、特点、作用不了解也不想了解。我不想进"官场"，了解它有什么用？现在知道了公文是专门用于党政机关单位办理公务的、作用巨大的应用文，还知道了如何根据它的性质、作用、特

点来确定主旨、选择材料、安排结构、使用语言等。

二、熟读了许多范文和病文

在学习写作中,"范文"有"示范作用",它告诉我们"应该这么写";"病文"有"警示作用",它告诉我们"不应该那么写"。课本中有100多篇范文,有50多篇病文,大部分我都读了,特别是老师重点分析的,我学得更细致。将两种文章对照着读,具体弄清楚"为什么不应该那样写""为什么应该这样写",这样学到的东西,道理明、印象深,很有用。

三、写了十多篇作文

写作课是实践课,学习写作理论知识是为了指导写作实践,是为了写出符合要求的文章来。因此,老师布置的七八篇作文我认真写了,我还结合学生会工作写了好几篇。这十多篇作文,使我更实在地知道了有关文种"不应该那样写"和"应该这样写",写出来的作文也基本符合要求。这对我将来参加工作很有好处。

总之,学习《公文写作》的收获很大,感谢老师的教诲。

提示:

这份学习总结整体思路清晰,几个方面的收获也写得比较明确,不过它仍然不是一份合格的总结,主要存在如下几个问题:内容笼统,未能写出具体事实;没有明确交代取得成绩的原因;没有写明做什么、如何做、为什么做、结果如何;该文侧重写收获,但收获的原因不清楚,启迪和指导意义就不会太大。

写作模板3-2

××公司××××年工作总结

××××年,在××××指导下,××××工作紧紧围绕××××,以××××为主题,以××××为重点,倡导"××××"的工作理念,秉承××××根本宗旨,继续发扬××××优良传统,在××××共同努力下,较好地完成了各项工作任务。现将各项工作总结如下:(前言,概括主要任务、指导思想)

一、××××××××××××××××(主要做法、成绩、经验)

　1.××××××××××××××××

　2.××××××××××××××××

　3.××××××××××××××××

二、××××××××××××××××(主要做法、成绩、经验)

　1.××××××××××××××××

　2.××××××××××××××××

3. ××××××××××××××

二、××××××××××××××(主要做法、成绩、经验)

1. ××××××××××××××
2. ××××××××××××××
3. ××××××××××××××

四、××××××××××××××(存在的问题和不足)

1. ××××××××××××××
2. ××××××××××××××
3. ××××××××××××××

五、××××××××××××××(今后工作的努力方向)

1. ××××××××××××××
2. ××××××××××××××
3. ××××××××××××××

××××××××
××××年×××月×××日

写作训练

根据下面的提示，结合自己的专业实际，写一篇学习总结。

1. 标题：20××—20××学年第×学期学习总结。
2. 导语：一学期学习重点是什么？有什么收获？
3. 主体：哪些方面做得好？经验是什么？哪些方面做得不好？教训是什么？
4. 今后的打算：改进的措施和决心。

语言训练

曾子曰："吾日三省吾身：为人谋而不忠乎？与朋友交而不信乎？传不习乎？"请翻译这段话，并说说你对这段话的理解。

文化采撷

年终总结可用古诗文名句汇总

一、感叹时光飞逝

1. 人生几回伤往事，山形依旧枕寒流。——刘禹锡《西塞山怀古》

2. 林花谢了春红，太匆匆。无奈朝来寒雨晚来风。——李煜《相见欢·林花谢了春红》

3. 数人世相逢，百年欢笑，能得几回又。——何梦桂《摸鱼儿·记年时人人何处》

4. 时光流转雁飞边。今春看又过，何日是归年。——元好问《临江仙·世事悠悠天不管》

5. 及时当勉励，岁月不待人。——陶渊明《杂诗》

6. 人生天地之间，若白驹之过隙，忽然而已。——庄子《庄子·外篇·知北游》

7. 闲云潭影日悠悠，物换星移几度秋。——王勃《滕王阁序》

8. 流光容易把人抛，红了樱桃，绿了芭蕉。——蒋捷《一剪梅·舟过吴江》

9. 白发催年老，青阳逼岁除。——孟浩然《岁暮归南山》

10. 年年岁岁花相似，岁岁年年人不同。——刘希夷《代悲白头翁》

11. 白发渔樵江渚上，惯看秋月春风。——杨慎《临江仙·滚滚长江东逝水》

12. 年去年来白发新，匆匆马上又逢春。——于谦《立春日感怀》

13. 老去光阴速可惊。——欧阳修《采桑子·十年前是尊前客》

14. 桃李春风一杯酒，江湖夜雨十年灯。——黄庭坚《寄黄几复》

二、回首是非功绩

1. 功绩精妍世少伦，图时应倍用心神。——伍乔《观山水障子》

2. 有志者，事竟成，破釜沉舟，百二秦关终属楚；苦心人，天不负，卧薪尝胆，三千越甲可吞吴。——蒲松龄《自勉联》

3. 古之立大事者，不惟有超世之才，亦必有坚忍不拔之志。——苏轼《晁错论》

4. 东风吹尽去年愁，解放丁香结。——刘翰《好事近》

5. 老大逢场慵作戏，任陌头、年少争旗鼓。——刘克庄《贺新郎·端午》

6. 千淘万漉虽辛苦，吹尽狂沙始到金。——刘禹锡《浪淘沙》

7. 春风得意马蹄疾，一日看尽长安花。——孟郊《登科后》

8. 老当益壮，宁移白首之心？穷且益坚，不坠青云之志。——王勃《滕王阁序》

9. 人生如白驹过隙，死不足恨，但凤心往志，不闻于没世矣。——《魏书·列女传》

三、感谢同事领导相处

1. 一生大笑能几回，斗酒相逢须醉倒。——岑参《凉州馆中与诸判官夜集》

2. 岂是贪衣食，感君心缱绻。念我口中食，分君身上暖。——白居易《寄元九》

3. 行来北凉岁月深，感君贵义轻黄金。——李白《忆旧游寄谯郡元参军》

4. 折花逢驿使，寄与陇头人。江南无所有，聊赠一枝春。——陆凯《赠范晔诗》

5. 今年何以报君恩。一路繁花相送、过青墩。——陈与义《虞美人·扁舟三日秋塘路》

6. 世人结交须黄金，黄金不多交不深。纵令然诺暂相许，终是悠悠行路心。——张谓《题长安壁主人》

7. 新丰美酒斗十千，咸阳游侠多少年。相逢意气为君饮，系马高楼垂柳边。——王维《少年行》

四、表达新一年的决心

1. 雄关漫道真如铁，而今迈步从头越。——毛泽东《忆秦娥·娄山关》

2. 江东子弟多才俊，卷土重来未可知。——杜牧《题乌江亭》

3. 路漫漫其修远兮，吾将上下而求索。——屈原《离骚》

4. 道由白云尽，春与青溪长。——刘昚虚《阙题》

5. 黄沙百战穿金甲，不破楼兰终不还。——王昌龄《从军行》

6. 好风凭借力，送我上青云。——曹雪芹《临江仙·柳絮》

7. 长风破浪会有时，直挂云帆济沧海。——李白《行路难》

8. 迨及岁未暮，长歌乘我闲。——陆机《长歌行》

9. 待到秋来九月八，我花开后百花杀。冲天香阵透长安，满城尽带黄金甲。——黄巢《不第后赋菊》

10. 山重水复疑无路，柳暗花明又一村。——陆游《游山西村》

第三节 拨沙见金，信而有证——调查报告

课前阅读

大学生阅读调查：一份出乎意料的数据报告

近日，中国青年网校园通讯社就"大学生阅读情况"话题，对全国高校454名大学生展开问卷调查。

调查结果显示，近九成学生喜欢阅读，超五成学生每天阅读时间不足一小时，"手机免费阅读"成为学生的主要阅读方式，超五成学生喜欢在宿舍内阅读，小说散文、文学艺术和动漫幽默成为学生较为喜欢的阅读类型，超四成学生每月看1~3本书，"增长见识，提高文化修养"成为学生阅读的主要原因，超五成学生认为自己的阅读

量较低，近六成学生认为因"沉迷手机电脑等电子产品"而导致阅读量缺乏。

面对大学生群体普遍存在的"浅阅读"现象，南昌工学院团委老师夏育盛认为，近年来，网络阅读、手机阅读并存的多元化阅读方式已经成为重要的阅读方式之一。

华北理工大学青年教师李旺泽认为，手机免费阅读成为大学生主要的阅读方式，是信息时代对传统阅读挑战的结果，是时代发展的产物。

为此，李旺泽针对大学生的阅读给出建议，希望同学们在享受手机阅读便利的同时也要制订一份积极的阅读计划，而不是无聊时拿手机打发时间。"要养成深入阅读的习惯，把握好手机阅读的频率和时长，积极健康地进行手机阅读。同时，高校教师也要不断适应新趋势，因势利导，注意营造良好学风，从而引导学生树立正确的阅读观。"

调查报告在社会生活和实际工作中发挥着极其重要的作用。它是制定方针政策的重要依据，也是推广经验的有效手段，还是揭露社会问题的有力武器。

知识卡片

一、调查报告的含义

调查报告是对某一事件、某一人物、某一问题或某方面情况，通过周密、深入的调查研究，进行系统、科学的整理、归纳、分析后撰写的书面报告。调查报告的应用范围十分广泛，它既是机关事务文书中的重要文体，又是企事业单位常用的应用文体，还是新闻媒体上常见的新闻体裁之一。

二、调查报告的特点

(一) 针对性强

调查报告的性质决定了写调查报告必须有明确的目的：一是为了给决策者提供决策依据；二是发现典型，总结经验，指导工作；三是为领导机关了解情况，处理实际问题。调查报告的针对性就体现在撰写目的上，因此，调查报告要从实际出发，有针对性地调查研究，总结经验，回答人们最关心的问题，提出现实生活中迫切需要解决的问题。调查报告的针对性越强，社会作用就越大。

(二) 真实准确

调查报告的主旨是调查研究后揭示客观事物的本质和规律，一般要有明确有力的观点。因此，写调查报告所涉及的典型事件必须是亲自调查了解到的情况，绝不能是道听途说、东拼西凑一些虚假的材料。在调查报告中，由于观点或结论全部基于事实,所以它必须达到事实确凿、全面和完整的要求。

(三) 叙议结合

调查报告的表达采用叙议结合的方式,主要用叙述,兼有分析、议论,即以叙为主、以议为辅。调查报告不追求事件的曲折波澜,只求叙说清楚。调查报告还要对调查材料中得出的结论以画龙点睛的手法进行适当的分析、议论,点到即止,不作展开,不反复论证,有时也将观点融于事实之中,用事实说话。

调查报告与总结的区别

调查报告和总结在写作上有许多相通之处,特别是介绍典型经验的调查报告和专题性的工作总结,无论从反映的内容或表达的形式来看,都非常接近,这两种文体的相同点表现在:它们都是紧密结合形势,宣传党的任务,有较高的政策性;抓住点上材料、推动面上工作,有较广泛的指导性;运用事实说话,揭示事物本质,有较强的针对性。而两者的不同点,主要表现在以下几个方面。

1. 从取材的范围看,调查报告反映的面较广,可以推广经验,可以反映情况,也可以研究、揭露问题;而总结往往是总结本单位某个阶段贯彻执行党的路线、方针、政策的情况,或某项工作的具体经验。

2. 从反映的内容看,调查报告比较集中地说明一个问题、一项事情,或是阐述成绩,或是揭露矛盾,一般不会既全面写成绩,又详细写问题;而总结一般要考虑全过程,既要有基本情况的回顾,又要写取得的成绩、经验、存在的问题和教训,还要写今后的努力方向,这些方面都要有所交代,当然也要注意重点突出、主次分明、详略得当。

3. 从反映的时效来看,一般来说,调查报告配合形势的宣传要比总结迅速、及时,因为总结要到一定阶段才能撰写。

三、调查报告的分类

按照调查报告所反映的内容,可以将其分为以下四种类型。

(一) 典型经验调查报告

典型经验调查是为了推广实际工作中成绩突出的单位或个人的典型经验,而进行的专题调查。该类调查报告着重介绍具体做法和体会,并将其上升到理论的高度加以概括、提炼。这种介绍经验的调查报告不仅可以起到表彰先进、树立典型的作用,而且可以以点带面,推动其他单位的工作。

例如：

2018年安徽省民营企业小微企业融资服务调查报告

(二) 问题弊端调查报告

问题弊端调查报告主要揭露社会生活中某些不良现象和社会弊端。它针对工作和生活中发生的重大事故或出现的严重失误进行调查，通过全面、深入、细致地调查分析，用确凿的事实，说明事故或问题发生的原因、情况和结果，指出其产生的背景及性质，说明其危害性，以引起相关人员的注意，避免重蹈覆辙。

例如：

关于城区近郊农村违章建筑情况的调查报告

(三) 现实情况调查报告

现实情况调查报告比较系统、深入、完整地反映某一地区、某一系统、某一部门、某一方面的基本情况，使人们可以较全面地了解调查对象各个方面的情况、变化发展过程和应注意的问题，所反映的内容比较广泛。无论是各个领域的现状和历史情况，还是各个阶层的基本情况，都可以通过调查研究，提出一些带有政策性、方向性、倾向性的问题，以引起全社会的关注，并为领导机关和管理部门研究社会情况、制定有关方针政策提供依据。

例如：

大同市退役军人高职扩招工作调查报告

(四) 新生事物调查报告

新生事物调查报告以社会现实中某种新近产生或新近有了长足发展的事物为对象，以反映现实生活中的新生事物为主，主要全面反映新生事物的存在状态、呈现特点，分析它的性质和意义，指出它的发展规律和前景，预测它的发展趋势，以引起人们的关注。

例如：

网络技术在通用技术教学中运用情况调查报告

四、调查报告的作用

调查报告具有针对性、真实性、论理性、典型性和时效性，起到了解、剖析事物的本质及其发展趋向的作用，有助于相关部门解决问题。具体来说，调查报告的作用体现在以下三个方面。

（一）信息传递作用

调查报告的信息传递作用体现在两个方面：一方面，调查报告通过调查反映社情民意，把基层的信息、群众的要求汇报给上级机关，为政府和其他管理部门制定有关方针、政策提供依据；另一方面，也可通过调查报告把党和政府的方针、政策的具体执行及落实情况，反馈给上级机关，为相关部门提供具体的事实材料。

（二）指导表彰作用

调查报告通过对先进典型事例的发掘、剖析，揭示新生事物、先进事例的内在规律，可以起到扶植新生事物、倡导先进方法、表彰先进、弘扬正气的作用。树立的典型、总结的经验，对相关部门、行业、系统的工作开展有较大的启迪价值。

（三）通报惩戒作用

除了树立正面典型以外，调查报告也可以揭露社会生活中的某些丑恶现象、实际工作中的不良做法和某些干部的渎职腐败行为，从而起到打击歪风邪气、端正社会风气、纯洁干部队伍的作用。

五、调查报告的写法

调查报告一般由标题、正文、结语和落款四部分组成。

（一）标题

写作调查报告时究竟如何拟写标题，要视具体情况而定，要根据内容的需要来安排，就标题本身而言，做到醒目、鲜明、简练即可。常见的调查报告标题有两种形式：单行标题和双行标题。

1. 单行标题

单行标题一般有两种写法：一种是类似公文标题的写法，即写明事项、范围和文种等，其特点是准确、严谨，如《关于硕士毕业生就业情况的调查报告》；另一种和一般文章的标题写法相同，如《IT女性巾帼何以不让须眉？》。

2. 双行标题

双行标题也称正副标题，与新闻专访的标题相似，一般正标题揭示调查报告的主题，类似一般文章的标题写法；副标题说明调查的对象、事项和范围等，对正标题起补充说明作用，如《竞争在今天，希望在明天——全国洗衣机用户问卷分析调查报告》等。

（二）正文

调查报告的正文一般包括前言、主体两个部分。

1. 前言

前言又称导语，简洁明了地介绍调查的情况或提出全文的引子，为正文写作做好铺垫。常见的导语有：简介式导语，对调查的课题、对象、时间、地点、方式、经过等作简明介绍；概括式导语，对调查报告的内容(包括课题、对象、调查内容、调查结果和分析的结论等)进行概括说明；交代式导语，对课题产生的由来进行简明介绍。

例如：

(1) 简介式导语。为深入贯彻落实中央和市委关于政府向人大常委会报告国有资产管理情况制度的有关规定，由市人大财经委、常委会预算工委负责人及16名市人大代表(含3名财经专业组成员)组成调研组，对我市行政事业性国有资产管理情况开展了专题调研。调研组听取了市财政局、市教委、市民政局、市机关事务局等6个部门关于我市行政事业性国有资产管理总体情况和本系统管理情况的汇报，到市人民防空办等两个部门和重庆市科学技术研究院、重庆工商大学等事业单位及其所属企业实地调研，深入了解国有资产的管理状况、存在的困难和问题及有关建议，形成调研报告。

(2) 概括式导语。近年来，随着经济的发展，越来越多的农村剩余劳动力外出务工，一大批未成年孩子被留在家里，导致农村出现了一个新的特殊儿童群体——"留守儿童"。据各乡镇妇联统计，目前，桂阳县农村"留守儿童"约占儿童总数的18%，由于正常家庭教育的缺失，导致"留守儿童"的身心发展尤其是品德、心理健康成长方面存在的问题日益凸显，亟待引起社会的广泛关注。

(3) 交代式导语。当前我市老龄人口不断上升，增速快，为应对已经到来的老龄化社会，探索我市养老服务体系建设路径，近期对我市养老服务情况进行了全面调研，以下是调研的相关内容。

2. 主体

主体是调查报告的核心内容，也是对调查研究结果的具体引证、论说部分。这部分内容包括作者所要报告的主要事实和观点，材料丰富、内容复杂，其结构形式主要有以下三种。

(1) 叙述式。叙述式又称纵式结构，其特点是按事件和问题发生、发展、结局的先后顺序安排材料，把事件和问题的来龙去脉夹叙夹议地叙述清楚。这种结构形式多用于事件较单一、过程性强的调查报告。

(2) 并列式。并列式又称横式结构，其特点是按事件、问题的性质，把内容分成几个部分，并列地组织材料和观点。这种结构形式主要用于总结经验做法、反映问题和分析情况的调查报告。

(3) 递进式。递进式结构在介绍典型经验和揭露问题的调查报告中应用得比较普遍，其特点是逻辑性强、结构严密。由于递进式调查报告是按作者介绍经验和分析问题的思维顺序安排材料，并层层推进、逐步深入的，所以报告的主旨非常鲜明和集中。

此外，主体常用的结构形式还有对比式、因果式、交错式等，不论采用何种结构形式，主体的内容都要写得充实具体、中心突出、层次分明、条理清楚。

(三) 结语

结语是调查报告的结束语，要求简洁、凝练、言尽即止，不要拖泥带水，更不能画蛇添足。结语可对主体部分的内容进行概括，明确升华主题；也可以指出不足、存在的问题或提出新的问题，启发思考；还可以针对问题，提供有益的建议。如果调查报告正文完结，内容已阐述清楚，全文应当自然结束。

(四) 落款

调查报告的落款写明调查者——单位名称和个人姓名以及完稿时间。如果标题下面已注明调查者，则落款时可予省略。

六、调查报告的写作要求

(一) 深入调查研究，用事实说话

调查报告的功能就是用调查得来的情况反映工作实际。用事实说话是指深入实际进行客观细致的调查，充分地掌握材料，用调查材料直接或间接表明作者的认识。全面、深入、具体地反映调查对象的实际情况是调查报告的核心内容，也是写好调查报告的前提和基础。

(二) 叙议结合的表达方法

调查报告以叙述情况、反映事实为主要内容，但必须对事实情况做必要的分析，以达到透过现象看本质的目的。因此，叙议结合、夹叙夹议是主要的表达方法。初写调查报告，往往不会把握叙与议的"度"，导致"议"得多而"叙"得少，究其原因，一是掌握的调查材料少，所谓"材料不够，议论来凑"；二是没有把握好调查报告的写作特点，把议论分析当作重点。正确的方法是叙述应具体，是主要的写作内容；议论要少而精，并且要紧紧围绕事实，就事论事，找出根源，切中要害，言简意赅，画龙点睛。

(三) 分析研究材料，提炼科学观点

调查报告不但要有大量的事实依据，还要有作者的观点和结论。因此，在充分掌握材料的基础上，还必须对材料进行认真分析与研究，从中提炼出科学的观点。也就是说，要运用正确的思想和科学的方法对材料去粗取精、去伪存真，并进行由此及彼、由表及里的深入认识；要对材料进行分析、综合、归纳，从而发现事物内在的联系和本质特征，找出规律性的东西，形成科学的观点，用以指导工作。

优秀例文3-3

我校大学生读书现状调查报告

一、前言

"读书破万卷,下笔如有神""读万卷书,行万里路"。自古以来,读书成为人们修身养性的不二法宝。读书可开阔眼界,可增长见识,可陶冶情操,可升华思想。当代大学生作为未来社会建设的预备力量,肩负着时代和社会赋予的历史使命,在培养能力的同时,更应该多读书,从而掌握知识,增加知识储备。为此,我们特开展此次调查。

1. 调查目的:了解我校大学生的读书现状

2. 调查时间:2019年11月16日

3. 调查方式:问卷式

4. 调查地点:××××××

5. 调查对象:我校大学生,男生50%,女生50%

二、调查结果分析

现状一:读书时间少,阅读量少,选择盲目

调查显示,23.4%的人基本上不看书,37.3%的人平均每天读书时间在1小时以内,30.3%的人平均每天读书时间为1~2小时,只有9%的人平均每天读书时间超过2小时。当被问及每学期读书的本数时,37.4%的人表示会读2~4本,46.7%的人表示会读4~6本,只有15.9%的人表示会读更多。被问及如何选择书籍时,64.5%的人表示不知读什么书,更多时候会读别人推荐的或看过的书,27.8%的人以作者为选书依据,43.7%的人注重书的内容,32.5%的人看网上排名,28.6%的人看定价。

现状二:很多同学意识到读书的重要性,但在行动上相差甚远

调查显示,约86.7%的同学认为课外读书是非常重要而且有益的,但是在读书时间和读书量上没有体现。大多数同学只是打着丰富阅读量的旗号,其实并没有认真去阅读,只不过看看热闹而已,所以收获也不是很大;还有的学生以学习时间紧张为借口,而不去借阅课外书,放弃原来的读书计划。可见,同学们对读书的作用还没有全面且清醒的认识。有的人过于功利,只注重读书对自己的现时作用,却不懂得厚积薄发,读万卷书行万里路的道理;另有少部分人对读书的看法比较极端,认为只有读课外书籍才能学到真正有用的知识。

现状三:读书类型多种多样,针对性不强,效果不明显

通过调查发现,大多数同学喜欢看的书是杂志和通俗小说,女同学中56.5%的人平时的课外阅读对象是杂志,而男同学中67.6%的人的课外阅读对象是科幻小说。由于同学们读书目的不明确,没有结合自己的需求选择图书,使得读书内容过于零散、不成体系,在一定程度上影响了读书的效果。读书本应广泛涉猎,汲取各种营

养,但是同学们在读书时只选择一两类来读,没有真正博览群书,限制了自己的视野,久而久之,自己的见识与知识储备也没有得到应有的、更好的扩充。

现状四:读什么和如何读是主要困惑

在调查中发现,我校同学在阅读中的主要困惑是不知道读什么书和不知道怎么读,比例分别是46%和31%。在是否需要专家导读的调查中,56%的学生认为很需要和比较需要。这说明,交流图书资讯和加强专家导读是大多数同学的需求。

三、大学生读书现状成因

(一) 学生自身读书功利性的影响

事实上,急功近利的阅读习惯也在不少大学生身上有所体现。调查显示,每年临近全国四、六级英语考试,外文书库的借阅率要远远高于平时,全国计算机等级考试也使计算机类图书的借阅量成倍增长。临考急抱佛脚,考试过后这些书几乎无人理睬。我们走访校园各大书店时也发现,书店内摆在显眼位置、较为畅销的也往往是各类备考书。同时,消遣性的市场图书也受到不少大学生的欢迎,而一些古典严肃的经典文学艺术丛书遭遇冷落。盲目性也是目前大学生读书中存在的普遍问题。不少大学生并没有从中学被动的、以考试为中心的学习模式中走出来。学生们把读书当成专业学习之外的"课外"的事情,缺乏按照社会需求和个人兴趣系统进行知识配置的意识。

(二) 受众多外部因素影响,读书时间无法保证

作为在校大学生,并非每个人都可以在课业、交际和读书之间找到完美的平衡,影响大学生读书时间甚至读书心态的外部因素众多。调查结果表明,大学生很容易受这些因素的影响而缩短自己的读书时间和降低读书质量。很多同学认为,自己不经常读书的原因是受外部因素的影响,而对于这些因素,27%的同学认为是时间太紧,22%的同学认为是课业压力太大,21%的同学归咎于周围没有读书氛围。另外,12%的同学因为人际交往活动频繁而没有时间读书,8%的同学受家庭生活背景的影响没有阅读习惯,而5%的同学易受社会舆论的影响而改变自己的读书计划。种种数据表明,大学生自主排除外界干扰、坚持读书计划的能力还有待提高。

(三) 图书馆图书陈旧,导致借阅不便

通过调查发现,很多同学对于校图书馆的藏书提出很多意见。校图书馆很多藏书已经泛黄、破旧,而且很多当下流行的畅销书都没有及时补充,还有很多图书馆藏书都是老版和旧版,这些因素导致借阅不便。

四、改变读书现状的建议

(一) 端正心态,树立正确的观念

以前,大家总爱说"学以致用",但为什么学了都一定要用,一定要有立竿见影的成效呢?其实,我们对待阅读不应太功利,很自然、很平静地来阅读吧。当你

进入阅读的世界，它就会为你展开一片新的天地。如今，生活压力很大，各方面的诱惑也很多，我们更需要保持一块心灵的净土。哪怕每天读一篇文章，读一首诗，或者读几句话也行，只要养成习惯，阅读就会成为你生活中的一部分。在阅读专业知识书籍的同时，追求精神阅读也是一种很不错的选择。

(二) 明确定位，明智选择阅读书籍

兴趣爱好固然重要，但处于专业储备阶段的我们没有一定的专业素养是绝对不行的，在学习期间多读一些涉及专业知识的书籍，既有利于对专业知识的深入理解，又有利于更好地将所学知识应用到实践中去。另外，同学们应该合理安排自己的阅读时间，充分利用课余时间和假期多读书、读好书；还应养成良好的读书习惯，读书时该泛读的内容就泛读，该精读的内容就应静下心来细细品读，从而提高阅读效率。读书勿求多，而贵在精，贵在平时的积累。

(三) 增强校园读书氛围

首先，学校应重视学生的读书情况，营造良好的读书环境和氛围，除了整修扩建图书馆，还可将某个月或某个周定为读书月或读书周，开展多种活动，带动学生多读书、读好书。其次，学校可以公告的形式定期向学生推荐一些值得阅读的书籍。最后，学校应该鼓励和支持相关社团举办有关读书之类的活动，比如读书交流会、知识竞赛、知识讲座等。调查显示，有54%的人表示他们会关注相关活动，他们解释说，通过关注相关活动，有时能学到新知识，有时可借此明确读书方向，有时可引发读书兴趣。

(四) 充分利用图书馆

图书馆应及时添加新的书籍，满足学生的求知需要，书籍所涉猎的范围要尽量广泛；完善各项服务设施，方便学生在馆内长时间阅读；设立图书角，汇集同学们自有的书籍刊物，自由借阅，提高资源的利用率；通过展览和声像技术手段，介绍新书，展示专题文献资料；针对大学生的思想和生活实际，开展读书鉴赏等活动，指引、激发大学生潜在的阅读需求和阅读兴趣，调动大学生的学习积极性，提高大学生的文化修养及阅读鉴赏能力。例如，发动学校的专家、教授向学生推荐文献，提供导读书目，对有关书籍进行剖析，及时疏导流行热潮对学生购书、读书的误导和对热门网站的点击，引导学生多读书、读好书。

(五) 利用多种方式与手段，培养大学生的阅读能力

1. 利用多种媒体引导阅读

充分依靠和利用校报、广播、有线电视、橱窗、校园网和校内各社团的刊物等大众传播媒介，通过有关采访报道、交流对话等形式，从各个角度全方位地对大学生阅读提供直接帮助。新颖生动的读书心得和书评文章，通过有声广播、报纸文字、电视画面等途径的宣传，可以使大学生在潜移默化中受到启示，从而达到辅导

读者、提高大学生阅读品位、形成良好读书风气的目的。

2. 组织书评活动

通过组织书评活动，发挥书评的导向功能，用书评来进行正确的引导，以把握大学生的阅读倾向，帮助大学生辨析、判别文献信息内容的是非、真伪、优劣，并通过正确的舆论导向，把文献信息和大学生紧紧联系在一起，引导大学生阅读。

此外，大学生通过书评、网评了解有关信息，能激起阅读欲望，增强识别能力，从而学会在信息海洋中遨游，获得无穷的知识。

3. 发挥学生社团的作用

加强学生读书社团的建设和管理，成立由图书馆负责的学生读书团体，有效地支持、管理学生读书社团的活动，有组织、有计划地开展各种竞赛活动，使社团活动与阅读指导、讨论结合起来，引导学生"读好书、好读书"。

五、小结

读书是大学生不可忽视的重要学习方法和学习环节，发现自己在阅读中存在的问题并及时解决，对提高读书效率和水平至关重要。当代大学生应充分重视并从现在开始行动，养成良好的读书习惯，为自己将来适应社会发展打下坚实的基础。

资料来源：百度文库[EB/OL]. https://wenku.baidu.com/view/be9ebe7301f69e314332949e.html.

评析：这是一份典型的情况调查报告。标题规范，结构为"发文主题"+"文种"。正文前言写明了调查的起因、对象、范围。主体详述了问题、原因和对策。文章结尾提出问题的实质以及产生的原因，引人深思。整体层次分明，条理清楚。

写作模板3-3

××××的调查报告

××。(前言，或介绍调查目的、时间、地点、对象，或介绍调查的主要内容和观点)

一、××××××××××××××××(调查的基本情况，比如数据分析)

1. ×××××××××

2. ×××××××××

二、××××××××××××××××(通过分析得出各方结论)

1. ×××××××××

2. ×××××××××

三、××××××××××××××××(原因、问题)

1. ××××××××
　　2. ××××××××
　四、××××××××××××××××(对策、建议)
　　1. ××××××××
　　2. ××××××××

调查人(单位)：×××××
××××年××月××日

问题诊断

下面是一篇病文，试指出存在的毛病，并提出修改提纲。

课外阅读情况调查

　　阳光下、草坪上、教室里、图书馆……到处可以看见书不离手的大学生，他们脸上洋溢着满足自信的笑容。

　　"你课外阅读的主要目的是什么？""你最喜欢阅读哪种类型的书籍？""你平时看一本书用多长时间？"……前不久我们对大学生的阅读取向进行了一次访问式调查，目的是了解当代大学生读什么书、读多少书和怎样读书。

　　通过调查可知，部分学生的课外阅读目的主要是休闲。他们认为"平时专业课程的阅读量已经很大了，课外阅读当然选择内容较轻松的课外书籍，以缓解读书的压力"，这样的学生大约占44.9%；还有部分同学的课外阅读是为了拓展知识面，这样的学生所占比例较小，只有8%。

　　大学生不青睐具有专业知识的书籍是否合理呢？不少招聘企业都感慨现在的大学生专业能力薄弱，学以致用的能力较差。在学校期间不注重专业知识的积累和自身专业技能的训练，不阅读、不关注相关专业课外书籍，是造成这种现象的原因之一。

　　在回答"你最喜欢阅读哪种类型的书籍？"时，大多数学生选择报刊，报刊始终占据大学生阅读排行榜的首位。多数学生选择此类书籍的原因是"阅读起来方便"和"信息量大，来源广泛，易获得"。调查中发现，学校为学生免费提供的《文汇报》成为阅读人次最多的报刊，《青年报》《环球时报》《参考消息》《电脑报》《读者》有一定的市场。在阅读内容上，阅读新闻占61%，领先其他三项，阅读"生活信息及收集资料"占24%，阅读"文学作品"占16%，阅读"评论文章"占18%。

　　目前，大学生的阅读结构对大学生正确世界观、人生观的形成非常不利，急需正确引导。

提示：
1. 这篇调查报告各要素是否体现清楚？
2. 调查报告的主体部分材料是否充分？
3. 调查报告的意见和建议是否得体？
4. 文章的语言是否符合应用文语言的特点？

写作训练

请利用假期时间，以当前社会关注的问题，或校园里大学生关注的问题为主题，做一次调查，并根据调查情况，完成调查报告的写作。

可以小组为单位，注意小组成员的分工与合作。

语言训练

如何理解"没有调查研究，就没有发言权"这句话？

文化采撷

采风——西周的调查研究制度

中国古代形成制度的调查研究，首推西周的"采风"制度。所谓采风，就是周王朝通过天子巡守、专人调查和逐级上报等多种方式来了解民风、民情、民意。

1. 采风的目的

采风的目的之一是"观俗"。周王朝实行以礼治国的方针，礼就是制度的意思。如何制定和完善这种制度呢？周王朝统治者认为应"六日礼俗，以驭其民"，这里的"俗"就是指老百姓的生活习俗。周王朝建立采风制度的直接目的就是给王室提供调整"驭民"政策的信息和依据。

采风的目的之二是"观政"。周初统治者汲取殷商灭亡的教训，轻鬼神、重人治，改"以神为本"为"以民为本"。要重视人治，就需要掌握民情，进行调查研究。采风制度的设立，就是为了让统治者"不出牖户而知天下"，从中"观风俗，知得失，自考正也"。也就是说，通过调查研究能够了解民众对国家政治制度的批评意见，发现国家管理中的过失，以便及时进行调整。

2. 采风制度的具体内容

一是最高统治者定期深入民间搞调研，《礼记·王制》载："天子五年一巡守，岁二月，东巡守……命大师陈诗，以观民风，命市纳贾，以观民之所好恶……

五月，南巡守……八月，西巡守……十有一月，北巡守……"虽然五年开展一次调研未免太少，但巡守的地域很广，时间延续很长，内容也很丰富。

二是建立专门的"采风"队伍，犹如今天的专职"调研员"。朝廷指定的采风官员叫"行人"，有"大行人""小行人"及其下属"行夫"若干，说明这支调研队伍人数不少。由于行人巡行时必乘轺轩(一种快速轻车)，所以又称他们为"轺轩之使"。轺轩使者深入民间，"巡游万国，采览异言。车轨之所交，人迹之所蹈，靡不毕载"(郭璞《方言注》)，从民间获取原始的、鲜活的风俗民情资料。另外，西周时，朝廷还从民间年长者中遴选基层采风人员，据何休《春秋公羊传解诂》宣公十五年载，"男年六十，女年五十，无子者，官衣食之，使之民间求诗"。

三是建立定期采风并逐级上报调研材料的制度。据《汉书·食货志》："孟春之月，群居者将散，行人振木铎徇于路以采诗。"这是说孟春二月是行人例行的采风时间，他们采风所得，首先上报给周王室主管调查工作的"大师"，由大师处理后"以闻于天子"。那些基层采风人员，须将采风所得经由"乡移于邑，邑移于国，国以闻于天子"。

资料来源：安昱霏[EB/OL]. http://msx.snnu.edu.cn/info/1104/2190.htm，2020-04-28.

写作实训一

一、填空题

1. 我国最早的文章总集是_____。

2. 语言的_____是应用文和文学创作最大的区别。

3. 应用文的五要素是_____、_____、_____、_____、_____。

4. 应用文结构的特点有_____、_____、_____。

5. 应用文语言的特点有_____、_____、_____、_____。

6. 应用文常用的表达方式有_____、_____、_____。

7. 按照适用范围划分，最新的《条例》把党政机关公文分为_____种。

8. 党政机关公文根据行文方向不同可以分为_____、_____、_____。

9. 党政机关公文根据缓急程度可以分为_____、_____、_____。

10. 按照行文方向区分，告知性通知是_____文。

11. 批转性通知的行文规则是_____机关批转_____机关的公文。

12. 通报的种类有_____、_____、_____。

13. 请示的特点是_____、_____、_____、_____。

14. 报告的特点是_____、_____、_____。

15. 报告的种类有_____、_____、_____。

16. 函按照行文方向可以分为_____、_____。

17. 计划的正文分为_____、_____、_____、_____四个部分。

18. 总结按照内容和性质的不同可以分为_____、_____。

19. 请示应该_____，不能一文数事；一般有_____主送机关，需要同时报送其他机关的，应当用抄送形式，但不得抄送其下级机关。

20. 计划和总结这两种文书在写作时间上不同，计划往往在_____行文，而总结是在_____行文。

21. 计划的全称标题由_____、_____、_____和_____四部分组成。

二、选择题(单选)

1. "应用文的语言必须简洁明了，切忌不可冗长啰唆。"这句话的主要问题在于(　　)。
   A. 表达有歧义　　B. 语义重复　　C. 口语化　　D. 语气过硬

2. 下列不属于通用应用文的是(　　)。
   A. 行政公文　　B. 办公事务公文　　C. 个人事务公文　　D. 科学论文

3. 单位对外行文时，公文标题的形式是(　　)。
   A. 发文机关+事由+文种　　B. 发文机关+文种
   C. 事由+文种　　D. 文种

4. 工作报告中(　　)请示事项。
   A. 可以写上　　B. 不能夹带　　C. 必要时可写　　D. 可以夹带

5. 为维护正常的领导、指导、直接统属的关系，上行文一般采用(　　)方式。
   A. 多级行文　　B. 逐级行文　　C. 越级行文　　D. 视情况而定

6. 函主要用于不相隶属机关之间(　　)。
   A. 商洽公务　　B. 汇报工作　　C. 传递文件　　D. 交流感情

7. 公文的成文时间一般应当是(　　)。
   A. 负责人签发的日期　　B. 拟写公文的日期
   C. 印制公文的日期　　D. 上网的时间

8. 对公文负有主要答复办理责任的机关是(　　)。
   A. 制发机关　　B. 抄送机关　　C. 主送机关　　D. 行文机关

9. 关于公文正文的层次序数，下列说法中，正确的是(　　)。
   A. 第一层为"一、"，第二层为"(一)"，第三层为"1."，第四层为"(1)"
   B. 第一层为"(一)"，第二层为"1."，第三层为"(1)"，第四层为"①"
   C. 第一层为"一."，第二层为"(一)."，第三层为"1."，第四层为"①"
   D. 第一层为"一."，第二层为"(一)"，第三层为"1."，第四层为"①"

10. 转发性通知主要用于(　　)。

A. 印发本部门的文件

B. 批转下级文件

C. 转发上级、平级和不相隶属机关的文件

D. 转发下级的文件

11. 某公司任命王某为副总经理用(　　)发文。

　　A. 公告　　　　B. 通知　　　　C. 通告　　　　D. 总结

12. 告知性通知没有(　　)。

　　A. 时效性　　　B. 针对性　　　C. 约束力　　　D. 公信力

13. 下列属于事务文书范畴的文体是(　　)。

　　A. 公告　　　　B. 通知　　　　C. 通告　　　　D. 总结

14. 对短期内工作进行具体布置的计划,称为(　　)。

　　A. 规划　　　　B. 方案　　　　C. 设想　　　　D. 安排

15. 对过去工作进行回顾分析,并从中找出对未来工作规律性认识的有指导意义的事务性文书是(　　)。

　　A. 计划　　　　B. 总结　　　　C. 请示　　　　D. 申请

16. 跟计划相比,总结最突出的特点在于(　　)。

　　A. 指导性　　　B. 概括性　　　C. 回顾性　　　D. 可行性

17. 下列不属于获得直接材料方法的是(　　)。

　　A. 座谈　　　　B. 问卷　　　　C. 电话采访　　D. 查阅图书

18. 《关于大学生就业情况的调查报告》这个标题属于(　　)。

　　A. 文章式标题　B. 公文式标题　C. 提问式标题　D. 正副式标题

19. 典型经验材料侧重于介绍(　　)。

　　A. 怎么做　　　B. 做了什么　　C. 做得怎样　　D. 什么时间做

20. 调查报告通常采用(　　)叙述事实。

　　A. 第一人称　　B. 第二人称　　C. 第三人称　　D. 任何人称

三、选择题(多选)

1. 应用文写作的语体风格是(　　)。

　　A. 准确　　　　B. 简明　　　　C. 形象

　　D. 平实　　　　E. 庄重

2. 下列文种既可用作上行文又可用作下行文的是(　　)。

　　A. 通知　　　　B. 意见　　　　C. 函

　　D. 报告　　　　E. 批复

3. 计划正文部分的主要内容是(　　)。

A. 目标任务　　　B. 措施方法　　　C. 时间步骤

D. 执行部门　　　E. 执行要求

4. 公文发文字号的组成要素有(　　)。

A. 文种　　　　　B. 事由　　　　　C. 机关代字

D. 年份　　　　　E. 顺序号

5. 计划正文的主体内容应包含的事项有(　　)。

A. 目标　　　　　B. 措施　　　　　C. 背景

D. 步骤　　　　　E. 建议

6. 请示和报告的不同之处有(　　)。

A. 行文目的不同　　　　　　B. 行文内容侧重点不同

C. 行文时间不同　　　　　　D. 受文机关处理方式不同

E. 没有不同

7. 下列结语中，可用于呈报性建议意见的有(　　)。

A. 以上意见供领导决策参考　　B. 以上意见供参考

C. 以上意见请审阅　　　　　　D. 以上意见如无不妥，请批转各地执行

E. 以上意见请批准

8. 总结主体部分的内容包括(　　)。

A. 做法、成绩、经验　　　　B. 问题、教训

C. 今后的打算及努力方向　　D. 背景

E. 意见和建议

9. 请示的写作要求包括(　　)。

A. 一文一事　　　B. 单头请示　　　C. 不越级请示

D. 不抄送下级机关　　　　　E. 多头请示

四、判断题

1. 应用文的主旨提炼要吃透上级的指示精神，要吃透下面的工作实际。(　　)

2. 应用文有凭据和记载的作用，它是一种确定的文字记录。(　　)

3. 应用文是机构、团体、企事业单位之间协商、联系工作的一种手段，具有宣传教育作用。(　　)

4. 应用文作为一种实用文体，审美性是其根本特点。(　　)

5. 公文的成文时间一般以作者写作完的日期为准。(　　)

6. 所有的公文都要有主送机关。(　　)

7. 发文字号由发文机关名称代字、年份、序号组成。(　　)

8. 公文的主送机关就是受文机关。(　　)

9. 抄送机关是不重要的受文机关，可以随便排列。(　　)

10. 发文机关标志由发文机关全称或者规范化简称加"文件"二字组成，也可以使用发文机关全称或者规范化简称。（　　）

11. 为了便于受文单位理解和执行，在通知中可以大量举例和议论。（　　）

12. 情况通报中的情况陈述部分，应予详写，而且是越详细越好，所以可以大量使用描写、抒情等写作手法。（　　）

13. 报告可以在事前、事中或事后行文，请示必须在事前行文。（　　）

14. 为了减少不必要的行文，报告中也可以顺便带上请示事项。（　　）

15. 写请示，主要是摆情况、提问题、让领导表态，因此不便提出自己的意见和要求。（　　）

16. 请示标题中可用"请求""要求"之类的词语。（　　）

17. 请示应报送多个部门或领导人，这样会引起上级重视，问题可能解决得快一点。（　　）

18. 函是不相隶属机关之间相互商洽工作，询问和答复问题，或者向有关主管部门请求批准事项时所使用的公文。（　　）

19. 事务文书不一定要写明主送机关，所以其写作对象不必十分明确。（　　）

20. 计划的前言要回答"怎么做"和"做什么"的问题。（　　）

21. 调查报告的主要作用是反映问题，总结经验，揭示规律和提出建议。（　　）

22. 改进工作方案是计划的一种。（　　）

23. 调查报告与总结都是为了反映社会实践结果、总结经验，以指导工作，所以两者没有本质区别。（　　）

24. 计划文书是主观和客观的统一，不是纯主观的产物。（　　）

五、标题写作练习

(一) 标题修改

1. ××分行关于铺张浪费问题的通知
2. ××市人民政府关于批转省政府关于做好财务检查工作的通知
3. ××市人民政府转发劳动部、人事部、财政部关于发给离退休人员生活补助
4. ××分行关于请求购买汽车的请示报告
5. ××银行关于严格控制会议费规定的通知
6. 关于请求购买复印机的请示
7. 国务院办公厅关于表彰奖励中国女子足球队的通告
8. 国家旅游局关于批转国务院《旅行社管理暂行条例》的通知
9. ××省人大常委会关于发布《××省开发区管理条例》的通告
10. ××县人民政府关于将××风景区列为省级自然保护区的请示报告
11. ××大学2013年创双文明单位规划

(二) 标题拟写

1. ××元泽环境技术有限发展公司向××市环保局报送《2011—2013年度治理污染，保护环境规划》，请审批。

2. ××职业技术学院办公室发文给××大型超级市场经理办公室，协商市场营销专业毕业生去超市实习的有关事项。

3. ××公司针对××员工违反劳动纪律、违章操作，造成了公司财产重大损失，决定给予其开除厂籍处分一事发文。

(三) 注明下列标题的文种

1. ××大学关于今年招生工作情况的(　　　)

2. ××大学关于给予××同学警告处分的(　　　)

3. 中共中央办公厅、国务院办公厅关于印发《党政机关公文处理工作条例》的(　　　)

4. ××市供电局关于某一区域暂时停电的(　　　)

5. ××市交通局关于几起重大交通事故的(　　　)

6. ××区人民政府关于贯彻实施中央、省、市科技工作会议精神的(　　　)

7. ××研究所关于要求增加人员编制的(　　　)

六、改错练习

1. 指出下面这份公文存在的主要问题。

关于20××年招生计划的申报

市教育局：

教×发〔20××〕×号)文件《关于申报20××年招生计划的通知》已收到，我们对文件的精神进行了认真学习，大家一致表示要落实教育局的意见，积极发展高等职业教育，办好社会所需要的各种新型专业。经我校各院系研究，决定20××年招收本专科学生共3000名，另外根据用人市场需求，申报物业管理等3个新专业。特申报给你们，请审批。

附：1.《招生计划表》。

2.《物业管理等3个专业论证材料》。

×××大学

二〇××年×月×日

2. 指出下列公文的错误之处并进行改正。

关于经费的请示报告

××区人民政府、区财政局各位领导：

近期不法分子利用晚上等时间，对长龙山区块矿产资源进行非法挖采，如不及时采取措施，会进一步助长非法分子的开采活动。为切实保护好该区块的矿产资源，有效扼制非法活动，防止国有资源流失，经街道党工委研究，决定加大投入保护国有矿产资源的人力财力，加强打击力度。经初步预算，约需投入经费25万元。鉴于街道财政经费有限，请上级务必补助该项经费10万元。另外，由于人手有限，请增加5个编制，调进相关人员。

戚家山街道办事处 2019.7.10

3. 指出该份公文在内容和格式上的错误并把全文按正确的格式和内容重新写出。

××县人民政府转发县乡镇企业局
《关于加速发展乡镇企业的意见》的报告

各有关单位：

县人民政府同意县乡镇企业局《关于加速发展乡镇企业的报告》，现转发给你们，请遵照执行。

当前，全县乡镇企业呈现万紫千红、百花争艳的大好形势，县政府希望大家借这股强劲的东风，像园丁一样，辛勤耕耘我县乡镇企业园地，把我县工业生产推向一个新阶段。

特此报告

××县人民政府 2019年6月10日

4. 试指出以下公文在格式和文笔方面的毛病。

××市府公文　　　　　　　　（紧急）

(20)××市府发24号

××市人民政府严厉打击非法出版活动的通知

当前，我市一些地方非法出版活动十分猖獗，传播有害书刊和音像制品。这类出版物内容腐朽，大量宣传凶杀、色情和迷信，对群众特别是青少年的身心健康危害极大，严重地影响了社会主义精神文明建设，破坏了社会安定，已成为社会一大公害。对此，各级政府应采取有力措施，严厉打击非法出版活动。现将有关事项通知如下。

(以下略)

附件：如文

××市人民政府
2020年×月×日

主题词：出版，通知

抄送：

×市人民政府办公厅印　　　　　　　　　　　　二〇二〇年×月×日

七、写作练习

1. 请根据以下材料，以浙江省科学技术厅的名义，用规范的公文形式拟写一份会议通知。

为贯彻落实"十八大"和全省经济工作会议精神，全面总结2017年工作，部署2018年全省科技工作，经省政府同意，浙江省科学技术厅决定在省内各市、县(市、区)人民政府、科技局和各有关单位召开全省科技工作会议。

时间为2018年2月1日至4日上午，2月1日报到。地点是杭州之江饭店。参会人员：各市科协主要负责人，科技工作者骨干代表，各高校负责科技创新、科技研发工作副校长及骨干教师代表。

主要日程安排：2月1日，9：00—19：00报到。2月2日，8：30—11：30开幕式、报告；14：30—17：30专题讨论。2月3日，8：30—11：30报告；14：30—17：30专题讨论、闭幕式。2月4日，参观杭州电子科技大学。

以市为单位，要求各参会单位、人员将参会回执表于1月20日前报省科技厅办公室。联系人：张尚权，何森；电话：87054005；传真：87054005。

要求：参会人员需提交论文一篇，字数在8000字以内。各市科协负责人和高校主管科技工作副校长准备发言稿进行交流。费用：会务费2000元 (到杭州电子科技大学参观者2500元)。

该文件为浙江省科学技术厅2018年第5号文件，成文时间为2018年1月17日，第二天印发，文件附带参加全省科技工作会议的有关单位名单一份。

2. 请完成一份应用文写作学习总结。

课题四　求职实践文书

教学目标

　　知识目标：了解求职信、简历、述职报告等文种的概念、特点和写作要求；掌握求职实践文书的一般写法。

　　能力目标：能够熟练掌握求职信、简历、述职报告等文种的写作技巧；能够根据具体情况写出格式规范、感情真切、语言流畅的求职实践文书。

　　思政目标：培养学生自我认知、自我认可、自我营销的能力；培养学生的团队协作意识、工作统筹规划能力以及发现问题、总结经验的能力。

第一节　毛遂自荐，招贤纳士——求职信

求职信

　　1482年，31岁的达·芬奇离开故乡佛罗伦萨，来到米兰。他给当时米兰的最高统治者、米兰大公鲁多维柯斯弗查写了封求职信，希望谋得一个军事工程师的职位。这封求职信就是著名的《致米兰大公书》，以下为具体内容。

尊敬的大公阁下：

　　来自佛罗伦萨的作战机械发明者达·芬奇，希望可以成为阁下的军事工程师，同时求见阁下，以便面陈机密。

　　(1) 我能建造坚固、轻便又耐用的桥梁，可用来野外行军，这种桥梁的装卸非常方便。我也能破坏敌军的桥梁。

　　(2) 我能制造出围攻城池的云梯和其他类似设备。

　　(3) 我能制造一种易于搬运的大炮，可用来投射小石块，犹如下冰雹一般，可以给敌军造成重大损失和混乱。

　　(4) 我能制造出装有大炮的铁甲车，可用来冲破敌军密集的队伍，为我军的进攻开辟道路。

(5) 我能设计出各种地道，无论是直的还是弯的，必要时还可以设计出在河流下面挖地道的方法。

(6) 倘若您要在海上作战，我能设计出多种适宜进攻的兵船，这些兵船的防护力很好，能够抵御敌军的炮火攻击。

此外，我还擅长建造其他民用设施，同时擅长绘画和雕塑。

米兰大公收到此信后不久，就召见了达·芬奇。在短暂的面试后，正式聘用达·芬奇为军事工程师，待遇十分优厚。

仔细研究这封求职信，会发现它展现了求职者具备这样一些能力。

第一，适应时代需求的技能

米兰大公所处的环境强敌环伺，而达·芬奇可以提供进可攻、退可守的解决方案：

攻城拔寨，他可以提供云梯和铁甲；

固守城池，他可以提供大炮和投石机；

陆战打野，他能给你造桥，也能把敌人的桥拆了；

海上争霸，他能为你造出攻防技能满点的兵船。

这样的达·芬奇，即使没有得到米兰大公的赏识，也势必能在这样的时局中成为不可多得的人才。

第二，自信和清醒的自我认知

在求职信中，他用了六个"我能"，不卑不亢却气势磅礴地表达了自己的能力。他不像中国古代的君子讲究自谦，能清楚地知道自己擅长什么，以及如何用自己擅长的技能去撬动新的机会。

资料来源：360个人图书馆[EB/OL]. http://www.360doc.com/content/14/0921/18/7544182_411285161.shtml，2014-09-21.

求职文书反映的是一个人所具备的知识、技能、经验和态度。有一些朋友，明明有符合招聘条件的经验、技能、背景，却不能很好地展现出来，从而错失良机，让人惋惜。要想成功应聘，写好求职信非常重要。

知识卡片

一、求职信的含义

求职信是求职者以书信的方式自行举荐，提出求职要求，陈述求职理由，表达求职愿望的一种信函文书。

多数用人单位都要求求职者先寄送求职材料，通过求职材料，用人单位对求职者有一个初步了解后，再通知面试或面谈人选。因此，求职信写得好坏将直接关系到求职者能否进入下一轮角逐。为此，求职信要紧扣用人单位的录用标准，表述自己的求职动机和优势，让对方感到你是适合这份工作的人。

二、求职信的特点

(一) 针对性强

求职信要针对求职目标，针对用人单位的性质、特点和需求，突出自己某方面的特点和潜力，不说与求职无关的话。

(二) 态度谦和

求职信要充分展示自己的才智，既不能给人以高傲自大的印象，又要避免过分谦恭谨慎，给人以信心不足的印象，要不卑不亢、大方得体。

(三) 突出个性

求职信力求具有个性特征。在能力方面，要突出特长，展示自己与众不同之处；在语言表达和构思上，要匠心独运，展示文采和个人魅力，力求给对方留下较深的印象。

三、求职信的分类

根据有无具体目标，求职信可分为以下几类。

(一) 定向求职信

定向求职信是指毕业生在收集到需求信息后，有目的地向某个用人单位做的自我介绍。这种求职信是在求职者已经知道某单位用人的前提条件下写的，因此具有高度的针对性。正是由于这种定向求职信具有很强的针对性，所以命中率比较高。

(二) 非定向求职信

非定向求职信是指无具体的求职目标，不分职业、单位和对象，"广普"适用的求职信。因为它不针对具体的求职目标，因此可适用于不同的对象，但这种做法带有一定的盲目性，所以击中目标的机率相对来说比较小。

在大学生人才招聘会上，毕业生普遍使用的是第二种求职信。这种类型的求职信的作用主要在于向用人单位介绍自己的概况，让对方对自己感兴趣，以争取面试的机会。

四、求职信的作用

(一) 沟通交往，意在公关

求职信是沟通求职者和用人单位之间的桥梁。通过一定的沟通，在相互认识、交流的基础上，实现相互交往，是求职信的基本功能。实现交往，求职者才可能展示才干、能力、资格，突出其实绩、专长、技能等优势，从而得以录用。因此，求职信的自我表现力非常明显，带有相当的公关要素与公关特色。

(二) 表现自我，求得录用

求职者要实现自己的求职目的，必须充分扬长避短，突出自我优势，在众多求职者中崭露头角，以自己的某些特长、优势、技能等吸引用人单位。表现自我，也是求职信的又一基本功能。

五、求职信的写法

求职信包括标题、称谓、问候语、正文、落款和附件六部分。

(一) 标题

求职信的标题通常只有文种名称，即在第一行中间写上"求职信"三个字，要求醒目、简洁、庄重。

(二) 称谓

称谓是对收信人的称呼，写在第一行，要顶格写收信者单位名称或个人姓名，单位名称后可加"负责人"，也可以加准确的职务，个人姓名后可加"先生""女士""同志"等，在称谓后写冒号。

例如：

"×××贸易公司""×××软件开发有限公司""××××幼儿园""×××公司人事处""尊敬的×××人力资源部部长""尊敬的王先生"。

求职信不同于一般私人书信，收信人未曾见过面，所以称谓必须规范准确，做到礼貌、得体。

(三) 问候语

问候语的作用是对收信人表示礼貌与尊重，在称谓下一行空两格写上"您好"即可。

(四) 正文

正文是求职信的中心部分，应在此部分说明求职信息的来源、应聘职位、个人基本情况、实践经历及联系方式等事项。正文内容较多，通常分为开头、主体、结尾三部分来写。

1. 开头

开头写求职的缘由。开头表述力求简洁明确、干净利落。一般要求写出求职信息来源，表达求职意愿，明确应聘岗位。

例如：

近日在《××日报》获悉贵公司招聘会计两名。我毕业于××职业技术学院会计专业，能够胜任此项工作，故大胆投函应聘。

2. 主体

主体部分主要交代以下事项。

(1) 教育背景，技能培训经历，学术能力。详细介绍学校的名称、地点，所学的专业性质，主要的专业课程，已掌握的专业技能，获得的学位，取得的学习成绩，以此来突出你的学业优势。这部分内容表明你在学校期间的学习成果，可以证明你的学习能力和学业水平以及对本专业主要课程的掌握程度，是理论知识的综合表现。

例如：

在校期间，我主修电路、电子技术、信号与系统、数字信号处理、通信原理、无线电通信以及电子测量等相关课程。经过三年的专业理论知识学习，我取得了优异的成绩，各科成绩均为优秀，曾两次获得国家奖学金。我还利用业余时间参加了人力资源本科自学考试，已完成8门专业课的学习。

(2) 工作(实践)经历。工作经历是用人单位最为关注的方面，要尽可能把自己的工作经历、经验与将要应聘的工作岗位、招聘条件联系起来。

大学生的工作经历一般有三个方面：一是专业实训课程，高职院校一般都开设了相关专业的实训课程，无论是在实训基地还是在校内实训室，都应该按照实训教学的要求认真完成实训课程的学习，自觉将专业理论知识和实训工作紧密结合，培养自己的专业动手能力。比如，在学校期间是否参加过技能大赛，在技能大赛中怎样体现自己的专业技能和动手能力。二是积极利用各种假期打工实践，在实际的工作岗位中，锻炼工作能力，培养与团队的合作能力和沟通能力。三是在校参加社团活动，在社团的实践活动中锻炼自己的组织能力和交际能力。

例如：

在校期间，我积极参加实习实训活动，曾在2019年暑假期间到×××电子有限公司实习，参与了公司开展的"平安城市"住宅区安全监控系统工程解决方案的制定工作和施工现场的技术服务。工作中，我主动向公司前辈学习专业知识，积极参加一线施工，得到了同事的肯定和好评，获得了优秀实习生的称号。我热爱电子这一行业，在模拟、数字、高频、低频电路方面都有较扎实的专业基础知识，并且在实践活动中得到应用和巩固。我还积极参加学生社团，如大学生科协、"绿之源"协会，参与组织了协会的各类活动，在社团活动中培养了良好的团队合作精神和合作能力，沟通能力也得到了锻炼。

(3) 已经取得的职业资格证书、语言等级证书。职业资格证书是表明劳动者具有从事某一职业所必备的学识和技能的证明。它是大学生求职、任职的资格凭证，是用人单位招聘、录用劳动者的主要依据。

例如：

在校期间，我通过了大学英语四级考试，获得了计算机三级证书。我熟悉Windows操作系统，熟练掌握Office办公软件，能熟练运用Authorware、Powerpoint等软件。

(4) 自己的性格特征。

3. 结尾

求职信的结尾一般要表达三个意思：一是希望对方给予答复，盼望得到面试的机会；二是写明自己的联系方式，即详细的通信地址和联系电话，以方便用人单位联系；三是表示敬意、祝福，如"衷心祝愿贵公司事业蒸蒸日上"或"顺祝愉快安康、事业发达"等。

(五) 落款

求职者的姓名和成文日期写在信的右下方。姓名写在上面，成文日期写在姓名下面。姓名前面不必加任何谦称的限定语，成文日期要年、月、日俱全。

(六) 附件

附件是与求职信同时寄出的一些有效材料，如学历证、学位证、个人简历、成绩单、技能证书、获奖证书等相关的复印材料。附件不宜太多，但必须有分量，能够证明求职者的才华和能力。

六、求职信的写作要求

(一) 语气自然

写求职信就像说话一样，语气可以正式但不能僵硬；语言应直截了当、简单明了，不要引经据典。

例如：

一位求职者在求职信中写道："我希望过这样的人生，它在经历了无数场风雨后成为一道最壮丽的彩虹……请用您的目光告诉我海的方向……我渴望成为你们中的一员。"这样的文字确实很美，但不适合写在求职信中，也打动不了用人单位。

(二) 通俗易懂

写求职信要考虑读者对象的知识背景，不要使用生僻词语、专业术语。

(三) 言简意赅

在重点突出、内容完整的前提下，求职信应尽可能简明扼要，切忌面面俱到。

(四) 具体明确

写求职信时，不要使用模糊、笼统的字眼，多使用实例、数字等具体的说明。

例如：

"我学习成绩优秀"可以替换为"连续三年专业排名第一……"

"我热心志愿服务"可以替换为"三年参加志愿服务500余小时……"

知识扩展

求职信的礼仪常用语

对于饱读诗书的大学生来说，写一封谦恭有礼的求职信并不是一件难事。但是，如果想突破由"您好"加"此致敬礼"构成的礼仪用语框架，就应该掌握更多的信件礼仪用语。一般来说，这些用语主要体现在提称语、祝颂语、礼告语方面。

1. 提称语

提称语是用来提高称谓的敬语，它用在称呼之后，起提高称谓的作用。对于尊长或地位较高的人，通常可用"尊鉴""钧鉴""赐鉴""大鉴"；对于平辈可用"惠鉴""台鉴"；对于女士可用"芳鉴""淑鉴"；对于夫妇可用"俪鉴""同鉴"等。提称语要注意与称呼相一致，千万不要弄巧成拙。例如，如果对方是个老厂长，而你只是个初出茅庐的小伙子，应当写"×××厂长尊鉴"或"×××厂长赐鉴"，万不可写成"×××厂长台鉴"，否则不但闹了大笑话，你求职的努力可能也将付诸东流。

2. 祝颂语

较为普通、常见的祝颂语有"此致敬礼""祝您愉快""祝您健康"等。在求职信中用这些约定俗成的祝颂语，好处是放之四海而皆准，不大可能犯错误，但不免落于俗套。其实，简短的祝颂语也能体现一个人的水平，好的祝颂语更能表达对对方的良好祝愿。根据对方身份的不同，对尊长可写"敬请金安""叩请福安""恭请平安"，对平辈可写"即颂时祺""顺颂春(夏、秋、冬)祺""敬颂时绥"等；根据对方职业的不同，可采用"敬请(颂)……"的句式，对学界可写"学安""编安""撰安""文祺"，对商界可写"商安""商祺""筹安""财祺"，对政界可写"钧安""勋安"等。

3. 礼告语

礼告语就是礼告敬辞，是用在信件署名之后的礼仪用语。对尊长的求职信，署名后可选用"叩上""拜上""肃上""敬启"等；对于平辈，则可选用"谨启""敬上""拜启"等。

资料来源：忧文网[EB/OL]. https://www.unjs.com/fanwenwang/ziliao/23156.html，2019-01-01.

优秀例文4-1

求职信

尊敬的×××旅行社领导：

您好！请您在百忙之中抽出时间阅读我的这份求职材料，非常感谢您给我一次迈向成功的机遇和挑战。

我叫×××，××人，××学院旅游系旅游管理20××年本科毕业生。在大学学习期间，我系统地学习了旅游管理方面的专业知识，积极参加学校组织的各种社会实践活动，还利用假期在旅行社兼职导游，这使我的专业能力及职业技能有了极大的提升。在为期六个月的专业实习结束后，因本人的优异表现被评为"优秀实习生"，并初步具备协调、沟通及团队合作的素质。

在学习专业课的同时，我还辅修了法律专业，具备了一定的法律专业知识，取得法律辅修结业证书。英语已经通过Cet-4，并在20××年考取了全国导游人员资格证书。

在校期间，我担任过班级生活委员和团支书，在组织团支部工作中表现出色，曾获"优秀团支部"以及"个人优秀团干部"称号。曾经担任旅游协会常务理事以及计算机协会理事长，并和其他爱好计算机的同学共同创建×××网络工作室，主要负责财务管理和工程技术方面的工作，在工作中积累了一定的管理经验。同时参与了多个网站的策划和制作工作，具备网页设计、网站开发的能力和经验，具有一定的美工基础。我能熟练操作多种办公软件，掌握Vb语言编程，已经通过××省高校计算机二级考试(Vb语言)和全国计算机等级考试三级(网络技术)。

如今，我即将告别丰富多彩的校园生活，开启崭新的职业生涯，我渴望能在贵旅行社寻求到广阔的发展空间，并真切地希望能在您的领导下尽心尽力，尽职尽责，与旅行社荣辱与共！如蒙录用，定不负厚望！敬候赐复，由衷感谢！

最后，再次感谢您阅读此信，期待您早日答复并祝愿旅行社蒸蒸日上！

此致

敬礼！

求职人：×××
20××年×月×日

评析：这是一篇内容相对完整的求职信。语言通顺，情感真挚。需要注意的是，如果求职者有明确的求职意向，在第一段说明应聘岗位会更好。

优秀例文4-2

求职信

尊敬的领导：

  您好！今天我怀着对人生事业的追求，怀着激动的心情向您毛遂自荐，希望您在百忙之中给予我片刻的关注。

  我叫×××，将于2020年7月毕业于×××职业技术学院药品生物专业。三年来，在师友的严格教诲及个人的努力下，我具备了扎实的专业基础知识，系统地掌握了生物化学基础、药品化学基础、人体生理学基础、微生物发酵技术与应用、生物技术概论、生物技术制药、细胞培养技术与应用、功能性食品及加工技术等有关理论知识。我在学习上刻苦进取、兢兢业业，每个学期成绩都名列前茅，特别是烹饪工艺与营养专业必修课都达到90分以上。同时，我积极参加食品药品检验检疫专业学科相关的竞赛，并多次获得奖项。在各学科竞赛中，我养成了求真务实、努力拼搏的精神；在实践中，我加强自己的创新能力和实际操作动手能力。此外，我还自学了经济学和管理学，懂得经济学和管理学的基础，熟悉职场工作常用礼仪，具备英语基础的听、说、读、写等能力，普通话能力良好，能熟练操作计算机办公软件。

  本人在校期间认真学习专业知识，曾多次获得优秀学生奖学金。同时，积极参加学生社会工作，担任过学生会学习部部长，策划并组织过"大学生职业技能大赛""希望之星英语竞赛""实验操作技能竞赛"等大型学生课外活动，深受老师及同学们的认可，并获得过"三好学生"及"三好学生标兵"的荣誉称号，多次获得"社会工作积极分子"称号。在2018年新生入学之际，我也因领导和老师的推荐，担任生物技术专业的助理辅导员。

  大学三年，我深深地感受到，与优秀学生共事，使我在竞争中获益；向实际困难挑战，让我在挫折中成长。祖辈们教我勤奋、尽责、善良、正直；学校培养了我实事求是、开拓进取的作风。此时，我手捧笃诚求职之书，心怀自信真挚之念，期待贵单位给我一个机会，我会倍加珍惜。

  下页是我的个人履历表，期待面谈。希望贵单位能够接纳我，让我有机会成为你们大家庭当中的一员，我将尽我最大的努力为贵单位发挥应有的水平与才能。

  此致

敬礼！

求职人：×××
2019年11月12日

  评析：这篇求职信从基本情况、专业背景、技术技能、实践经历、个性特征等几个方面表达了求职者的职业诉求。内容清晰完整,是一篇值得借鉴的求职信。

问题诊断

下面是一位大学生的求职信,你认为这样写可以吗?

求职信

我是一名刚毕业的××大学本科生,我的学习能力和对知识的掌握很强,有一定的潜力。

投资——回报分析:

贵公司接收人才,每年的人才可能良莠不齐,既有良将,也不乏庸才,每一次聘任,就相当于投资,我与贵公司别的签约者类似,聘任我也算作一次出资,只不过,这次出资中,我能做到以下几点:

1. 降低公司的投资成本:工资待遇可由公司决议,视为专科水平或更低也可。

2. 增加投资风险保障:可以延长试用期,试用期在一年半以内即可,若在一年半后,我仍不能令公司满意,我自行离职。

3. 回报分析:我自己相信我是一个人才!我只能口头保证未来努力工作并达到贵公司人才标准,或可做得更好。

相对别的人才,我也许耽搁了许多的时间,大学时期,种种因素,许多东西我没有争取;大学结束后,我也照旧在学习,不想再让一些时光白白消逝。出于对弱者的怜悯或是遇见伯乐这些能令贵公司聘任我的理由我不在乎,在我看来,重要的是一次机会,还有一次机会之后我所证明的结果。我也全然理解贵公司拒绝我的理由,所以,若您觉得实在为难,那我欣然接受贵公司的决定。

提示:

1. 求职信的格式正确吗?
2. 求职信的内容是否齐备?
3. 求职信的语言是否合适?

写作模板4-1

求职信

尊敬的×××(称谓):

您好(问候语)!

我叫×××,毕业于×××,学习×××专业,从×××了解到贵公司正在进行人员招聘，我十分希望到×××部供职，希望与贵公司的同事们携手并肩，共创事业辉煌。

大学三年，我既注重基础课的学习，又重视对能力的培养。主修课程有×××、×××、×××、×××、×××、×××、×××、×××。此外，本人在校期间，通过了×××考试，获得×××级证书。系统学习了××××××技能，能够熟练掌握××××××××操作。为了拓宽自己的知识面，我还自学了××××××，掌握了××××××等应用程序。同时，我利用课余时间广泛地、有计划地涉猎大量书籍，如×××、×××，不但充实了自己，也培养了自己多方面的技能(**教育背景**)。

本人在校期间积极参与社会实践，担任过×××，策划并组织过"×××""×××"，深受老师及同学们的认可，并由此获得过"×××"及"×××"的荣誉称号(**实践背景**)。

本人为人××××××××××××××××××。如果有幸被贵公司录用，我将×××××××××××，在×××××××××××××××中发挥自己的专业特长，为公司的发展贡献自己的聪明才智(**性格特征、爱好、职业方向等**)。

感谢您在百忙之中给予我的关注，希望各位领导能够对我予以考虑，我热切期盼你们的回音，谢谢(**结束语**)。

此致

敬礼！

××职业技术学院：××

××××年××月××日

写作训练

李强是2020届毕业生，面对六百多万的毕业大军以及异常激烈的人才竞争，李强有些一筹莫展，但再难也要往前走，写好求职信是万里长征的第一步。

你是否与李强有同感？请你按求职信的写作要求，根据自己的专业与应聘企业要求，完成一篇求职信的写作。

语言训练

毛遂曰："臣乃今日请处囊中耳！使遂蚤得处囊中，乃颖脱而出，非特其末见而已。"毛遂的这句话你怎样理解？

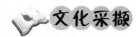文化采撷

李白写的最牛求职信，开头就成为千古名句

李白，被称为"诗仙"，在唐代文坛具有很高的地位，留下的千古名作也是数不胜数。李白生性洒脱豪迈，然而这种性格的人，也曾给韩朝宗写过一篇自荐信。

这篇自荐信的开头是这样写的：

"白闻天下谈士相聚而言曰：'生不用封万户侯，但愿一识韩荆州。'何令人之景慕，一至于此耶！岂不以有周公之风，躬吐握之事，使海内豪俊，奔走而归之，一登龙门，则声价十倍！所以龙蟠凤逸之士，皆欲收名定价于君侯。愿君侯不以富贵而骄之、寒贱而忽之，则三千之中有毛遂，使白得颖脱而出，即其人焉。"

相信大家都听过"生不用封万户侯，但愿一识韩荆州"这句话，想不到是出自李白的手笔吧！开头短短一段话，不仅把主考官夸了一遍，还推荐了自己，完美地展示了文采。

李白介绍自己时，言简意深，句句铿锵有力。

"白，陇西布衣，流落楚、汉。十五好剑术，遍干诸侯。三十成文章，历抵卿相。虽长不满七尺，而心雄万夫。皆王公大人许与气义。此畴曩心迹，安敢不尽于君侯哉！"

短短几十个字，李白把自己的身世经历、远大志向都叙述清楚了，还说明了自己想被推荐的原因。这封求职信堪称求职信的"教科书"。

李白接下来还设个套，说韩荆州功名堪比神明，又夸赞其心胸宽广、文章深不可测、礼贤下士。如此一来，如果主考官不给李白机会，似乎就说明这些赞誉是假的，这个套路真是够深的啊！

最后李白表示自己有真才实学，想要得到面谈的机会。那通过这封求职信，李白最后怎么样了呢？

很可惜，李白最后并没有被推荐。这封信虽然内容豪情万丈、气概凌云，然而并没什么实际作用。这也是李白仕途坎坷的一处印证。

资料来源：惯看秋月[EB/OL]. https://baijiahao.baidu.com/s?id=1618892679517337520&wfr=spider&for=pc, 2018-12-04.

第二节 德才兼备，勤勉乐业——简历

课前阅读

子曰："吾十有五而志于学，三十而立，四十而不惑，五十而知天命，六十而

耳顺，七十而从心所欲，不逾矩。"

——《论语·为政》

这段话描述的是孔子的成长过程，也可以认为这是孔子认同的人类个体理想的成长过程。

孔子认为，人在三十岁时，应该依靠自己的本领独立承担起自己应该承担的责任，并明确人生目标与发展方向，做到立身、立业、立家；四十岁时，咀嚼了世事的冷暖，感怀了岁月的无情，在经历了许多疑惑、彷徨、振奋、欣喜之后，变得更为理智与清醒，对外明白了社会，对内明白了自己，四十岁是为社会和家庭贡献最大的时期；到了五十岁，知道天命难违，懂得顺应通达，不怨天，不尤人，不懈怠，一切坦然面对；六十岁时，好话坏话尽管说，自己都听得进，顺应事物规律，不暴躁、不气馁、不悲伤、不退缩，做到宠辱不惊，始终如一；到了七十岁，可以完全顺应自己的想法，想做什么就做什么，却从不会违反规矩。

知识卡片

一、简历的含义

简历就是一个人简要的履历，是对个人学历、经历、特长、爱好及其他有关情况所做的简明扼要的书面介绍。它是现代社会人事档案的重要组成部分，也是考察干部、选拔任用人才等必须具备的一份重要资料。

简历是用于应聘的书面交流材料，它向未来的雇主表明自己拥有能够满足特定工作要求的技能、态度、资质和自信。成功的简历就是一件营销武器，求职者可以此争取到一次使自己成功入职的面试机会。

写好一份简历，单独寄出或与求职信等相关求职材料配套寄出，有助于成功应聘自己感兴趣的职位。参加求职面试时带上几份简历，既能为介绍自己提供思路和基本素材，又能供主持面试者详细阅读。面试之后，简历还可以供对方存入计算机或归档备查。

二、简历的特点

(一) 内容简洁

简历要用最少的文字、最精练的语言表述学习和工作经历。简历一般以一页为宜，如果要强调相关的工作经历，最好不要超过两个页码。

(二) 避免错误

简历好比你的脸面，一点错都不能犯，应避免出现印刷错误、语法错误及文字和标点符号错误等。

(三) 措辞明确

措辞不要含糊其辞，工作成果、业绩必须拿数据说话，量化自己的成绩，使用语句要有说服力。

(四) 诚实自信

充分介绍自己，不能夸张编造，但也不能过分谦卑。要结合用人单位的用人需求，有针对性地介绍自己，突出自己的求职优势。

(五) 文如其人

简历是求职者的脸面，用人单位通常会以简历为依据判断有无必要向求职者发出面试通知。一份高水准简历的特征之一，就是把简历中的个性描述与全文的形式、内容统一起来。

三、简历的写法

简历有多种书写形式，较为常见的是表格式和模块式。

在内容方面，简历通常由个人资料、求职意向、教育背景、社会实践及兴趣、爱好与个性等构成。

(一) 个人资料(又称基本信息)

个人资料包括姓名、性别、年龄、籍贯、出生日期、政治面貌、毕业学校、专业、学位、联系方式等。基本信息不一定全列出来，如果用人单位没有特别强调必须注明，列出主要信息即可。

(二) 求职意向

求职意向即求职目标或个人期望的工作职位。求职意向要明确，要写明应聘的具体部门和岗位。有的求职意向只写愿意在某一类单位从事某一类职位的工作，这使得求职意向指向不明、不专、不具体，让招聘单位感到求职者对应聘单位不了解且没有诚意。

(三) 教育背景

教育背景包括毕业学校及专业，在校期间所学的专业课程、取得的成绩、获得的表彰奖励以及资质证书，在学校期间担任的班级、学院或学校的干部职务及所做的主要工作等。

(四) 社会实践

如已有工作经历，则写明自己工作过的单位和职位，重点介绍工作经验及取得的成绩；如果是应届毕业生，就要结合自己专业及应聘岗位的需求，介绍自己的实习经历及经验，包括兼职工作及其他社会实践工作，以此表明自己已经具有一定的专业实操能力和经验，无须过长时间的培训。

近几年来，越来越多的用人单位渴望招聘到具有一定实际工作能力、管理能力、组织能力、沟通能力的毕业生，所以大学生在校期间就应注重对实践能力的培养，有目的地参加一些社会实践活动和课外活动，以丰富阅历、提高能力、增强竞争力。

(五) 兴趣、爱好与个性

兴趣、爱好要积极向上，最好能与专业或所从事的职业有关联，同时它也展示了应聘者的品德、修养。另外，有些兴趣和爱好如中文写作、外语及计算机运用等已成为一种基本的工作能力，书写时注意对其运用程度的表述。在团队合作的工作环境里，个性最好不要太突出，要具有团队精神，善于学习，懂得宽容，有奉献意识。这里要注意，我们描述的个性、爱好要尽可能与岗位需求相吻合，即使达不到一致也千万不能相悖。比如求职销售岗位，简历中描述的个性是性格内向，这会影响求职结果。

四、简历的写作要求

(一) 内容重点突出

不同企业、不同职位有不同的要求，求职者在应聘之前应尽可能多地了解与分析应聘企业与岗位，有针对性地书写自己的简历，突出自己的求职优势，表现自己的职业素养。

(二) 语言简明扼要、准确清晰

言简意赅，令人一目了然的求职简历是广受欢迎的，这也是求职者的工作能力、人文素养的直接反映。

(三) 信息传递有效

简历要明确求职意向，重点介绍与应聘岗位相关的有效信息，并且注意利用相关数据与实例增强信息的说服力。

(四) 文字书写无误

文字要准确、简练、质朴、得体。求职材料中最忌讳有错别字和不通顺的语句。招聘人员会将出现这种情况的求职简历第一时间淘汰，因为这是一个人文化素养的体现，文字表达不规范是求职材料的大忌。

优秀例文4-3

个人简历

基本资料	姓名	杜飞	性别	男	出生年月	1997年8月
	籍贯	江苏省邳州市	民族	汉	政治面貌	团员
	毕业学校	大连××职业技术学院			健康状况	良好
	专业	数控技术专业			身高	180cm
	联系电话	133××××××××			E-mail	×××××@163.com

(续表)

求职意向	数控机床加工操作
主要课程	零件的绘图与测量、金属材料与热加工基础、金属切削原理与刀具、机械设计基础、机床的拆装与调试、机械加工工艺文件的制订、使用计算机绘图、数控机床电气控制、液压与气动控制
专业技能	1. 计算机CAD绘图； 2. 掌握数控技术理论，能够进行数控加工与编程，如简单零件编程以及数控车床、数控铣床等； 3. 精修PLC课程，能够进行设计和PLC编程； 4. 掌握电工电子技术； 5. 机械制图以及简修机械设计，能够分析零件图纸
资格证书	高等学校英语应用能力考试A级证书 全国计算机信息高新技术考试中级操作员证书 数控车床(数控铣床、加工中心)中级技能等级证书
实践经历	1. 2018年3月，在大连机床厂实习，学习钳工、车工、铣工、刨工、数控、锻工、焊工、磨工等技术，学习掌握金属加工的主要工艺方法和工艺过程，熟悉各种设备和工具的安全操作使用方法。 2. 2018年12月，在大连固特异有限公司实习，担任制图员，能熟练操作数控机床及数控编程，擅长机械绘图，能够熟练使用AutoCAD、Pro/E、SolidWorks、Mastercam等软件进行绘图设计
曾获荣誉	2018—2019学年一等奖学金 2019—2020学年市政府奖学金
自我评价	为人坦诚、稳重，工作热情主动，责任心强，能吃苦耐劳，积极上进，具备良好的团队合作精神、人际沟通协调能力、解决问题和独立思考能力，有较强的动手能力

评析： 这是一篇常用的个人简历，从基本资料、求职意向、主要课程等几个方面搭建简历模板，涵盖了企业面试时希望了解应聘者的各个方面。格式规范、层次清晰，是一篇非常好的个人简历模板。

写作模板4-2

个人简历

姓名		出生年月	年　　月	
性别		政治面貌		
籍贯		民族		照片
专业		学历		
毕业院校				
联系方式				
求职意向				

(续表)

教育背景	
专业技能	
获奖情况	
资质证书	
实践经历	
自我评价	

写作训练

请结合你的专业、你喜欢的岗位，完成一份个人简历。

语言训练

"在努力耕耘的过程中，不必去关心别人的冷眼或喝彩，而只要自己尽力而为。"请结合罗曼·罗兰的这句话谈谈你的简历中最精彩的一段经历，谈谈你的心路历程。

文化采撷

名人的自我介绍

舒舍予，字老舍，现年四十岁，面黄无须。生于北平。三岁失怙，可谓无父，

志学三年，帝王不存，可谓无君。无父无君，特别孝爱老母，布尔乔亚之仁未能一扫空也。幼读三百篇诗，不求甚解。继学师范，遂奠教书匠之基，及壮，糊口四方，教书为业，甚难发财，每购奖券，以得末彩为荣，示甘于寒贱也。二十七岁发愤著书，科学哲学无所成，故写小说，博大家一笑，没什么了不得。三十四岁结婚，今已有一男一女，均狡猾可喜。闲时喜养花，不得其法，每每有叶无花，亦不忍弃，书无所不读，全无所获并不着急。教书做事均甚认真，往往吃亏，亦不后悔。如此而已，再活四十年也许能有点出息。

评析： 笔调朴实、幽默，把自己的成长历程、爱好、家庭状况等一一道出，如同一位长者坐在读者面前娓娓道来，妙趣横生而又不失庄重，真乃语言大家也！

方成

方成，不知何许人也。原籍广东省中山市，但生在北京，说一口北京话。自谓姓方，但其父其子都是姓孙的。非学画者，而以画为业，乃中国美术家协会会员，但宣读论文是在中国化学会。终身从事政治讽刺画，因不关心政治屡受批评。

评析： 句句都似矛盾，而幽默情趣也就隐藏在这一系列的"矛盾"之中，读来令人忍俊不禁、拍案叫绝！

启功

中学生，副教授。博不精，专不透。名虽扬，实不够。高不成，低不就。瘫趋"左"，派曾"右"。面微圆，皮欠厚。妻子亡，并无后。丧犹新，病照旧。六十六，非不寿。八宝山，渐相凑。计平生，谥曰陋。身与名，一齐臭。

评析： 这篇自我介绍以三字成句，语言诙谐幽默，语句押韵，读起来朗朗上口，令人印象深刻。

黄永玉

余年过七十，称雄板犟，撒恶霸腰，双眼茫茫，早就歇手；喊号吹哨，顶书过河，气力既衰，自觉下台。残年已到，板烟酽茶不断，不咳嗽，不失眠数十年。嗜啖多加蒜辣之猪大肠、猪脚及带板筋之牛肉，洋藿、苦瓜、蕨菜、浏阳豆豉加猪油渣炒青辣子、豆腐干、霉豆豉、水豆豉，无一不爱。爱喝酒朋友，爱摆龙门阵，爱本地戏，爱好音乐，好书。讨厌失礼放肆老少，尤其讨厌涎皮涎脸登门求画者，逢此辈必带其到险峻乱木山上乱爬，使其累成孙子，口吐白沫说不成话，直至狼狈逃窜，不见踪影。不喝酒，不听卡拉OK，不打麻将及各类纸牌。不喜欢向屋内及窗外扔垃圾吐痰。此屋亦不让人拍电影及旅游参观。

评析： 如此自传，真是令人忍俊不禁！展颜之余，不禁让人发出一句赞叹：真是语言健将！

琼瑶

籍贯湖南，体重49公斤，1938年4月20日生，属虎，O型血，不抽烟，不喝酒，不爱运动。最爱紫色，最爱冬季，最喜深夜，最爱吃柳丁。怪癖是不爱被陌生人拍照。基本个性——好胜，不服输，别人认为我做不到的事，我一定要试试。

评析： 言简意赅，内涵丰富，作者的宏观概括能力可见一斑。

资料来源：刘凯[EB/OL]. https://new.qq.com/omn/20191213/20191213A0MLOZ00.html，2019-12-13.

第三节 出口成章，能言善辩——演讲稿

课前阅读

(交战)每一方都在寻求一个快速的、不伤根本的胜利。双方都读同一本圣经，向同一位上帝祷告，求祂的帮助。看起来真是奇怪：一些人竟企求上帝让别人流汗而使自己可以得到面包。但是，不要让我们论断，如果我们自己不想被论断的话。双方的祷告不会同时被回答，任何一方的祷告也不会被完全应允。全能的神自有其旨意。"祸哉世界！因着必来之罪；祸哉此人，罪因其而来。"如果我们假设，美国奴隶制度乃是众罪之一，此罪到了期限，神便定意除去这个制度，引发这一场可怖的南北战争，因为灾降于那些罪因其而来的人身上，如同以往圣徒所描写的神的属性，神的作为难道会有任何偏差吗？我们热切地盼望、恒切地祷告这场惩罚性的战争得以迅速地远离我们而去。然而，如果神定意让战争持续下去，直到我们所有奴隶在两百五十年间没有报酬、困苦劳动之下所积累的财富毁去，直到每一滴皮鞭上的血迹被报之以刀下每一条冤魂，就如同我们在三千年前所说，而今天仍要再说的那样："主的审判信实，合乎公义。"

不以恶待人，而以仁爱相处。当神开启我们的眼，得见公义时，我们必须持守公义。让我们全力以赴，完成我们手中的工作，医治国家的创伤，并照料在战场上承受苦痛的人，和那些寡妇、孤儿，不忘记关怀他们。让我们竭尽全力，达成在我们中间，及众民族之间的永久的公义和和平。

——选自林肯总统就职演说

我能奉献的唯有热血、辛劳、泪水和汗水。我们所面临的将是一场极为残酷的考验，我们面临的将是旷日持久的斗争和苦难。你若问我们的目标是什么？我可以

用一个词来概括，那就是胜利。不惜一切代价去夺取胜利，不畏惧一切恐怖去夺取胜利，不论前路再长再苦也要夺取胜利，因为没有胜利就无法生存！我们必须意识到，没有胜利就没有大英帝国，没有胜利就没有大英帝国所象征的一切，没有胜利就没有多少世纪以来强烈的要求和冲动：人类应当向自己的目标迈进。此刻，我的精神振奋，满怀信心地承担起自己的任务。我确信，只要我们大家联合，我们的事业就不会挫败。此时此刻，千钧一发之际，我觉得我有权要求各方面的支持。我要呼吁："来吧，让我们群策努力，并肩迈进！"

——选自丘吉尔演讲

美国前总统林肯是著名的演说家，他在就任第16届总统时，把自己锁在屋里，摒弃一切干扰，写成了美国最有历史意义的就职演说。丘吉尔被誉为"世界的演说家"，而他却有许多先天不足，身高不足165厘米，没有堂堂的仪表、翩翩的风度，说话结结巴巴、口齿不清。但他依靠自己坚韧不拔的毅力和勤奋好学、刻苦钻研的精神，最终成为举世闻名的演讲家，成功地登上了首相宝座。对于他的成功，他的儿子一语中的："我的父亲把一生最宝贵的年华，都花在写演讲稿和背诵演讲稿上。"

可见，写作演讲稿对演讲成功有多么重要。可以这样说，写好演讲稿是演讲成功的关键，也是一个成功的演讲者所应该具备的基本功。

知识卡片

一、演讲稿的含义

演讲稿又称演讲词，是演讲者在较为隆重的仪式上和某些公众场合所发表的讲话文稿。演讲稿是演讲的依据，起着梳理演讲者思路、提示演讲者内容和形式的重要作用。它可以用来宣传演讲者的主张，交流思想、感情，可以用来介绍演讲者的学习、工作情况和经验，也可以用来提出号召和倡议。

二、演讲稿的特点

(一) 针对性

所谓针对性，首先，应考虑听众的需要，提出的问题应是听众关心的问题，所讲的内容要能让听众心悦诚服地接受，这样才能产生应有的社会效果；其次，应注意演讲的环境气氛，"公共场合"也有不同的类型，如党团集会、专业性会议、服务性俱乐部、学校、社会团体、宗教团体等，写作时应根据不同场合和不同对象，为听众设计不同的演讲内容。

(二) 可讲性

演讲的本质在于"讲",而不在于"演",它以"讲"为主,以"演"为辅。如果说有些文章和作品主要通过阅读欣赏领略其中的意义和情味,那么演讲稿的要求则是"上口""入耳",即对演讲者来说应可讲,对听讲者来说应好听。注意少用长句,应使句子简短,句式富于变化,语义清楚,声调顿挫。

(三) 鼓动性

演讲是一种有声音的感染艺术,要能激发听众的情感,使听众的思想为之震动,精神为之振奋,情绪为之激昂,热血为之沸腾。要做到这几点,演讲稿的思想内容应丰富、深刻;讲解应精辟,有独到之处,发人深思;语言表达要形象、生动,富有感染力。

例如:

北伐战争开始前夕,国民革命军总司令部在广州请瞿秋白先生给全军政工人员作演讲。与会者对瞿秋白先生演讲的名气早有耳闻,都把这次演讲当作一次难得的学习机会,做好了详细记录的准备。然而,出人意料的是,瞿秋白走上讲台只说了一句话:"宣传关键是一个'要'字,鲁智深三拳打死镇关西,拳拳打在要害上。"

一句话,26个字,当瞿秋白走下讲台时,全场愕然。寂静了几秒后,全场爆发雷鸣般的掌声。

评析:这26个字的演讲,有着巨大的鼓动性和号召力,有着宏伟的气势和犀利的词锋。其内容,有的放矢,恰如其分;其气势,如火山爆发,似惊雷落地;其措辞,既有感性的抒发,又有理性的概括。这算得上演讲中的经典之作,充分体现了应用文的表达技巧。

三、演讲稿的写法

演讲稿由标题、称谓和正文三部分构成。

(一) 标题

演讲稿的标题要求贴切、简洁、醒目,通常有以下几种写法。

(1) 揭示主题式,如《中国开放的大门不会关闭,只会越开越大!》。

(2) 揭示背景式,如《在马克思墓前的讲话》。

(3) 运用修辞式,如《红绿灯下赤子情》。

(4) 提出问题式,如《就业的砝码何在》。

(5) 饱含激情式,如《友谊,让我们一生守候》。

(6) 名言警句式,如《先天下之忧而忧,后天下之乐而乐》。

(二) 称谓

称谓一般在第一行顶格位置。演讲者的称谓要视现场而定，通常用"朋友们""同志们"等泛称。如果是竞赛演讲，还可以用"各位评委"。一般要在这些称谓前加上"尊敬的"等敬语，以示对听众的尊重。

(三) 正文

正文包括开头、主体和结语三部分。

1. 开头

开头即演讲稿的导入部分，它要求营造一种演讲气氛，抓住听众心理，让听众把注意力投入演讲中去。一般来说，开头都要求开门见山，开篇点题，起到提纲挈领的作用，常见的有以下几种形式。

(1) 奇思妙想式。听众对平庸的论调一般都置若罔闻，无法激起兴趣。倘若演讲者用奇思妙想的观点、语言引出演讲，造成"此言一出，举座皆惊"的艺术效果，会立即震撼听众，激发听众深入领会演讲内容的兴趣，有助于实现观众和演讲者的共鸣。

例如：

美国一家广播公司在宣传无线电作用的科普演讲中这样开头："各位可知道，一只苍蝇在纽约一块玻璃窗上行走的细微声音，可以用无线电传播到中非洲，而且还能使它扩大成像尼亚加拉大瀑布般惊人的声响。"

评析：这则广播演讲选择普通人难以想象也不会付诸实践的角度宣传无线电的特殊效能，构成了独特的开场白。

(2) 开门见山式。直奔演讲主题，揭示演讲的中心思想。

例如：

尊敬的领导，亲爱的同志们：

我从17岁开始从事羽毛球运动，至今已经14年了。

在这14年里，我有过成功的经验，也有过失败的教训；有过当世界冠军的喜悦，也有过败北的痛苦。

今天，我不想炫耀自己如何"过五关斩六将"，而只打算认真地谈一谈"走麦城"。

评析：著名羽毛球运动员韩健在他载誉归来的汇报演讲中就采用了开门见山式的开场白。这种方式的开场白适用于较为正规、庄重的应用性演讲场合，它要求演讲者具有较好的概括能力。

(3) 自嘲幽默式。演讲者在开场白里也可以提到自己，这同样是一种较快实现与听众心理互动的方式。不过，说到自己时，不可用与说到听众时相同的赞美口吻；相反，可以用揶揄的、自我解嘲的口吻，但也不必太过分，应让人感到这种自我解嘲中的乐观情绪和幽默感。

例如：

我呢，有一个谈了八年的男朋友，当朋友知道我们俩分手之后，就嘲笑我说："哟，八年抗日战争都胜利了，你还没胜利啊。"对，没有错，今年我二十六岁，在我十六岁到二十四岁这段人生时光里，都是由这个男人霸占，我们俩的起源来自最烂大街的那种偶像剧剧情，就是跟朋友打赌。有一天晚自习，我身边的女孩闲得无聊就跟我说："哎，敢不敢那个啥，追隔壁班的谁谁谁呀？只要你敢追，马上给你买十块钱的鸡柳吃。"我一听有肉吃啊，就说："好呀，你说了呀，要是追上你不给我买，你给我记着！"于是，我开启了我人生第一次追男生的不归路。

评析： 这是王濛在《超级演说家第三季》第4期的励志演讲稿。这段开场白用幽默的方式引出演讲的主题"没肉的爱情"，既调侃了自己"爱在囧途"，又表达了演讲者理智、清醒又云淡风轻的爱情观，能够吸引听众深入领会。

(4) 故事笑话式。故事开场白是通过一个与演讲主题有密切关系的故事或事件作为演讲的开头。这个故事或事件要有人物，有细节；要短小，不然就成了故事会；要有意味，令人回味无穷；要与演讲内容有关。

例如：

去年5月24日的《新民晚报》披露了这样一个事实：一个四年级的小学生，每天要带父母亲手剥光蛋壳的鸡蛋到学校吃。有一次，父母忘了给鸡蛋剥壳，差点憋坏了孩子，他对着鸡蛋左瞅右看，不知如何下口，结果只好原蛋带回。回家后，父母问他怎么不吃蛋，他的回答很简单："没有缝，我怎么吃？"

评析： 这是周光宁的演讲《救救孩子》的开场白。周光宁通过小学生不会剥鸡蛋这样一则新闻报道开头，把听众带入他的演讲主题：全社会要重视培养孩子独立生活的能力和战胜困难的勇气。故事式开场白容易调动听众的注意力，对语言技巧的要求也比较简单，故初学演讲者特别适合选用故事式开场白。

(5) 引经据典式。演讲开场白也可以直接引用别人的话，为展开自己的演讲主题做必要的铺垫和烘托。

例如：

大家好，我是董卿。今天，是朗读者节目第一次和观众见面，所以，我们第一期节目的主题词，也特意选择了——遇见。

古往今来，有太多太多的文字，在描写着各种各样的遇见。"蒹葭苍苍，白露为霜，所谓伊人，在水一方"，这是撩动心弦的遇见；"这位妹妹，我曾经见过"，这是宝玉和黛玉之间，初次见面时欢喜的遇见；"幸会，今晚你好吗"，这是《罗马假日》里，安妮公主糊里糊涂的遇见；"遇到你之前，我没有想过结婚，遇到你之后，我结婚没有想过和别的人"，这是钱钟书和杨绛之间，决定一生的遇见。

所以说，遇见仿佛是一种神奇的安排，它是一切的开始。也希望从今天开始，《朗读者》和大家的遇见，能够让我们彼此之间，感受到更多的美好。

评析：《朗读者》的开场白可以这样来评价：这是教科书级开场白，流畅的文字直击人灵魂深处，又给人以美的享受。在这样的文字中，作者围绕主题，引经据典，增加了演讲的文采和吸引力。

(6) 提出问题式。通过提问，引起听众的思考。

例如：

我是法学院的一名学生，我的每一门课的教授都在他的课堂上讲过这样一句话，他们常常说："法律是这么规定的，但是现实生活中……"现实生活是一种很神奇的生活，在现实生活中，那些尊重规则的老实人，往往一辈子都默默无闻，反倒是那些弄虚作假的人会名利双收。于是乎，对于像我这样的年轻人，就经常有那些看着很有经验的前辈过来拍拍你的肩膀跟你说，年轻人，你还不懂。我想问的是，我们年轻人能为这个世界做什么？

评析：这是刘媛媛在《超级演说家第二季》的一篇演讲的开头。这样的提问，既提出了自己的观点，又引发了现场年轻人的思考，同时将观众吸引到演讲者接下来的演讲内容中，大家都很想通过聆听演讲一探究竟。

2. 主体

演讲稿的主体部分是指开头与结尾之间的文字，是一篇演讲稿的躯干和重点，它直接关系演讲的成功与失败。就演讲稿的特点来说，其主体部分的写作，难于一般文章主体部分的写作。对于演讲稿的主体结构，有以下几点基本要求。

(1) 紧承开头。开场白提出了问题，主体就要紧接着加以论述。如果开头提出了一个问题，主体却去讲另一个问题，就会上下脱节、接不上茬，势必会造成整篇演讲结构松散，甚至文不对题。

(2) 选好重点。任何一篇演讲稿都有重点和非重点，主要部分和次要部分。一篇演讲稿如果没有重点、没有主次，那么，无论是演讲者还是听众都会抓不住要领。演讲稿的重点是指那些能体现演讲中心和目的，蕴含深刻思想与充满感情的段落和语句。演讲稿主体的重点包括部分、层次、段落、小的层次、语句等以及与非重点内容的主次关系。

演讲稿主体的重点，随着演讲内容的不同而有所不同。就整篇演讲稿来说，重点在篇首的很少，绝大部分在主体中，也有的在篇尾。无论在哪个部分，重点表现在一两个词句上的很少，绝大部分集中在由几个段落结合而成的一个层次、一个部分，或集中在一个层次、一个部分的几个段落中。

(3) 表明层次。层次，是演讲稿思想内容的表现次序，它既体现了演讲者思维进程的阶段性，又反映了演讲者对客观事物的认识过程。演讲稿划分层次的方式主要有以下几种。

第一种，平行并列。这种讲述层次安排的特点是对演讲中心所涉及的几个主要问题分别进行讲述。几个层次之间的关系是平行并列的，它们从不同角度来表现演讲中心，或从不同侧面去共同论证某一个论点。

例如：

在平凡的岗位上坚守初心

有一首诗中曾经说过："身在井隅，心向星光，心有自在，便是远方。"作为一名共产党人，坚守平凡的岗位，用奋斗的精神、坚守的执着、淡看功名的胸襟，为社会(可改为地名)的发展贡献自己的力量，就是我心中的远方。

在平凡的岗位坚守初心，要有成功必定有我的奋斗精神……

在平凡的岗位坚守初心，要有功成不必在我的淡泊情怀……

在平凡的岗位坚守初心，要有化作春泥更护花的坚定信念……

评析：这就是围绕一个主题从三个侧面去诠释的演讲稿。

第二种，正反对比。这种讲述层次力求在分论点与分论点之间、段落与段落之间形成一正一反的对照，使听众从两种事物的不同或对立中辨明谁是谁非，认识中心论点的正确性。

第三种，层层深入。这种形式力求使分论点、段落之间层层深入，层层推进。所谓层层深入，即分论点、段落之间必须有严密的逻辑关系，先讲什么，后讲什么，顺序不能随意变动。这种讲述方式一般分为两步递进、三步递进或四步递进。

例如：

干在实处、走在前列、勇立潮头

习近平总书记在2016年G20杭州峰会上概括"浙江精神"时提出"干在实处、走在前列、勇立潮头"，浙江人民依靠这种精神，运用智慧、活力和首创，坚持以"八八战略"为总纲，一任接着一任干，一张蓝图绘到底，在各方面都取得了重大成就，为完善和发展中国特色社会主义制度、推进国家治理体系和治理能力现代化提供了诸多"浙江探索""浙江经验"。

一、"干在实处，永无止境"，就是要在新起点上自我加压、砥砺奋进，撸起袖子加油干……

二、"走在前列，要谋新篇"，就是要在新起点上争当前哨先锋、敢于先行先试，不断取得新突破、开辟新境界。要推进"八八战略"再深化、改革开放再出发的着力点，不断开拓进取，努力谋好新篇……

三、"勇立潮头，方显担当"，就是要在新起点上扛起使命和责任，追求新时代的大担当、大作为……

站在新的历史起点上，党员干部要勇于挑起担子，提高本领，干事创业，攻坚克难。既要有翻篇归零再出发的心态，又要有舍我其谁志更坚的担当，勇立潮头，飞向新高，将自我融入浙江发展的大潮中去。

评析： 这篇演讲就是观点逐层递减，分别从自身、岗位和时代三个角度阐述观点。

上文介绍的是演讲稿主体部分安排层次的几种基本方法。这些方法并不是机械死板或互相孤立的，在具体运用时，应综合使用，富于变化。

写演讲稿的主体部分，安排讲述层次时容易犯的错误主要有：一是划分层次的内容分散或不准确；二是次序排列混乱。要防止这些错误，演讲稿的写作者要认真观察和分析客观事物及其内容联系，透过现象把握本质，从主体的需要出发，恰当地安排讲述的层次。

 知识扩展

演讲时需注意的事项

一、撰写讲稿

根据演讲专题，确定"讲什么"和"怎样讲"。

"讲什么"就是确定演讲的立意和选材，"怎样讲"就是确定演讲的语言和

结构。演讲的立意应该鲜明、集中、独到、新颖，演讲的选材应该鲜活、生动、典型、恰当。例如，一位演讲者参加"21世纪，我为祖国做什么"的专题演讲，选择了一个很小的切入点——环保，从"我们每一个人开始"，因为有针对性和说服力，获得了成功。演讲稿主要是靠口头语言传达信息，而不是书面语言，因此，你在撰写演讲稿时，不妨边讲边写，使演讲语言朗朗上口，适合于口头表达。

那么，演讲稿的主题选取原则有哪些呢？

1. 主题要正确、科学。主题正确、科学指的是演讲稿确立的主题要符合客观实际，符合党和国家的方针、政策和法律法规。

2. 主题要旗帜鲜明。旗帜鲜明是指听众一听就知道演讲者的思想和意向是什么，演讲者的感情态度是什么。这样有助于听众了解演讲者的思想脉络，从而决定听众的态度。

3. 主题要体现积极的精神。演讲时，只有体现积极的精神，才能鼓舞听众，感染听众，从而得到听众的认同。

4. 主题要有时代感。我们现在处于一个改革开放的伟大变革时代，演讲稿确立的主题一定要符合这一时代精神，即主题要体现改革、创新、法制、市场经济、与时俱进等思想意识，因为这些思想意识体现了时代精神。

二、熟悉讲稿

熟悉讲稿，最好能背诵讲稿，这是演讲成功的重要条件。

善于演讲的法国总统戴高乐的经验之谈是"写下讲稿，把它记在脑子里，然后把它扔了"，许多演讲者的切身体会是"无稿不上台，上台应无稿"。在反复诵读讲稿时，对演讲的内容、语言和结构可能会产生新的感受，你不妨记下这些感受，以进一步完善讲稿。

熟悉讲稿，并非像人们想象的那样死记硬背。逐字逐句地记诵总是弊多利少，甚至可能导致演讲失败。一心只背讲稿，老想着下一句是什么，紧张时就会"卡壳"。即便能从头背到尾，整个过程也会平淡无奇，因为演讲者根本没有心力照顾现场。

其实，通过认真、反复地思考去把握演讲的内容和讲稿的结构，才是适当有效的方法。首先想想自己要讲的内容涉及几方面的问题，哪个问题是中心，讲稿中先说什么、后说什么，哪里详、哪里略，心中要有讲稿的大体框架。其次，想想临场的情况，做些必要的设想。比如，现场发生了出乎意料的情况应该怎样应对，怎样一上台就控制场面，吸引听众。有经验的演讲者，常常要设计一个或几个开场白，供临场选用。

熟悉讲稿，认真思考，把演讲的准备工作推进了一步，紧接着便是讲练。许多著名演讲家都重视讲练。例如，闻一多先生年轻的时候，在登台演讲前，常常一个人开声练习。

三、设计演讲

演讲不能只是念讲稿,如果没有眼神的交流,没有恰当的手势,就没有现场交流的生动效果。

态势语言是一种非口头语言,它是通过演讲者的身体形态、手势动作、眼神表情等来表达的。它是演讲与谈话中重要的信息交流手段,在具体运用时应注意以下几点。

1. 忌无心运用态势。无心运用态势是指演讲者在台上站就站得直直的,坐就坐得正正的,或者握着双手,或者按着讲台,呆若木鸡,形象拘谨。听众只见他的两张嘴皮一张一合,几乎没有什么态势语,大大减少了信息传播量,听众也会感到十分疲倦。

2. 忌着意表演。着意表演,即专心着意地运用姿态手势动作去"表演"自己话语的内涵。演讲者的本意虽然是希望通过种种表演,以达到说得通俗形象和活跃会场气氛的目的,可这样做,往往弄巧成拙,费力不讨好,易引起听众的反感。

3. 忌机械重复。机械重复是演讲中更为常见的一种表现,它单调、呆板,最不费脑筋,最讨嫌,也最容易引起听众的误会。例如,有人从演讲一开始,就一只手一直搓着脸不放,致使听众误以为他牙疼,其实这是无意识的习惯性动作。有人一上台,便左走三步,停;右走三步,回复原位。如此反复,直至演讲结束。听众看在眼里,便会觉得他过分造作,于是想起他的话可能也不过如此,便无心听讲了。还有的人总是伸长脖子,歪着脑袋讲话,样子显得很吃力,听众几乎都在帮他使劲,会觉得心里堵得慌、不舒服。

4. 忌指指划划,即不要随意使用没有逻辑基础的手势动作。表现为一句话一个动作,摆弄个不停,甚至还十分夸张。演讲者以为指指点点、比比划划忙个不停能够引起听众的注意,加强话语的说服力,殊不知恰恰相反,这样做会在听众面前暴露不良习惯,导致听众眼花缭乱,并且产生一种腻烦的情绪。比如,有的教师讲课时手舞足蹈,动作滑稽可笑,初时逗得满堂哄笑,气氛似乎十分活跃,可是过不了多久,学生不但没有再笑,反而显露冷淡的、不屑一顾的神情,甚至有个别调皮学生,会公然在课堂上模仿,影响课堂秩序。

资料来源:百度文库[EB/OL]. https://wenku.baidu.com/view/1166ff1bd1d233d4b14e852458fb770bf68a3bd4.html,2019-05-10.

3. 结尾

演讲稿的结尾应简洁有力,余音绕梁。演讲稿的结尾没有固定的模式,可对演讲全文要点进行简明扼要的总结,也可以号召性、鼓励性的话收尾,还可以诗歌名言、幽默俏皮的话结尾。

例如：

我国著名作家老舍先生是好幽默的。他在某市的一次演讲中，开头即说"我今天给大家谈六个问题"；接着，他井井有条地谈下去；谈完第五个问题，他发现离散会的时间不多了，于是提高嗓门，一本正经地说："第六，散会。"听众起初一愣，不久就欢快地鼓起掌来。老舍在这里运用的就是一种"平地起波澜"的造势艺术，打破了正常的演讲内容，从而出乎听众的意料，收到了幽默的效果。

四、演讲稿的写作要求

(一) 了解对象，有的放矢

演讲稿是讲给人听的，因此，写演讲稿首先要了解听众对象：了解他们的思想状况、文化程度、职业状况如何；了解他们关心和迫切需要解决的问题是什么，等等。否则，不看对象，演讲稿写得再用心，说得再天花乱坠，听众也会感到索然无味，无动于衷，也就达不到宣传、鼓动、教育和欣赏的目的。

(二) 观点鲜明，感情真挚

演讲稿观点鲜明，能显示演讲者对一种理性认识的肯定，以及对客观事物见解的透辟程度，能给人以可信感和可靠感。演讲稿观点不鲜明，就缺乏说服力，也就失去了演讲的作用。

演讲稿还要有真挚的感情，才能打动人、感染人，有鼓动性。因此，它要求在表达上注意感情色彩，把说理和抒情结合起来。既有冷静的分析，又有热情的鼓动；既有所怒，又有所喜；既有所憎，又有所爱。当然，这种深厚动人的感情不应是"挤"出来的，而要发自肺腑，就像泉水喷涌而出。

(三) 行文变化，富有波澜

构成演讲稿波澜的要素有很多，有内容，有安排，也有听众的心理特征和认识事物的规律。如果能掌握听众的心理特征和认识事物的规律。

写作时，应恰当地选择材料，安排材料，使演讲在听众心里激起波澜。换句话说，演讲稿要写得有波澜，要靠内容的有起有伏、有张有弛，要做到有强调、有反复、有比较、有照应。

优秀例文4-4

马云在"大数据助力精准扶贫"论坛上的演讲

我今天本来是专门过来倾听整个精准扶贫的演讲，没有打算讲话。主要是扶贫、脱贫这方面整个阿里巴巴非常重视，所以我想到这儿来主要是为了学习。刚才部长(贵州省委常委、宣传部部长慕德贵)说讲一下，那我就分享一些观点和看法。(**这是即兴演讲的一般套路，说明演讲的原因，特别是告诉大家是被要求临时演讲，如果出现逻辑不清、用词不当等问题，听众也能理解**)

刚才坐在那儿我还是很感动，很多的观点对我们来讲很有启发(**对大家的发言表示一个态度，一般是谦虚的态度，比如表示很受教育、很受启发等**)，特别是这么多企业，这么多人投入了这么多的努力，我深受鼓舞(**对大家的做法进行简单的总结并给予肯定，有些领导即兴讲话时还喜欢分条列项做总结**)。中央提出全面脱贫、大力反腐，是我们国家这几年来最具理想主义色彩，也是难度最大、力度最大的两大创举(**谈谈个人对这项工作的认识，马云在这里把全面脱贫与大力反腐并为一谈，是他本人的个性化认识，也是他演讲的精彩之处，估计很少有人把这两项工作联系起来讲，至少很少有人想到**)。历代以来，所有的仁人志士都希望解决贫穷问题，解决脱贫问题，但是大家几乎都没有找出非常好的方法。中国14亿人要全面脱贫，并且设定了时间表，我觉得这个任务之大、之艰巨、之伟大、之意义深远，是21世纪最了不起的创举。(**这段的整体行文思路是"态度+认识+肯定"**)

一、扶贫、脱贫和致富

我自己认为，扶贫、脱贫和致富是三个不同的东西。扶贫给人以鱼，脱贫授人以渔，而致富是给大家造鱼池、鱼塘，这是三件完全不同的事情(**这里的比喻生动易懂、准确到位，体现了马云对三者关系深刻的理解与认识**)。贫穷不是我们农民不努力，而是我们的农业文明和商业文明没有完美地结合(**这个观点很新颖、很独到**)。贫困县不是贫困县不努力，而是我们的发展模式没有跟上。我们真正要消灭的不是穷人，我们要消灭的是贫困(**金句**)。而贫困在根源上有很多的问题，特别是教育的不平衡、医疗健康资源的不充分(**对贫穷的原因进行分析**)。(**这一整段讲的是对扶贫、脱贫和致富三者的认识，有非常独到的见解，为大家留下了伏笔和悬念，很想听听他下面会如何展开演讲，论证自己的观点**)

如果孩子的教育不能得到充分的重视和关注，那么很多年以后这些孩子依然是穷人，依然会贫困。所以贫困不仅仅要解决今天穷人的问题，更要解决贫困的问题，要从教育、要从医疗、要从各种各样的方法上面，从根源上去解决问题，消灭疾病最主要的是在源头上进行消灭。(**这段是对前一段具体问题的进一步阐述，并提出要求，必须要从根源去解决问题**)

另外一个观点是，过去联产承包责任制解决了土地上种出来的东西属于谁的问题，大力激发了农民生产积极性，而今天大数据、互联网要解决土地上种出来的东西卖给谁的问题，如何让土地增值(**终于转到他的"饭碗"里来了，估计很多人一直在等**

着他讲怎么把大家带进他的行业中来)。因为只有让土地增值，只有农民觉得土地有利益可图，农民才会回到土地上(**对前一句的观点进行阐述**)。过去农民离乡背井，全部成了农民工。今后，如何让土地增值，让农民回到家乡，变成农业工，形成真正的农业产业，这是我们最希望看到的(**进一步阐述，把自己的想法和希望讲明白、讲透彻**)。

我们经常讲农村现代化，我们一定要把农村乡镇现代化做起来，而不是把城镇农业化，所以我觉得这方面我们必须要有高度的重视。(**这段是对前一段话题的深化，把他讲的土地互联网上升定位为农村乡镇现代化**)

我以前给华谊的王中军讲过，中国的演员演谁都不像，演农民谁演都像，因为骨子里我们每个人都是农民出身。中国人基本上很奇怪，过了50、60岁都想回到乡村，因为我们来自乡村，所以我们只有把农村变得山清水秀，只有农村发展起来，农民富裕起来，农村真正像个乡村的时候，才能真正落叶归根。(**这段看似与上面衔接不是很紧密，是可有可无的"废话"，但其实正切合了"十九大"报告中提出的"三大攻坚战"之一的污染防治，也为下面讲发展高科技、大数据产业打下基础**)

所以我看到贵州贵阳大力发展高科技、大力发展数据产业，这实际上保护了绿水青山，同时让我们贫困的地区看到了无限的希望。谁说贵阳不可以做高科技？谁说贫困地区不能发展高科技、数据产业？这给贵州乃至全国、全世界的贫困地区带了巨大的希望。(**这段承上，提出加大精准脱贫力度与推进污染防治相结合的产业发展概念**)

二、阿里人的理想

我今天很高兴看到那么多的大公司在分享自己做了什么，这几年来很多大公司都积极地参与了扶贫工作，但我希望更多看到的不是我们做了什么，而是我们准备做什么，以及准备怎么做(**这其实是一种表态，告诉大家阿里人在扶贫工作上将会有更多的创新、更大的作为**)。因为你准备做什么能给大家带来更多的启发。我自己觉得大公司的"大"不是利润大，不是收入大，不是市场份额大，而是责任大、担当大(**这里进一步表态，阿里人会勇于担当、积极作为**)。人们对你的"大"是有期望的，希望你能担当更多的责任，希望你能做更多的事情(**这句话是对习近平同志在党的十九届一中全会上提出的"大就要有大的样子"的回应，虽然讲的是人们的期望，其实表达的是马云的态度，会做出"大的样子"**)。

在阿里巴巴内部，我们关注扶贫、关注脱贫、关注公益，不仅是为了别人好，而且是为了自己好(**谈自己对扶贫、脱贫、公益的认识**)。阿里巴巴这么大的公司，让我最担心的是，未来阿里人是否能够坚持这样的理想。如果要想让阿里人坚持这样的理想，必须让阿里人参与公益(**把阿里人做公益上升到了能否坚持理想的高度**)。

公益和慈善的区别，慈善是给别人东西，而公益是给自己益处，只有让自己越好，别人才会慢慢好起来。慈善也许改变了别人，而公益最大的改变是自己(**这个观点很独到，讲做公益是源于改变自己的需要，再一次把做公益上升到了一个全新的高度)。今天你的几分钱、几块钱并不能改变社会什么事情，你参与的任何行动，更多改变的是你自己。

所以我们希望更多人参与脱贫，更多人参与扶贫(**开始进行动员，也是这种会议演讲的重要环节**)。只有我们自己的员工参与这些，从公益中体验自己、了解自己，知道自己有什么、要什么和放弃什么，我相信只有这样的企业才能持久(**发动式的动员**)。做慈善也许是你有这种能力，而做公益最重要的是你自己获得了无穷的福报(**说教式的动员**)。

最后也祝福贵州，我相信贵州和贵阳是未来中国最有意义、最富有的地方之一(**结尾部分对东道主送上祝福，既是客套，也是套路**)。因为他们懂得未来，他们有畅想，他们愿意去努力，他们敢于挑战别人不敢做的事情，这也是脱贫和扶贫最大的希望之所在。脱贫是给人以希望，而不仅仅是给人以钱财，谢谢大家(**最后再一次点题，表明自己的观点，给大家留下深刻的印象**)。

资料来源：华图教育[EB/OL]. http://bj.huatu.com/2018/0607/828481.html，2018-06-07.

优秀例文4-5

人格——最高的学位

白岩松

很多很多年前，有一位学大提琴的年轻人去向伟大的大提琴家卡萨尔斯讨教："我怎样才能成为一名优秀的大提琴家？"

卡萨尔斯面对雄心勃勃的年轻人，意味深长地回答："先成为优秀而大写的人，然后成为一名优秀和大写的音乐人，再然后就会成为一名优秀的大提琴家。"

听到这个故事的时候，我还年少，老人回答时所透露出的含义我还理解不多，然而随着采访中接触的人越来越多，这个回答就在我脑海中越印越深。

在采访北大教授季羡林的时候，我听到一个关于他的真实故事。有一个秋天，北大新学期开始了，一个外地来的学子背着大包小包走进了校园，他实在太累了，就把包放在路边。这时正好一位老人走来，年轻学子就拜托老人替自己看一下包，而自己则轻装去办理手续。老人爽快地答应了。近一个小时过去了，学子归来，老人还在尽职尽责地看守。学子谢过老人，两人分别！

几日后是北大的开学典礼，这位年轻的学子惊讶地发现，主席台上就座的北大副校长季羡林，正是那一天替自己看行李的老人。

我不知道这位学子当时是一种怎样的心情，但我在听过这个故事之后强烈地感觉到：人格才是最高的学位。

这之后，我又在医院采访了世纪老人冰心。我问先生，您现在最关心的是什么？老人的回答简单而感人："是年老病人的状况。"

当时的冰心已接近自己人生的终点，而这位在八十年前到"五四运动"爆发那一天开始走上文学创作之路的老人心中，对芸芸众生的关爱之情，历经近八十年的岁月而仍未老。这又该是怎样的一种传统！

冰心的身躯并不强壮，即使年轻时也少有飒爽英姿的模样，然而她这一生却用自己当笔，拿岁月当稿纸，写下了一篇关于爱是一种力量的文章，然后在离去之后给我留下了一个伟大的背影。

今天我们纪念"五四"，八十年前那场运动中的呐喊、呼号、血泪都已变成一种文字停留在典籍中。每当我们这些后人去翻阅的时候，历史都是平静地看着我们。这个时候，我们觉得八十年前的事已经距今太久了。

然而，当你有机会和经过"五四"或受过"五四"影响的老人接触后，你就会知道，历史和传统其实一直离我们很近。

世纪老人在陆续地离去，他们留下的爱国心和高深的学问却一直在我们心中不老。但在今天，我还想加上一条，这些世纪老人所独具的人格魅力是不是也该作为一种传统被我们向后延续？

前几天，我在北大听到一个新故事，清新而感人。一批刚刚走进校园的年轻人，相约去看季羡林先生，走到门口，却开始犹豫，他们怕冒失地打扰了先生。最后决定，每人用竹子在季老家门口的土地上留下问候的话语，然后才满意地离去。

这该是怎样美丽的一幅画面！在季老家不远，是北大的伯雅塔在未名湖中留下的投影，而在季老家门口的问候语中，是不是也有先生的人格魅力在学子心中留下的投影呢？只是在生活中，这样的人格投影在我们的心中还是太少。

听多了这样的故事，便常常觉得自己是只气球，仿佛飞得很高，仔细一看却是被浮云托着；外表看上去也还饱满，但肚子里却是空空。这样想着就有些担心啦，怎么能走更长的路呢？

于是，"渴望年老"四个字对于我就不再是幻想中的白发苍苍或身份证上改成六十岁，而是如何在自己还年轻的时候，便能汲取优秀老人身上所具有的种种优秀品质。

于是，我也更加知道了卡萨尔斯回答中所具有的深义。怎样才能成为一个优秀的主持人呢？心中有个声音在回答：先成为一个优秀的人，然后成为一个优秀的新闻人，再然后是自然地成为一名优秀的节目主持人。

我知道，这条路很长，但我将执着地前行。

资料来源：白岩松的博客。http://blog.sina.com.cn/s/blog_4c73c3b00100dha7.html。

评析： 这篇演讲稿感情真挚、细腻、坦诚。文章的开头采用故事的形式吸引读者的注意。其中，"优秀而大写的人"又将"人格是最高的学位"这一主旨寓于其中。主体部分选取三个典型事例来阐明主旨，结尾联系个人，抒发感慨。

问题诊断

请试着根据文后提示，指出以下演讲稿的问题。

竞选学生会主席演讲稿

尊敬的各位导员、同学们：

大家好！

先自我介绍一下：我叫×××，我没有诗人李白那"长河之水天上来，奔流到海不复回"的豪迈；也没有一代才女李清照那"寻寻觅觅、冷冷清清"的细腻；更没有绝世伟人毛泽东那"数风流人物，还看今朝"的气魄。但寸有所长，尺有所短，天生我才必有用，我有年轻作为资本，有激情提供动力，有能力作为保证。我敢爱敢恨、敢想敢做，我喜欢真心实意，厌恶钩心斗角，我崇尚高度与长度，鄙视懦弱与胆小，我有极强的自尊心、有强烈的责任感、有极强的团队精神与合作意识。

也许，在我说出这番"豪言壮语"后，有些人会暗自发笑：这人怎么这么自负！可是我想说，这不是自负，这是自信！一个人如果连自己都不相信，那么他就没有资格做任何事，即使做了，也很难成功！我之所以能够站在这里，大部分是由于我的自信！当然，能力也很重要，因为一个人的信心和能力永远是成正比的。

高中的时候我曾担任团支书，也参与筹划一些文艺活动，得到了校领导和老师们的好评。虽然大学生活与高中生活有些差别，但我相信我能够尽快适应这里的生活，因为生活本就需要历练，我相信我有这个能力做好组织委员，我也有这个信心做好。

加入主席团后，我觉得我各方面能力都有了很大的提高，凭着极大的热情和干练的处事，赢得了同学们的好评。有了这样的认可，我更加有信心和决心做好自己的工作，在为同学们服务的同时，也提升自己。未来的路还很漫长，今后，我将更加努力，把自己的工作做得更好。

我今天敢于站在这里参加竞聘，就是为了给自己一次锻炼自我、提升自我的机会，我相信你们一定会给我这个机会的，谢谢各位。

提示：

1. 这篇演讲稿主旨是否明确？

2. 用词是否恰当？

3. 逻辑层次是否清楚？

4. 是否考虑了听众的层面、需求、想法？

写作模板4-3

竞选学生会传媒中心部长演讲稿

尊敬的老师、亲爱的同学们：

大家好！

我叫×××，来自19级营养一班，我要竞选院学生会传媒中心部长一职。(引言，竞聘职务)

今天我站在这里，同一直以来与我并肩作战的伙伴们为了旅游学院学生会同舟共济、献计献策，我为你们感到骄傲，更无比自豪。回首过去一年××××××××××，对此我万分感谢也无比珍惜。谢谢你们！！(追忆学生会生活，表达对老师和同学的感谢)

一年传媒中心的工作，我了解了传媒中心的工作理念和具体流程，××××××××××××。同时，在一次又一次通讯写作的过程中也提升了自己的写作能力，对此我心怀感激。(工作经历，工作能力，对岗位职责的理解)

今天我将要把这份感激转化成工作的动力，继续为旅游学院、为传媒中心贡献我所有的努力。如果能竞聘成功，我将从以下三个方面开展工作。

第一，完善制度规范管理，××××××××××

第二，加大对干事的业务培训，××××××××××

第三，增加旅游学院学团活动宣传力度和扩大宣传面，××××××××××

(演讲的重点部分，施政目标和举措)

从学生中来，到学生中去。对于学生这个身份我从不敢忘记××××××××××

(表达心态、信念、决心并憧憬未来)

谢谢大家！(再次感谢)

白岩松在哈尔滨工业大学的即兴演讲

有这么一对儿夫妇，吃完饭就坐那里看电视，看完了，就洗漱睡觉，日复一日，年复一年，就这么过着。也许有的同学会说：太枯燥了吧，该离了吧？但真正的生活就是这样，就是这样平常，生活如此，创业如此，大学生走入社会之后注定要花大部分时间做平平常常的事。那对夫妻在年老的那一天会彼此含着泪感谢对方与自己携手相伴一生，彼此温暖一生，而同学们也会在平平常常的生活中等来生命中只占百分之五的激情与辉煌时刻。因此，同学们要做好准备，毕业后准备好迎接平淡。

  同学们在大学里一定要做梦，甚至可以"梦游"。比如，现在一谈爱情我脑子里只会闪现我爱人的照片，而你们则可以设想一千位俊男靓女的样子……这就叫作虚位以待。我年少时看了三毛的书也想周游列国，没准还能碰上个女荷西。但是所有这些梦想都是属于你们这个年龄段，我现在没有资格做这样的梦了，我现在所处的是人生的舍弃阶段，而你们所处的是人生的选择阶段，不要放弃做梦，更别忘了替这个社会、替这个国家做梦，能全身心地做这种梦，一个人一生中没有几次这样的机会，等你人到中年上有老下有小时，想做梦你也力不从心了，因此趁现在抓紧做梦。

  有人说，现在大学生找不到工作，怎么会呢？我有时候就想不通，真的如此，那我国岂不是比美国更发达了……因为我们的大学生都在待业呀。其实大学生不是找不到工作，而是找不到一步到位的最满意的工作。实际上你就是一个骑手，毕业后你就应该先骑上一匹马，只要你优秀，你就能找到更棒的马。

  季羡林老先生的一席话给我印象很深，采访他时，他说："我已经如此老了，但我的道路前方仍有百合花的影子，人生的前方要永远有希望，有温暖才行。"举个例子，狗赛跑怎么比？怎么让狗跑起、跑得快？可以在狗嘴前边吊着根骨头。我们每个人也要给自己放块骨头，精神的骨头。

资料来源：琼琼的博客[EB/OL]. http://blog.sina.com.cn/s/blog_4e02476001000bk8.html.

  这是白岩松在哈尔滨工业大学的一段即兴演讲，充分展示了央视"名嘴"白岩松的语言功底及人格魅力。请同学们从你所学专业应遵循的职业信条中找出两到三个关键词，结合你的职业理想，完成一篇三分钟的演讲稿。

语言训练

  演讲是一个人综合知识、语言能力、沟通力、亲和力等各方面能力的具体体现，是自我营销的重要手段。请同学们用几个关键词加上例证向大家阐述你的自身优势或职业理想。

文化采撷

  这是1922年，梁启超先生面向上海中华职业学校学生的一次演讲。

敬业与乐业

梁启超

我这题目，是把《礼记》里头"敬业乐群"和《老子》里头"安其居，乐其业"那两句话，断章取义造出来的。我所说的是否与《礼记》《老子》原意相合，不必深求。但我确信"敬业乐业"四个字，是人类生活的不二法门。

本题主眼，自然是在"敬"字、"乐"字。但必先有业，才有可敬、可乐的主体，理至易明。所以在讲演正文以前，先要说说有业之必要。

孔子说："饱食终日，无所用心，难矣哉！"又说："群居终日，言不及义，好行小慧，难矣哉！"孔子是一位教育大家，他心目中没有什么人不可教诲，独独对于这两种人便摇头叹气说道："难！难！"可见人生一切毛病都有药可医，唯有无业游民，虽大圣人碰着他，也没有办法。

唐朝有一位名僧百丈禅师，他常常用两句格言教训弟子，说道："一日不做事，一日不吃饭。"他每日除上堂说法之外，还要自己扫地、擦桌子、洗衣服，直到八十岁，日日如此。有一回，他的门生想替他服务，把他本日应做的工悄悄地都做了，这位言行相顾的老禅师，老实不客气，那一天便绝对地不肯吃饭。

我征引儒门、佛门这两段话，不外证明人人都要有正当职业，人人都要不断地劳作。倘若有人问我："百行什么为先？万恶什么为首？"我便一点不迟疑答道："百行业为先，万恶懒为首。"没有职业的懒人，简直是社会上的蛀米虫，简直是"掠夺别人勤劳结果"的盗贼。我们对于这种人，是要彻底讨伐，万不能容赦的。今日所讲，专为现在有职业及现在正做职业上预备的人——学生——说法，告诉他们对于自己现有的职业应采何种态度。

第一要敬业。"敬"字为古圣贤教人做人最简易、直捷的法门，可惜被后来有些人说得太精微，倒变得不适实用了。唯有朱子解得最好，他说："主一无适便是敬。"用现在的话讲，凡做一件事，便忠于一件事，将全副精力集中到这事上头，一点不旁骛，便是敬。业有什么可敬呢？为什么该敬呢？人类一面为生活而劳动，一面也是为劳动而生活。人类既不是上帝特地制来充当消化面包的机器，自然该各人因自己的地位和才力，认定一件事去做。凡可以名为一件事的，其性质都是可敬。当大总统是一件事，拉黄包车也是一件事，事的名称，从俗人眼里看来，有高下；事的性质，从学理上解剖起来，并没有高下。只要当大总统的人，信得过我可以当大总统才去当，实实在在把总统当作一件正经事来做；拉黄包车的人，信得过我可以拉黄包车才去拉，实实在在把拉车当作一件正经事来做，便是人生合理的生活。这叫做职业的神圣。凡职业没有不是神圣的，所以凡职业没有不是可敬的。唯其如此，所以我们对于各种职业，没有什么分别拣择。总之，人生在世，是要天天劳作的。劳作便是功德，不劳作便是罪恶。至于我该做哪一种劳作呢？全看我的才能何如，境地何如。因自己的才能、境地，做一种劳作做到圆满，便是天地间第一等人。

怎样才能把一种劳作做到圆满呢？唯一的秘诀就是忠实，忠实从心里上发出来的便是敬。《庄子》记佝偻丈人承蜩的故事，说道："虽天地之大，万物之多，而惟吾蜩翼之知。"凡做一件事，便把这件事看作我的生命，无论别的什么好处，到底不肯牺牲我现做的事来和它交换。我信得过我当木匠的做成一张好桌子，和你们当政治家的建设成一个共和国家同一价值；我信得过我当挑粪的把马桶收拾得干净，和你们当军人的打胜一支压境的敌军同一价值。大家同是替社会做事，你不羡慕我，我不羡慕你。怕的是我这件事做得不妥当，便对不起这一天里头所吃的饭。所以我做这事的时候，丝毫不肯分心到事外。曾文正说："做这山，望那山，一事无成。"一个人对于自己的职业不敬，从学理方面说，便亵渎职业之神圣；从事实方面说，一定把事情做糟了，结果自己害自己。所以敬业主义，于人生最为必要，又于人生最为有利。庄子说："用志不分，乃凝于神。"孔子说："素其位而行，不愿乎其外。"我说的敬业，不外这些道理。

第二要乐业。"做工好苦呀！"这种叹气的声音，无论何人都会常在口边流露出来。但我要问他："做工苦，难道不做工就不苦吗？"今日大热天气，我在这里喊破喉咙来讲，诸君扯直耳朵来听，有些人看着我们好苦；翻过来讲，倘若我们去赌钱去吃酒，还不是一样在淘神费力？难道又不苦？须知哭乐全在主观的心，不在客观的事。人生从出胎的那一秒钟起到咽气的那一秒钟止，除了睡觉以外，总不能把四肢、五官都搁起不用。只要一用，不是淘神，便是费力，劳苦总是免不掉的。会打算盘的人，只有从劳苦中找出快乐来。我想天下第一等苦人，莫过于无业游民，终日闲游浪荡，不知把自己的身子和心子摆在哪里才好，他们的日子真难过。第二等苦人，便是厌恶自己本业的人，这件事分明不能不做，却满肚子里不愿意做。不愿意做逃得了吗？到底不能。结果还是皱着眉头，哭丧着脸去做。这不是专门自己替自己开玩笑吗？我老实告诉你一句话："凡职业都是有趣味的，只要你肯继续做下去，趣味自然会发生。"为什么呢？第一，因为凡一件职业，总有许多层累、曲折，倘能身入其中，看它变化、进展的状态，最为亲切有味。第二，因为每一职业之成就，离不了奋斗；一步一步地奋斗前去，从刻苦中将快乐的分量加增。第三，职业性质，常常要和同业的人比较骈进，好像赛球一般，因竞胜而得快乐。第四，专心做一职业时，把许多游思、妄想杜绝了，省却无限闲烦恼。孔子说："知之者不如好知者，好知者不如乐之者。"人生能从自己职业中领略出趣味，生活才有价值。孔子自述生平,说道:"其为人也,发愤忘食,乐以忘忧,不知老之将至云尔。"这种生活,真算得人类理想的生活了。

我生平最受用的有两句话:一是"责任心";二是"趣味"。我自己常常力求这两句话之实现与调和,又常常把这两句话向我的朋友强聒不舍。今天所讲,敬业即是责任心,乐业即是趣味。我深信人类合理的生活总该如此,我盼望诸君和我一同受用!

资料来源:360个人图书馆[EB/OL]. http://www.360doc.com/content/18/0413/15/36501352_745334298.shtml.

第四节 震古烁今,独占鳌头——述职报告

 课前阅读

唐僧的述职报告

唐僧完成取经任务回到大唐,唐皇帝准备考核他进行提拔。于是,他向皇帝做自己的述职报告。

尊敬的皇帝及各位官员:

我从皇帝任命为取经团队的师傅到完成取经大业已经十载,在这漫长的取经过程中,我始终牢记取得真经的宗旨,战胜各种困难,与遇到的形形色色神仙鬼怪合作与斗争,现将主要工作汇报如下:

一、思想方面

无论在什么情况下,始终保持一个唐朝僧人的本色,做到戒杀生戒色。即使被妖怪所害,也没杀过一个妖魔鬼怪,更不靠近女色,免得吸入妖气,绝不能让荤气贯身。

二、业务方面

1. 我不讲荤话色话,在女儿国,知道"男女交谈是非多",通过我的徒弟们来与女儿国国王交流。

2. 我吃素念经,久经锻炼,在我们佛家,对于我来说绝对没一本难念的经,打破了"家家有本难念的经"的妄言。

3. 我保护好了经书,保持了经书的纯洁性,经书能净化人的心灵,我们的经书里没有"黄金屋"和"颜如玉"。

我做得不足之处：第一，由于本人的水平有限，认识不清妖精的真面目，错怪了大徒弟；第二，给我们的上司神仙带来了麻烦，每次遇上解决不了的问题就去麻烦佛祖，伤了佛祖的脑细胞。

汇报完毕，不足之处，请批评指正。

汇报人：唐三藏
公元645年1月1日

资料来源：TOM网[EB/OL]. http://joke.tom.com/201810/1420994396.html，2018-10-21.

这是一份网上流传的唐僧的工作报告，虽是为了娱乐大众，但也具备述职报告的一些必备要素，而且详略得当，条理分明。

 知识卡片

一、述职报告的含义

述职报告是领导干部依据自己的职务要求，就一定时期内的任期目标，向选举或任命机构、上级领导机关、主管部门以及本单位的干部群众，汇报自己履行岗位责任情况的书面报告。述职报告是干部管理考核专用的一种文体。

述职报告虽以"报告"为名，但与作为党政主要公文的"报告"不是同类文体，其内容、功能和作者身份都有很大的不同。述职报告的内容包括任职期间所取得的工作成绩、不足和失误之处以及存在的主要问题，与总结有不少相似之处。

述职报告可分为年度述职报告、阶段述职报告、任期述职报告等类型。

二、述职报告的作用

述职作为考核干部程序中的一个重要环节，具有重要意义。述职报告作为述职的文本，其作用主要体现在以下三个方面。

(一) 述职报告是完善干部管理制度的重要措施

在岗位职责明确的前提下，要求担任一定职务的领导干部定期撰写述职报告，便于干部管理部门对领导干部的理论水平、道德品质、文化修养、业务能力进行全面细致的考察，以便根据干部自身的发展趋势，有计划、有目的地进行选拔、培养、使用，减少或避免在使用干部过程中的主观性和盲目性。

(二) 述职报告是广大群众评议监督干部的依据

领导干部在某个岗位上工作一段时间之后，通过述职报告的形式向广大群众汇报履行岗位职责的情况，让群众进行审查和评议，这是领导干部接受群众监督、倾听群众意见的有效方式，有助于密切干部群众的关系，克服官僚主义

作风。

(三) 述职报告是各级干部提高自身素质的保障

领导干部在某个岗位上工作一段时间之后，需要通过述职的方式对自己前一阶段的工作实践进行回顾，总结以前的工作经验，汲取以前的失败教训，强化自己的职责观念。这对于更好地探索本职工作的规律，促进领导干部自我认识、自我学习、自我提高有着重要的作用。

三、述职报告的特点

(一) 真实性

述职报告是述职人对其某一阶段的工作进行全面回顾，总结成绩和经验，找出不足与教训，从而对过去工作做出正确的结论和实事求是的评价，故而必须真实，切忌浮夸造作或歪曲事实。

(二) 自述性

述职就是任职者对自己的任职情况进行自我评述，做出自我鉴定，所以既要客观真实地叙述工作实绩，又要在叙述中有自我评价。

(三) 条理性

述职报告不能简单罗列，应对事实、数据等材料进行分析研究、整理、归类，逐条陈述，做到思路和条理清晰。

(四) 陈述性

述职报告一般要面对听众口头陈述，所以语言应该大众化、口语化，通俗易懂。

四、述职报告的写法

述职报告一般由标题、称谓、正文三部分组成。

(一) 标题

1. 单标题

单标题主要有四种写法。

(1) 由职务、时间、文种构成标题，如《××省教委办公室主任××××年度述职报告》。

(2) 由职务和文种构成标题，如《××学院学生会主席述职报告》。

(3) 由时间和文种构成标题，如《2020—2021年度述职报告》。

(4) 只用文种名称做标题，如《我的述职报告》或《述职报告》。

2. 双标题

将内容的侧重点或主旨概括为一句话做正标题，以年度和文种构成副标题，这就形成了双标题。

例如：

全心全意为老干部服务
——××××年度述职报告

努力抓好"菜篮子"和"米袋子"
——我的述职报告

(二) 称谓

述职报告有特定、明确的读者或者受众对象，应在正文之前冠以主送机关和称谓。向上级领导呈送的述职报告，应按照公文写作的规范格式，在第一行顶格写主送机关，如"××组织部""××人事处"；如果是在一定的场合向领导或下属宣读的述职报告，则应当使用一般对人的称谓，如"各位领导""同志们"等。

(三) 正文

述职报告的正文由前言、主体和结尾三部分组成。

1. 前言

述职报告的前言部分一般包括三个方面的内容：一是岗位职责；二是指导思想；三是概括评价。岗位职责包括自己从何时起担任何职，主要负责什么工作；指导思想要说明自己是在什么样的思想原则、方针政策指引下开展工作的；概括评价是对自己工作的基本评价。三个方面的内容都要简略地写明，一般一个自然段即可。

需要说明的是，上述三个方面的内容在写作中可以灵活处理，除岗位职责必不可少外，其他两个方面的内容可以安排在后面的主体部分或者结尾部分中。

例如：

述职报告

××镇××村副书记×××

尊敬的各位领导、敬爱的乡亲们：

大家好！

首先，感谢大家抽空来参加我的年度考核述职会！

从书记助理到支部副书记，我融入这个强有力的村班子集体已有两年时间(介绍岗位)。在过去的一年里，我时刻牢记"加强组织、服务农民、促进和谐、历练人生"的目标要求和大学生村官"6+1"岗位职责(指导思想)，始终坚持在基层工作一线，能扎实履行职责，全心全意协助村两委圆满完成上级安排的各项村级事务和工作。在这一年里，我学到了很多书本上学不到的知识，总结到一些农村工作经验和方法(工作概括评价)。现在我将一年来的工作情况向大家做个汇报。

评析： 这是一个大学生村官的述职报告前言部分，就是按照常见的岗位职责、指导思想和概括评价三个部分来写的，非常简单，也很清晰。

2. 主体

主体是述职报告的核心部分，主要工作和经验教训都在这一部分中介绍，大致有三种写法。

(1) 工作项目归类法。工作项目归类法即把自己所做的工作按性质加以分类，如生产方面、销售方面、后勤方面等，一类作为一个层次，依次进行阐述。应注意的是，自己主持做的工作和协助别人做的工作要分开写。另外，对自己做出突出成绩的工作、有创造性及开拓性进展的工作要重点写，即在反映一般成绩时突出重点，一般性工作及日常事务性工作要写得简单一点。

例如：

今天，我有幸在这里向各位汇报这一年里的村官工作，心情万分激动，有不当之处，敬请在座各位批评指正。

一、加强学习，转变思想，迅速转变工作角色

……

二、立足基层，尽职尽责，充分发挥村官作用

……

三、脚踏实地，扎实工作，迅速融入工作队伍

……

四、克难攻坚，锤炼自我，不断坚定宗旨意识

……

评析： 这是节选的一篇大学生村官述职报告主体部分，它按照工作项目归类来写，从学习、责任、团队、自我提升四个方面来述职。四个标题采用文字结构对仗一致的形式，严肃而且规范。

(2) 时间发展顺序式。时间发展顺序式即按任期时间先后顺序分成几个阶段写作的方式。这种形式在任期述职报告中经常采用，由于任期较长、涉及面较广，所做的工作和存在的问题较多，为了便于归纳总结，以展现工作全貌，故而将一个时期内的主要工作按时间分段，这样也便于在各个阶段中详细叙述所取得的成绩和经验。

(3) 内容分类集中式。内容分类集中式是较为常用的写作方式，一般分为主要工

作、成绩效益、经验教训、存在问题和对策等几部分。

3. 结尾

述职报告的结尾主要有以下两种写法。

(1) 概括式结尾。用一段话概括述职报告的主要内容。

(2) 表态式结尾。向报告的对象表态，恳请与会的领导和同志们提出批评意见，采取谦虚的态度，并表态努力把工作做好。

例如：

回顾8个月来的工作，我感觉在思想上、学习上、工作上都取得了新的进步、新的成绩，这与村里的前辈们悉心指导是分不开的。但我也深刻认识到，自己还存在实际经验欠缺的问题等。总之，我在今后的工作、学习中，要严格要求自己，从身边一点一滴的小事做起，不断加强实践锻炼，克服缺点，弥补不足，努力协助各级领导完成各项工作任务，力争在村官这一工作岗位上创造新的成绩，为农村建设贡献出自己的力量！

知识扩展

述职报告与竞聘报告的辨析

一、相同点

述职报告与竞聘报告都是政府机关、企事业单位组织、人事部门考察任用干部的一种形式，体现了干部工作中的民主作风和群众对干部任用、选拔的知情权与监督权；都是干部本人在特定的会议上，面对特定的听众所作的演讲报告；都要本着对个人、对组织负责的态度，采用自述的方式介绍自己工作方面的情况；都要写成书面材料上交；都有利于干部自身素质的提高，因为写作述职报告或竞聘报告的过程，也是不断学习、完善自我的过程。

二、不同点

1. 目的不同

述职，即向主管部门陈述工作情况。述职报告就是述职人(指各级机关、团体和企事业单位的领导及工作人员)向自己的任命选举机构和上级领导或人民群众述说在一定时期内履行职责情况的书面报告。汇报自己在任职岗位上德、能、勤、绩等方面的情况，总结经验、教训，以便今后更好地工作。

竞聘报告，是竞聘者竞聘某一领导职务时，用以阐述自己的竞聘优势及被聘用后的工作设想和打算的演讲报告。从竞聘者本人来说，写竞聘报告的目的就是竞聘

某一岗位。

2. 作用不同

述职报告是为了考核干部。企事业单位开展领导干部述职，一方面便于群众了解干部的个性、品格、德行、才干等情况，有利于群众监督评议，有利于考核和使用干部；另一方面也可以增强群众对干部工作中所遇到的困难的理解和谅解，得到群众的支持和信任。这是我国政治体制改革管理民主化的一个具体体现。

竞聘报告是为了选拔干部。通过竞聘报告，组织人事部门和群众能够比较全面地了解竞聘者的情况和素质，为择优选聘提供依据，使干部考察及选拔工作制度化、规范化和科学化。

3. 身份不同

写述职报告的人已经担任某一岗位并在这一岗位上工作了一段时期，现在是在岗述职。

写竞聘报告的人竞聘的是未来的某一岗位，现在要竞争上岗。

4. 内容不同

述职报告的重点在"述职"，主要讲在一定时期内、在任职岗位上做了哪些工作，取得了哪些成绩，存在哪些问题，内容不外乎德、能、勤、绩四个方面，具有总结性和汇报性。

竞聘报告的重点在"竞聘"，主要讲自己竞聘某一岗位的优势，对这一岗位职责的认识以及工作思路和施政设想等，内容具有针对性和竞争性。

五、述职报告的写作要求

(一) 实事求是，具体深刻

述职报告要讲真话、讲实话、讲心里话，以诚感人。无论称职与否，都要与事实相符。要正确处理个人与集体、主观与客观的关系，要分清功过是非。承担责任要恰如其分，既不争功，也不必揽过。

(二) 内容周详，重点突出

述职报告要重点突出，在全面汇报任职期间所做各项工作的基础上，要突出任职期间的重大成绩和创造性业绩，以表明自己的决心和事业心。内容应当明确，必须围绕"职责"二字做文章。它的写作目的，不是评功摆好，而是说明是否称职。

(三) 情理相宜，感情真挚

述职报告在叙事说理的过程中，要有适度的感情色彩。

例如：

十二个月的村官生活，在漫漫人生路上不过是很短暂的一程，却是我们一生都难忘的履历。任期到期时，我们会有一部分人离开这里。时间不等人，当我们回头看看自己的工作，也许会因为没有把全村人带上致富之路而感到遗憾。可是我们相信自己的付出和努力，一定能换来一点好的改变。在发展的路上，不是一个小我在努力!

(四) 谦虚诚恳，语言得体

写作述职报告之前，应对自己进行认真、全面的反思，并虚心听取群众的意见，明确群众的不满和要求，对群众意见较大的问题尤其要如实阐述，以坦诚的胸怀，赢得群众的谅解和支持。接受群众的监督，而不是作报告，这个特定的角色必须明确，这也是写好述职报告的前提。

优秀例文4-6

述职报告

20××年，本人担任余姚市二职校团委副书记职务。在上级团委和校党政领导的支持、关心下，本人在20××年度开展了一些基础工作，还带领全体团员青年开展多种寓教于乐的活动和政治思想教育，引导广大青年学生立志成才，争做跨世纪有用人才。现将本人一年的学习、工作述职汇报如下：

一、加强理论学习，提高自身素质

1. 本人作为团员青年以及团基层干部，政治思想与上级领导保持一致，认真学习贯彻"十九大"精神，严格履行团员义务，忠诚于党的教育事业，在团员青年中起到模范带头作用。在校青年教师中，不管是理论学习还是业务潜力，处处带头做好表率，能正确处理群众利益和个人利益的关系，弘扬奉献精神，不计较个人得失。

2. 作为团委书记，更应具有良好的政治理论素质。本人在任职期间，重视学习，加强学习，带领全体共青团员始终将政治学习作为日常工作的一部分，经常深入学习和探讨党和国家领导人的重要讲话、时事政治和相关理论，写好学习体会文章。经过一年的努力，自己的政治理论水平有了明显提高，从而更坚定了共产主义信念。

3. 本人在任职期间处处为人师表，办事坚持原则，带头遵守学校的各项规章制度，深入学生群体，与学生交流思想，了解青年学生的思想动态，关心团员青年，指导各班团支部开展团内各项活动，教育培养一批优秀学生团干部，抓典型、树榜样，以榜样促进步。

4. 本人平时勤勉自励，以高标准严格要求自己，工作学习用心进取，倡导求实精神，现就读于浙师大研究生课程班。本人不管是对学生教育的系列活动，还是在团的自身建设中，总以踏实的工作作风、务实的工作精神来推动学校团工作；常常思考学校团工作如何开展，如何提高团干部和自身工作潜力，如何在原工作基础上有所创新等问题，力争在团岗位上做出成绩；同时还向兄弟学校学习团工作经验，总结阶段性工作，积累经验，为学校团工作的进一步开展打下坚实基础。

二、踏实认真工作，用心努力创新

本人在任职期间，能依据教育方针和针对教育工作重点，遵循团市委的文件精神，找准学校团工作的着力点，深入实施中学生素质培养中的"曙光计划"、成人预备期教育、新世纪读书计划、青年志愿者活动以及社团建设等，以各种活动为载体，加强青少年思想道德教育，培养爱国主义、群众主义精神，多方面培养学生的综合素质，促其努力成为跨世纪的有用人才。

1. 半年来，本人组织了大量活动，如升旗仪式、国旗下讲话、打扫烈士陵园、入团宣誓、"一二·九"成人宣誓仪式、成立青年志愿者服务大队、召开主题班会、召开主题团日活动等。通过活动来激发学生的热情，培养学生的使命感和职责感。

2. 为培养学生的思想道德素质、科学文化素质、心理素质，努力营造用心向上、健康礼貌的校园文化，倡导良好的校园精神氛围，校团委结合学生特点在上半年组织了"五月的鲜花"系列活动，其中有师生篮球比赛、女生呼啦圈比赛、校首届辩论赛、"我为歌狂"校园歌手大赛、校园主持人大赛、班徽设计比赛，下半年又举行了新生辩论赛、手抄报比赛、"二职·让梦腾飞的地方"演讲比赛、班级大合唱、师生同一首歌、"青春节拍"元旦文艺会演。学生们踊跃参与，涌现了一批具有潜质的学生。这些活动有助于学生发现自我，增强班级凝聚力。

3. 带领全体团员青年广泛开展青年志愿者活动、成人预备期志愿服务活动，力求形式多样，立足校园，服务社会。开学初，制订计划，号召、发动全体团员青年，成立青年志愿者服务大队，现志愿者活动已构成规模并形成特色；建立了"校导游礼仪队"，充分发挥职校学生的优势，为当地旅游业的发展服务；在校内成立"好帮手"服务队，为全校师生服务，共计服务对象300余人次；对草坪志愿护绿工作进行了重新承包，承包比较踊跃，草坪打扫质量较高。

4. 注重社会实践活动，认为只有实践才能指导团工作，同时要求学生在实践中认识社会，拓展视野，增长才干；在假期前制订学生社会实践活动计划，分期带领学生走向社会、了解社会；成立了社会调查活动组，暑假有计划地组队进行暑期社会实践，尤其是09畜牧班的学生利用所学专业，在暑假里承包了杭州湾食品有限公司6个养鸡大棚开展社会实践，取得了很好的社会效益和经济效益，社会反响较好。

三、正视工作不足，努力迎头赶上

本人任职期间，能根据上级团委的指示要求开展工作。如果有成绩，则应归于上级团委领导及学校党政领导的支持和校团委各位委员的配合;如果有工作上的失误和不足,主要是自己主观上存在的一些认识问题和工作经验问题,具体表现为:

1. 虽对团工作有满腔热情,但遇复杂问题时,没有注意工作方式和方法,导致工作结果不尽如人意。

2. 对校团的基础性工作抓得较好,注重务实精神,但在对外宣传中,工作力度不够。

3. 随着知识经济时代的到来,自己的工作水平有待提高,知识面有待扩展。

以上是本人一年来的述职,如有不当之处,望请各位领导同行批评指导。

述职人:×××
2020年7月

评析:这是一篇职业学校团委书记的述职报告。正文导语简述了所任职务、任职时间及"做了自己应该做的工作";主体部分介绍了工作思路、工作内容、工作启示。本文能很好地突出述职报告的自述性,报告目的明确,思路清晰;工作具有创新性,成绩突出,对成绩善用具体的数字加以说明。本文语言通俗,富于节奏感,适合口述。在写法上用了三个小标题,将履行岗位职责的情况分门别类报告,层次分明,能给人留下深刻的印象。

校学生会主席述职报告

各位老师,各位同学:

大家好!

今天是我院2019年新学期的第一次全体干部大会,很高兴和各位辅导员老师、各位学生及班干部聚在一起商讨我院的工作。其实我坐在这里代表的是双重身份,第一重身份是传媒与艺术学院团总支学生会主席,第二重身份是19级美术学一班的班长。首先我代表团总支学生会把我院对上学期工作的总结和本学期计划向各位进行汇报,希望大家在下面能够认真听,对我们的工作提出合理宝贵的意见和建议。

一、上学期的工作总结

在校团委及我院领导老师的带领下,我们传媒与艺术学院在2018—2019学年下半学期做了以下工作:

迎新生工作,学生会换届工作,起草我院学生会章程,07级学生太行山写生汇报展,18级学生篮球友谊赛,16级学生优秀作品展览,主持人大赛,为计算机与科技院16级学生捐款，我院学生会独立承办第一届"毕业生双向洽谈会"的接待和会场安排工作等。

配合校学生会的工作有：

纪检部检查校园不文明行为；生活部的不定期卫生检查，宿舍文化节，餐厅调查问卷等；体育部的全校篮球联赛，冬季越野赛选拔；女工部的校礼仪队选拔工作；学习部的"书香文化校园""校园文化建设方案"稿件征集活动；文艺部的"大学生形象展示大赛"选拔和排练工作等。

在这些工作中，我们所选的四名礼仪队成员全部被院里接收。在"书香文化校园"活动中，我们取得一个一等奖，一个二等奖。在"大学生形象展示大赛"中，我院取得一个一等奖、两个二等奖。我院的"主持人大赛"为传媒和播音专业的学生提供了展示自我的平台，也为以后的节目主持人准备了后备力量。我院为计科系一个脑出血、家庭非常困难的同学捐款将近一万元，为该同学抢救生命提供了很大的帮助(向大家说一下，该同学的病情已有所好转，现在正在家里疗养，我想他这一辈子都会记住大家是他的救命恩人)。在毕业生洽谈会中，学生会顺利接待和安排一百多家用人单位，为招聘会提供良好的后勤保障，得到学生处及院团委的一致好评。

二、新学期我们学生会的大体工作计划

1. 加强结构组织建设

我们要加强学生会内部的结构建设，主要体现在团结问题上。从建校以来，我院学生会队伍一直都在不断壮大，也逐渐走向正规和正统化。作为一个好的团队，我认为只有大家团结一心，拧成一股绳，各部门之间相互配合，把整个学生会的工作当作自己的事来办才能做出更加骄人的成绩……

2. 对各部门的工作要求

(1) 学生会各部门必需要对本学期的每一项工作进行合理周密的计划和安排……

(2) 各部门应尽力单独完成任务，防止所有工作都由部长完成、干事却只挂闲职的情况发生，其他部门只起辅助作用……

(3) 学生会是学生群众性组织，代表广大同学的根本利益，是学生与老师之间的桥梁与纽带……

(4) 各部门要认真总结以往的经验和教训，要杜绝再有只顾效率、不顾质量的情况发生。我们必须严格按照学生会刚刚出台的章程来实施量化管理，进行合理的加减量化分制度，保证做到公平、公正……

(5) 部门所开会议内容和所做工作要留有存根，以便到学期末总结上交办公室进行存档，给下届学生会留下一定的经验，供其参考。

以上是我院学生会本学期的大体工作计划，在工作的具体实施中，我们将遇到很多困难，但我坚信我们会排除万难，尽最大的努力把工作做到最好，同时请各位教师和同学给予监督和指导，使我院的工作能够更上一层楼。

最后祝大家工作顺利！学习愉快！谢谢大家！

述职人：×××
20××年××月××日

提示：
1. 这篇述职报告是否符合述职报告的特点？
2. 这篇述职报告是否具备述职报告应该包含的内容？
3. 这篇述职报告的语言是否合适？

写作模板4-4

述职报告

×××(称谓)：

今年以来，作为×××××，我能够认真履行职责，积极带领×××××全体同志，在×××××的总体工作思路指引下，在×××××的正确领导下，积极进取、扎实工作，完成了全年目标任务，×××××工作取得了可喜的成绩(导语说明工作职责、任职情况及对工作的整体评价)，现将具体工作述职如下(过渡句)：

一、××××××(表述工作思路、工作指导思想)

我上任之初，提出了××××××的工作目标，将全部门的工作重心调整××××××

二、××××××(表述任职期间工作业绩、经验，注重典型案例的工作实绩)

1.××××××

2.××××××

3.××××××

三、××××××(表述工作的主要问题、不足)

1.××××××

2.××××××

3.××××××

四、××××××(改进措施及努力方向)

1.××××××

2.××××××

3.××××××

以上是我的述职报告,请领导和同志们指正!谢谢各位!(结尾,通常写"以上是我的述职报告,谢谢各位"一类话语)

述职人:×××

××××年×月

写作训练

请你以班委干部的身份,根据以下提示拟写一份年度述职报告。

1. 班长本学期工作重点:加强学风建设;建设和谐班级;积极参与就业。
2. 班级存在的问题:制度需要完善;班委执行力需要加强;学生学习积极性有待提高。

语言训练

我们在前文学习了工作总结的写法,请大家认真对比分析,说一说工作总结和述职报告的区别。

文化采撷

宫廷朝会每年岁首,古代宫廷举行百官述职报告会的沿革变化

每逢岁首,宫廷都会举行"大朝会"。这是一种礼仪规格最高的朝仪,始于西周,自秦汉至明清,历代承袭不衰。

"大朝会"的内容是百官朝见天子。《周礼·春官宗伯·大宗伯》记载:"春见曰朝,夏见曰宗,秋见曰觐,冬见曰遇,时见曰会,殷见曰同。"这便是对"大朝会"的解释。诸侯、百官朝见天子的时辰是早晨,故称之为"朝"。天子接见诸侯、百官的政治目的是"图天下之事",同时,询问地方的治理情况,谓之"图考绩",类似今天对各级官员的"绩效考核"。在周代,天子询问诸侯国内的治理情况,诸侯需详尽汇报,故诸侯朝见天子亦称"述职",相当于今天领导干部一年一度的"述职报告"。可见"述职"一词,西周时便有。《孟子·告子》记载:"诸侯朝天子曰述职。一不朝,则贬其爵;再不朝,则削其地;三不朝,则六师移。"可见"大朝会"既是一种礼制,也是天子对诸侯的一种约束。

秦始皇统一全国后,根据邹衍"五德终始说",认为秦主水德,按"五行"水行配亥月(十月)与子月(十一月),故颁令以十月为岁首,"大朝会"定在新年亥月初

一，即正月旦日举行。为扩大元旦"大朝会"的影响力，体现皇帝临朝时的庄严肃穆与盛大气派，秦朝修建起富丽堂皇的朝宫前殿，名曰"阿房宫"。此后，凡大秦重大国事，如议帝号、立郡县、车同轨、书同文等，均在此朝堂前殿颁布。

西汉前期，沿用秦朝旧历，亦以十月为岁首。汉兴之初，刘邦与大臣们不懂朝仪，遂命秦朝旧吏叔孙通参酌秦法制定汉朝的"大朝会"仪式。朝会地点，初在长乐宫，后改未央宫。汉高祖七年长乐宫建成时，在此举行的"大朝会"记载于《史记·叔孙通列传》。朝会在天色微亮时，由礼官引文武百官依品级进入殿门。宫殿中，陈列着车骑兵卫及各色旗帜、仪物，礼官传言"趋"，文武百官即整齐有序地依次疾步前行，东西向分班排列。刘邦则在一片钟鼓礼乐声中，由内侍簇拥着乘舆临朝。此时，百官自诸侯王以下至六百石官吏，皆以次奉贺(贡献礼物)。礼毕置酒，以尊卑次起上寿。朝会后，刘邦大喜过望地说："吾乃今日知为皇帝之贵也。"

《汉官典职仪式选用》列举参加"大朝会"的人员为"……公、卿、将、大夫、百官各位朝贺。蛮、貊、胡、羌朝贡毕，见属郡计吏，皆见，……宗室诸刘会，万人以上。"可见，汉朝参加朝会的人最多时超万人。这些人从全国各地赶赴长安参加"大朝会"，近则走上十天半月，远则便是数月计，这应该需要花费一笔数额较大的"差旅费"。

汉武帝时，改易正朔，以正月为岁首，"大朝会"相应改至正月初一举行。此后，历代相沿袭。东汉时，岁首"大朝会"，皇帝幸德阳殿临轩受贺，公卿将相大小百官及地方各州郡长吏、诸少数族酋长、使臣均奉贡进表拜贺。当时，地方州郡的朝贡之物按辖地人口计，每人每年六十三钱献给朝廷，曰"献费"。

汉代的"大朝会"中，还有一项"年终考计"制度，地方州郡的"一把手"或主要僚属需带上"计簿"(统计报表)，到宰相府上报年度的"地方政绩"，名曰"上计"。也就是说，你得上报一下辖区去年的GDP与财政收入，让朝廷从中考量你这个地方官是"称职"还是"不称职"。至于那"统计报表"中究竟有多大的"水分"，大概只有天晓得。这一"上计"，有时还由皇帝亲自出马"受计"，就是直接听取地方官吏的汇报。此制到隋唐时称为朝集，汉时的"上计吏"亦更名为"朝集使"。

宋代之后，各王朝仍仿效前朝行"大朝会"之礼。北宋元旦朝会时，百官朝服依品阶班立，各路举人解元亦随同冠服位列，由"朝集使"更名的诸州"进奏官"则各执方物入献。明代"大朝会"则由锦衣卫陈设卤簿仪仗，教坊司陈列大乐，礼仪司陈列诸国文书、贺表、贡物，还设纠仪御史纠察百官，监督那些站久了爱打瞌睡或交头接耳聊私的人。待时辰一到，皇帝升座，鼓乐齐鸣，百官跪拜致贺，行礼如仪，礼毕则群呼万岁、万万岁。清代的"大朝会"在气势雄伟的太和殿举行，其仪制大体仿自明代。

资料来源：萧家老大[EB/OL]. https://www.sohu.com/a/339586371_322551，2019-09-10.

第五节 算无遗策，运筹帷幄——策划书

课前阅读

综艺脱口秀栏目《吐槽大会》曾红极一时，很多明星艺人都被邀请参加这档搞笑至极的节目，嘉宾们轮流以说段子的方式来互相调侃，传达"吐槽是门手艺，笑对需要勇气"的理念。这种完全不同于小品和相声的喜剧形式，令人耳目一新。数据显示，《吐槽大会》开播七期，网上点播量达7亿多次，单期最高点播量过2亿次，创下中国综艺节目之最。

如果你经常看这档节目，一定会注意到有一个染着一头粉色头发的小伙儿总能说出令人捧腹大笑的段子，他就是《吐槽大会》总策划人——李诞。

李诞虽然有1米83的大个子，但两只眼睛特别小，就像一条缝，睁不开，加之头发颜色奇特，在众多吐槽嘉宾中相当抢眼，他那肆意的笑声，让人过"耳"不忘。貌不惊人的李诞，是一个不折不扣的段子手，有一张"吐字成金"的神嘴，虽然谈不上字字珠玑，但出口成章，幽默诙谐，常将全场的气氛燃爆。

李诞是《今晚80后脱口秀》中主持人王自健常挂在嘴边调侃的"唯二的朋友"，也是在新浪微博拥有近百万粉丝的大V，好饮酒，擅写诗，冷中带萌。主持人、脱口秀演员、编剧、段子手、诗人、策划等多个身份共同成就了李诞。

策划——这些年较时尚、较引人注意的一个词语。大到治国安邦，小到吃穿住行，处处可见策划。打开电视有影视策划，走在路上有广告策划，连接网络有游戏策划。可以说，无时不策划，无事不策划。策划就在眼前、在身边，在每个人的生活中起着至关重要的作用。

知识卡片

一、策划书的含义

在《辞源》里，"策"和"划"的主要义项就是筹谋、谋划，与现在的计划、计策、计谋、对策意思比较接近。据此，有人把策划定义为：如何在全面谋略上指

导操作者去圆满地实施对策、计策或计谋，从而达到办事的目的(引自陈放《策划学》)。策划书是指针对各种商务活动、社会活动等，为了达到一定目的所制订的具有创意性、可行性的行动计划，也称企划书、策划案等。

二、策划书的特点

(一) 鲜明的目的性

大型活动必定会耗费很多资源，包括人力、物力。活动规模越大、层次越高、范围越广，越需要大量的资金投入。所以，没有目的地耗费资金做活动是不现实的，目的不鲜明也是不值得的。

例如：

一、栏目名称：《绝对挑战》

二、栏目宗旨

1. 励志为本，职业改变命运。为有智慧、有能力、有勇气的普通人实现职业梦想提供最具诱惑力的机会，从中挖掘感人的励志精神。

2. 全面解读现代商业社会真实的竞争之道和职场搏击技巧，通过媒体向观众展示这个世界上各种各样的职业，展示世界某个角落的工作者在工作生活中的喜怒哀乐，为观众提供观察社会的另一个角度。

3. 纪实戏剧，以"纪实秀"的形式记录真实的职场故事，挖掘丰富多彩的生活特质。表现挑战精神，宣扬职业梦想。

三、栏目定位

职场秀节目近年来兴起，主持人只有找准自己的节目定位，才能更好地履行职责，完成任务。主持人是节目进程的驾驭者、舆论的引导者、媒介的代言人等，基于此，立足于电视节目的特殊性定位。

评析：这份策划书的目的非常清楚，不是给社会精英提供展示平台，而是面向普通人求职，展示这个世界上各种各样的职业，展示世界上某个角落的工作者在工作生活中的喜怒哀乐。节目传达的理念是一种对普通职业工作者的敬意，一种崇高的人文关怀。

(二) 广泛的传播性

大型活动本身就是一个传播媒体，具有大众传播媒介的作用。活动策划书就是要通过文字的形式，在遵守法律、遵从道德的基础上，将活动的意义、目的、效果传播到它应该覆盖的各个角落，一旦这个活动策划书实施起来，它策划的活动就应该起到良好的传播效果。

(三) 良好的创新性

创意是写活动策划书的关键，是整个活动策划书的点睛之笔。一个富有创意的策划，能够吸引和感染公众，使专题活动取得良好的效果，达到预期的目的，获得丰厚的回报。

例如：

我们以网络综艺节目《圆桌派》为例。

名字创新：《圆桌派》以圆桌为名，派即π，由圆生发，无穷无尽。

模式创新：《圆桌派》是一档由著名媒体人、文化名嘴窦文涛携手优酷打造的全新"活色生香"聊天真人秀节目。它延续了窦文涛一贯的主持风格，话题多样、内容丰富，扎根互联网平台，嘉宾流动，开启全新的"谈论+互动"节目模式。

理念创新：《圆桌派》的谈话路径是非线性的，没有刻意突出主持人的话语权。嘉宾的独到见解和个人风格通过谈话得到展示，使得节目内容生动广泛，信息知识量充足。节目并不在意观点是否针锋相对，而是以一种聊天的方式进行，相对轻松平和，使观众以一种虚拟参与聊天的方式收获知识并愉悦身心。《圆桌派》为快节奏生活下焦虑的大众提供了一个心灵休憩之所。

(四) 严谨的操作性

创意再好也必须落实到行动中才能实现，策划书就是专题活动的具体行动计划，是在实际调研、综合考虑主观条件后形成的，应该具有可行性和可操作性。

三、策划书的分类

策划书的范围很广，没有具体的分类。但从内容来看，策划书主要有市场商务策划书和专题活动策划书两类。前者如营销策划书、广告策划书、新品开发策划书等，后者如庆典活动策划书、比赛项目策划书、公寓活动策划书等。这里主要讲的是专题活动策划书。

四、写策划书的原因

从宏观的角度来说，我们处在一个信息时代，我们所接触的所有人为事物的背后，其实都有一个策划在指引着它将要如何去完成。

从个人角度来说，我们作为商业社会中的一员，常常要应对上司、单位下达的任务。我们需要准备一份策划，在策划中调查分析出我们将如何去完成这个任务，怎样才能做到省钱、省力、有创意，并达到最好的理论效果。

五、策划书的写法

策划书通常由标题、正文、落款构成。

(一) 标题

标题由单位名称、活动内容、文种构成,要尽可能全面地写出策划名称,也可以用正副标题的形式来表述。

例如:

××职业技术学院2020年阳光体育活动策划书
绿水青山就是金山银山——××××市环保标语征集活动策划书

(二) 正文

1. 活动背景

活动背景应根据策划方案的特点在以下项目中选取内容重点阐述,具体包括基本情况介绍、主要执行对象、近期状况、组织部门、开展活动的原因、社会影响以及相关目的、动机。另外应说明问题的环境特征,主要考虑环境的内在优势、缺点、机会及威胁等因素,对其做好全面分析,并通过对情况的预测制订计划。

2. 活动意义及目标

活动目的应用简洁明了的语言表述清楚。在陈述目的时,该活动的核心构成、策划的独到之处由此产生的意义等都应该明确写出,活动目标要具体化。

3. 活动主题

活动主题是整个策划的灵魂,是统领整个活动、连接各个项目及各个步骤的纽带。策划的活动要为广大公众所接受,就必须选好主题。

4. 活动内容

活动内容力求详尽,没有遗漏。在此部分中,不仅局限于文字表述,也可适当加入统计图表等。对策划的各工作项目,应按照时间的先后顺序排列,绘制实施时间表有助于方案核查。人员的组织配置、活动对象、相应权责等也应在这部分加以说明。

5. 经费预算

在根据实际情况对活动的各项经费进行具体、周密的计算后,用清晰、明了的形式列出。在通常情况下,经费预算并不直接写入方案中,有时候根据单位既定的预算来考虑活动方案,有时候事先考虑方案的合理性,再实事求是地考虑和审批方案的预算。但作为撰写策划书的人,头脑中必须考虑预算问题,没有经济基础支撑的策划书是没有意义的。所以,必须在本单位财力能够承受的范围内来考虑具体方案,达到花钱办好事的目的。

6. 活动中应注意的问题及细节

内外部环境的变化不可避免地会给方案的执行带来一些影响。因此，当环境变化时是否有应变措施，损失的概率是多少，造成的损失有多大，是否有应急措施等，也应在策划书中加以说明。

(三) 落款

在策划书最后一页右下角写明活动策划单位的名称和日期。

六、策划书的写作要求

(一) 策划主题要单一

在策划活动的时候，首先要根据组织方的实际情况(包括活动的时间、地点、预期投入的费用等)和环境情况(包括竞争对手当前的广告行为分析、目标消费群体分析、消费者心理分析、产品特点分析等)做出准确的判断，并且在进行SWOT分析之后，扬长避短地提取当前最重要也是最值得推广的一个主题，而且只能是一个主题。在一次活动中，不能做所有的事情，只有把一个最重要的信息传达给目标消费群体，才能引起受众群体的关注，从而记住你所要传达的信息。

(二) 策划内容要简练

很多人在策划活动的时候希望执行很多活动，他们认为只有丰富多彩的活动才能引起参与者的注意，其实不然，原因在于：其一，容易造成主次不分。很多活动搞得很活跃，也有很多人参加，似乎反响非常热烈，但围观或者参加的人未必都是活动的目标群体，也未必真正有意愿参与活动。一些策划者经常抱怨的一个问题就是围观者的参与度问题，很多人经常是看完热闹就走。这通常说明活动的内容和主题不符，所以很难达到预期效果。其二，增加活动成本，影响执行力。在一次策划中，如果加入太多活动，不仅要投入更多的人力、物力和财力，直接导致活动成本的增加，而且容易导致操作人员执行不力，最终导致活动的失败。

(三) 策划执行力要强

一个好的主题，一则有创意的策划，再加上一支高效的执行队伍，才能促成活动的成功。执行是否能成功，直接反映了策划书的可操作性。策划书要写得具有执行性，除了需要做好整体计划，详细的活动安排也是必不可少的。确定活动的时间和方式时，必须考虑执行地点和执行人员的情况，在具体安排上应该尽量周全，还应该考虑外部环境(如天气、民俗)的影响。

(四) 策划不能太主观

在活动策划前期，分析和调查是十分必要的，只有对整个环境、目标人群进行分析，才能够更清晰地认识到执行活动要面对的问题，找到了问题才能够有针对性地寻找解决之道。主观臆断的策划者不可能做出成功的策划。同样，在策划书的写作过程中，也应该避免主观想法，切忌出现主观类字眼，因为策划案没有付诸实施，任何结果都可能出现，策划者的主观臆断将直接导致执行者对事件和形势做出错误的分析。

知识拓展

公关活动策划的八大技巧

成功的公关活动能持续提高品牌形象，累积无形资产，促进销售。三分策划，七分实施，公关活动策划有常规的方法可供遵循，但也有不少技巧。

一、目标一定要量化

公关活动，特别是大型公关活动往往耗费很多人力、物力、财力资源，因此目标一定要量化。比如这场活动的目标是传播品牌概念，那具体说来就是活动要从哪几个方面打造品牌概念，活动前后期怎么分阶段传播，它不是希冀式的观测，而是指日可待。只有量化目标，公关活动策划与实施才能明确方向，才能少走弯路。

二、集中传播一个卖点

公关活动是展示企业品牌形象的平台，不是一般的促销活动，要确定活动卖点(主题)，并以卖点作为策划的依据和主线。只有提炼一个鲜明的卖点，创造公关活动的"眼"并传播，才能把有关资源整合起来，从而完成活动目标。当然，集中传播一个卖点，并不是只传播一条信息，而是把活动目标和目标公众两项因素结合起来，重点突出一个卖点，提高活动的有效性。

三、公关活动本身就是一个媒体

公关活动本身就是一个传播媒体，它具备大众媒体很多特点，区别在于公关活动在实施前不发生传播作用，一旦活动开展起来，它就能产生良好的传播效应。在策划与实施公关活动时，配备好相应的会刊、通讯录、内刊、宣传资料等，实现传播资源整合，能提升公关活动的价值与效果。

四、没有调查，就没有发言权

不少公关公司策划公关活动，因缺乏公众研究意识或公众研究水平有限、代理费少、时间紧等，省略公众调查这一重要工作环节，这是司空见惯的事情。但"没有调查就没有发言权""知己知彼，百战不殆"，公关实践表明，对于公关活动的可行性、经费预算、公众分布、场地交通情况、相关政策法规等都应进行详细调查，然后进行比较，据此形成分析报告，才能做出客观决策。

五、策划要周全，操作要严密

公关活动策划的重点在于周全。这是因为公关活动给我们的成功或失败的机会只有一次。公关活动不是拍电影，不能重来，每一次都是现场直播，一旦出现失误

无法弥补，绝不能掉以轻心。

六、化危机为机遇

发生紧急事件时，要随机应变，不要手忙脚乱，不要抱怨，应保持头脑清醒，要冷静，迅速查明原因并确认事实真相。已造成负面影响的，一种方法是及时向公众致歉，防止再发生，不与媒体建立对立关系，避免负面报道，策略性处理媒介与公众关系，否则修复较难；另一种方法是化危机为机遇，借助突发事件扩大传播范围，借助舆论传播诚意，争取公众的支持，变被动为主动。

七、全方位评估

在对公关活动进行评估时，往往只评估实施效果，评估不够全面。如能再评估活动目标是否正确、卖点是否鲜明、经费投入是否合理、投入与产出是否成正比、公众资料收集是否全面、媒体组合是否科学、公众与媒体关系是否更加稳固、社会资源是否增加、各方满意度是否可量化等，公关活动的整体效果才能体现出来。这种全方位评估有利于活动绩效考核、责任到人，更能增加经验，为下一次公关活动的策划与实施打好基础。

八、用公关手段解决公关问题

公关是社会行为，营销是经济行为，公关活动关注公众，营销活动关注消费者，因此营销手段不适用于解决公关问题。公关活动面向的公众非常多，消费者只是公众的一种。针对不同的公众，使用的公关手段也不一样。所以，要走出"公关活动就是营销"的误区，用公关手段解决公关问题。

公关活动策划与实施需要经验的积累，公关活动要重策划，更要重实施。公关活动策划与实施还有很多技巧可以利用，只要不断总结经验并应用于实践，一定能策划并成功实施更多、更有影响力的公关活动。

优秀例文4-7

首届红城文化节活动策划书

首届红城文化节就要来了，作为×××首届红城文化节的策划人员，我感到无比荣幸，这是一个光荣又艰巨的任务。光荣是因为我能为×××首届红城文化节做策划；艰巨是因为我第一次做文化节策划，如果策划不好，有可能把一个很好的文化节搞砸，这不是大家希望看到的，也是我不愿意看到的。因此，我为×××首届红城文化节的策划做了很多准备工作，希望我能够将这次策划做得尽善尽美。即便不能尽善尽美，我也要尽最大努力，做到问心无愧。

×××首届红城文化节以"弘扬先进文化、增强民族团结、促进经济发展、构建和谐××"为宗旨，以"红城升腾日月星、唱响××精气神"为主题，以"草原文化、蒙元文化、科尔沁文化、红色文化"为主旋律，整体构思分为九大板块。其中，开幕式集"英雄城市、雪域神泉、激情×××、神山英姿、十旗会盟、绿色突泉"等特色文化于一体，彰显××文化魅力。文化节期间将举办红城文化论坛、××商品交易会、红城投资贸易洽谈会等项目，大大提升这次文化节的内涵和品位。此外，消夏晚会、群英书画笔会等多项活动将为文化节增添靓丽的色彩。巍巍××，英雄故乡，悠悠草原，弯弓逐日。适逢中华人民共和国成立六十周年，我们举办×××首届红城文化节，敬献年轻的中国，青春的中国！

一、活动背景

当前××各项事业发展速度加快，丰富多彩的文化活动悄然走进了普通人的生活，值此中华人民共和国成立六十周年之际，集全盟文化品牌于一堂，在红城实施文化大餐大拼盘。在充分展示××风采的同时，陶冶××人民的情操，提升××人民的素质，提高城市文化的品位，打造文化××、绿色××、崛起××，在×××开创红城文化节的先河，展现××文化的独特魅力！

二、活动宗旨

弘扬先进文化，增进民族团结，促进经济发展，构建和谐××

三、活动主题

红城升腾日月星，唱响××精气神

四、活动时间

200×年××月××日

五、活动地点

红城五一广场

六、活动人群

×××各族各界人士、文艺团体、艺术家、民间艺人等

七、活动主办

中共×××委员会×××行政公署

八、活动承办单位

中共×××委宣传部×××文化局

九、活动协办单位

××前旗文化体育局、××中旗文化局、××县文体广电局、××特旗文体广电局、×××市文体广电局

十、活动内容概况

本次活动共分为九大板块：开幕式；红城"文化之星"评选活动；文化美食节——食在红城；××原创歌曲大奖赛(以消夏晚会的形式举办)；红城文化论坛；民

俗文化作品展(届时举办群英书画笔会);民族服饰模特大奖赛(届时评选出××形象大使);首届××商品交易会,红城投资贸易洽谈会;闭幕式。

十一、活动具体内容

(一) 宣传

1. 海报。在活动开展前制作喷绘海报,对所有活动内容进行预告。

2. 横幅宣传。活动前夕以及进行时在各主干道拉横幅。

3. 电子公告板。活动前在电子屏幕上显示活动内容介绍,至少持续三天时间。

4. 媒体宣传。在各个网站上对本次活动进行预告和介绍,活动中请各大媒体对活动概况进行报道。

5. 现场宣传。定点搭工作台进行现场宣传,另外可安排艺术团队进行宣传。

6. 活动中宣传。在播放电影等会用到多媒体的活动中,播放红城文化节的宣传片,同时在活动进行时全程拍摄。

7. 设计红城文化节徽标。

(二) 具体活动安排

开幕式:以×××歌舞团演出的节目为主,穿插千人马头琴、千人四胡、千人太极拳扇、千人交际舞、千人大合唱等节目,以××颂为主旋律,使台上台下遥相呼应。

时间:文化节第一天上午

地点:××广场

系列活动之一:"红城文化之星"评选活动

时间:文化节第一天晚上

地点:××礼堂

内容:各旗、县、市根据本地的文化特色,准备一场集专业、业余于一体的演出,突出才艺展示,评委从不同节目类别中评选出不同文艺形式的"文化之星"。

系列活动之二:文化美食节——食在红城

时间:文化节第二天上午和中午

地点:赞助饭店

内容:提供免费民俗食品让参与者品尝,展现红城美食文化。

系列活动之三:××原创歌曲大奖赛

时间:文化节第×天

地点:××礼堂

内容:×××词曲作家创作的、本盟演员演唱的歌曲。

闭幕式:以评选出的文化之星演出为主,并在节目中穿插颁发所有的奖项。

十二、经费预算

项目	单位	价格
场地费	5次	2000元/次
服装费	2万	50元/套
宣传费		3000元
咨询费		2000元
礼品费		3000元
合计		39 800元

十三、活动预期效果

在现代人心中树立正确的文化观，在红城开创具有传承性的品牌项目，即红城文化节；拓宽文化视觉，在文化各项要素中体验文化、体验文化节；推动各项事业发展的潜在动力，尤其是保护、挖掘、传承、弘扬离我们越来越远的那些民俗文化，同时向国内外展示××文化的风采。

十四、注意事项

由于本次活动涉及面广、时间跨度大、工作复杂，应注意以下方面的问题。

1. 海报尽可能持久保留，避免被覆盖。

2. 组织观众。

3. 活动进行过程中，工作人员做好沟通工作，注意现场秩序，及时传递信息、报告进程。

4. 注意活动期间天气变化，应准备好天气突变的应急措施。

5. 注意获奖证书以及横幅的审批问题，要做到没有纰漏。

资料来源：范文大全[EB/OL]. http://www.fwdq.com/cehuashu/227851.html，2019-07-14.

评析：这份策划书项目完整、条理清晰，特别是活动步骤考虑周全、安排妥当，注意事项面面俱到，给人一种思维缜密、务实严谨的感觉。

优秀例文4-8

2020年"感恩纪念月"摆摊活动策划书

一、活动背景

××××大学"医鸣警人"团队是一个在校内宣传感恩纪念大体老师，在校外致力于宣传器官遗体捐献的社会实践团队。我们团队以"热爱生命，尊重生命"为核心，强调生命的价值。新学期到来，大一许多专业开设了解剖实验课，大家开始接触大体老师，大体老师们的奉献让大家心生感激与感恩之情。因此，我们团队希望通过举办解剖楼宣誓、星星点灯、清明节扫墓等一系列活动，引导同学们一起表达对大体老师的尊敬与感恩之情。

二、活动目的和意义

引导更多的学生尊重、感恩大体老师，好好利用大体老师给予我们的一切，让生命充分发挥良能，为祖国医药卫生事业的发展做出贡献。同时，促进学生对器官遗体捐献进一步形成认同、尊重，让感恩永存于我们医学生之心！

三、活动主题

感恩于心，回报于行

四、活动时间和地点

活动时间：2020年3月24日、25日

活动地点：陶然轩

五、活动简介

摆摊过程中，我们将宣传感恩纪念月中团队举办的一系列活动，包括解剖楼宣誓、星星点灯、清明扫墓等；活动当天，现场会摆放一些以前的活动照片供同学们观看，通过我们的宣传，让每个在校学生了解到这几项活动，并吸引大家参加3月27日晚在图书馆门前举办的星星点灯活动。

六、活动流程及人员安排

活动前期				
截止日期	任务	负责人	跟进人	备注
3月6日	撰写活动策划书	吴宇财	张小凤	星星点灯活动招募志愿者采用短信方式，招募人数大概15人，遵循先报先得原则，所招募的志愿者和团队成员一起在3月26日晚进行扫楼宣传
3月7日	申请场地	张震	区松文	
3月7日	制作视频	张力天	冯建华	
3月7日	撰写宣传稿、宣传语	杨鸿杰、李昊	吴宇财	
3月9日	制作海报、打印海报	陈树冰	吴宇财	
3月10日	到各宿舍楼张贴海报	区松文	吴宇财	
3月15日	制作宣传单、打印宣传单	黄雪	吴宇财	
3月21日	招募星星点灯志愿者	冯建华	张力天	
3月22日	清点物资	张震	杨鸿杰	
3月23日	动员大会	吴宇财	莫元曦	

活动推进表(3月24日)				
时间	内容	人员	负责人	注意事项
10：20—10：40	在一楼仓库门口集合，开始搬运物资	全体成员	莫元曦	工作人员签到，带上横幅、海报、往年的活动照片等物资
10：40—11：00	摆放物资	A组(见附录)	莫元曦	摊位上挂些往年星星点灯的活动照片供学生参观

(续表)

活动推进表(3月24日)				
时间	内容	人员	负责人	注意事项
11:00—12:30	开始进行宣传	A组(见附录)	莫元曦	宣传时以口头宣传为主,以派发传单为辅,宣传内容以星星点灯活动为主,附带清明扫墓和解剖楼宣誓活动
12:30—12:40	宣传活动停止,收拾摊位	A组(见附录)	莫元曦	
16:30—18:00	开始进行宣传	B组(见附录)	吴宇财	工作人员提前10分钟签到
18:00—18:10	宣传活动停止,收拾摊位	B组(见附录)	吴宇财	贵重物品带回,其他物资留在原地,待第二天宣传使用

活动推进表(3月25日)				
时间	内容	人员	负责人	注意事项
10:40—11:00	摆放物资	C组(见附录)	陈韦东	提前10分钟签到,把东西放好
11:00—12:30	开始进行宣传	C组(见附录)	陈韦东	
12:30—12:40	宣传活动停止,收拾摊位	C组(见附录)	陈韦东	
16:30—18:00	开始进行宣传	D组(见附录)	吴宇财	工作人员提前10分钟签到
18:00—18:20	宣传活动停止,收拾摊位,并把物资搬回仓库	D组(见附录)	张震	物资要清点齐全

活动后期			
时间	任务	人员	负责人
3月24日	清点物资,归还物资	张震	杨鸿杰
3月24日	星星点灯志愿者培训	志愿者	吴宇财
3月26日	扫楼宣传星星点灯活动	团队成员、志愿者	吴宇财
3月28日	活动总结	全体人员	徐彩玲
3月29日	撰写新闻稿,发微博等	秘书部	艾海丽
3月29日	经费总结	全体人员	陈佩玲

备注:实施星星点灯志愿者培训时,明确星星点灯活动内容和活动时间,以及相关注意事项。扫楼人员安排表见附录三

七、经费预算

物资	数量	单价/元	总价/元
宣传单	400张	0.2	80
气球	1袋	10	10
海报	8张	20	160
照片	5张	2	10
流动资金			50
总计			310

八、应急预案

1. 人员安排问题。若在活动当天,被安排工作的人员有特殊情况,无法按时到位,应当在活动前1~2天向相关负责人请假,并由负责人向组长说明情况,重新安排人员。

2. 若活动当天出现物资不足情况,应当立即上报负责人及组长,由他们安排人员利用流动资金购买。

3. 应当在活动前几天查看天气预报,若计划当天天气情况不允许,可以适当提前一两天摆摊,或者加大力度进行扫楼宣传,也可适当尝试其他方式一起宣传。

九、附录

附录一：物资清单

附录二：活动人员分配

附录三：扫楼人员安排表

主办单位：××××大学第二临床医学院"医鸣警人"团队

策划时间：2020年3月6日

资料来源：原创力文档[EB/OL]. https://max.book118.com/html/2018/0823/5204024032001311.shtml，2020-01-19.

评析：这份策划书目的明确,非常有意义又具有可行性。活动的计划和安排预想得非常周全,考虑了很多细节。人员分配清晰,权责明确。这样一份策划书无论是对执行者还是对参与者来说,都有指导性和吸引力。

问题诊断

2020年××××公司春节联欢晚会活动策划书

一、活动目的：

增强企业员工的凝聚力,丰富企业文化生活,表达企业对员工节日的关怀与问候,使员工开开心心、快快乐乐地过好2020年春节。

二、活动地点

公司卡拉OK室

三、活动内容

活动分为三大部分。

1. 员工总结大会：14：00—17：30。

2. 全体员工集体聚餐。

3. 以"金猴贺岁、团结奋进"为主题的2020春节联欢晚会开始。

(1) 由主持人宣布晚会开始。

(2) 请董事长致辞。

(3) 节目表演：节目在征集中，包括小品、歌舞、相声等。

(4) 节目表演设奖及评定：设集体一等奖1名，现金1200元；集体二等奖1名，现金800元；集体三等奖1名，现金400元。个人一等奖1名，现金100元；个人二等奖1名，现金80元；个人三等奖1名，现金60元。凡参加节目的人均设参与奖，奖食用油一瓶。

(5) 礼品派送：由企业统一购买礼品，所有到场的人员都有一只金猴公仔。

(6) 有奖问答：在节目表演及礼品派送的过程中穿插进行，设问题30道，题目内容涉及每个部门的规章制度和工作内容。答对者奖胸章一枚，或公司产品一份。

(7) 有奖游戏：为提升春节晚会的娱乐性及员工的参与性，特设有奖游戏活动，在节目中穿插进行。获胜者奖高档组合毛巾一盒，参与者奖精美相册一个以及闪光胸章一枚。

(8) 幸运大抽奖：特等奖1名，价值1500元一条的金项链；一等奖3名，24K金戒指一枚；二等奖2名，格兰仕微波炉一台或美的电磁炉一台；三等奖9名，金正复读机、美的电饭煲、高级蒸锅；鼓励奖40名，5升金龙食用油一桶。抽奖在节目中穿插进行。

四、具体工作人员安排：(略)

提示：

1. 活动内容与活动主题是否相符？
2. 策划书内容是否完整(时间、人员、经费方面)？
3. 策划书内容是否翔实(比如具体节目、演出顺序方面)？
4. 整个策划书是否有创意和亮点？

写作模板4-5

××××××活动策划书

一、活动背景

××××××××××××××××××

二、活动主题

××××××××××××××××××

三、活动目的

××××××××××××××××××

四、活动安排

(一) 活动时间和活动地点

(二) 活动对象和人员配置

五、活动流程

(一) 前期准备

(二) 现场安排

(三) 应急预案

六、经费预算

预算内容	项目	单位	数量	单价/元	金额	用途
	合计					

七、活动总结

××××××××××××××××××××

主办单位：××××××××××
承办单位：××××××××××

写作训练

假如你是××××职业技术学院校团委学生会文艺部部长，请你参照学校的实际情况，结合上篇病文的问题，重新筹划一份活动策划书，先说说你的创意和亮点，再动笔写出来。

语言训练

马上要期末考试了，请大家展开头脑风暴，为期末诚信教育活动想一个有创意的活动主题或活动形式。

文化采撷

古人的策划智慧

一、买椟还珠：包装的力量

楚人有卖其珠于郑者，为木兰之柜，薰以桂椒，缀以珠玉，饰以玫瑰，辑以羽翠。郑人买其椟而还其珠。此可谓善卖椟矣，未可谓善鬻珠也。

这个家喻户晓的故事流传至今，常用来教育人们不要被华而不实的东西迷惑了眼睛而忽视了自己真正想要的东西。

其实，从商业角度解读，这个故事有两层含义：一是站在买方角度，应该理性消费；二是站在卖方角度，产品要讲究包装，但切忌过度包装，以免喧宾夺主，甚至影响品牌形象与对市场的研判。

抛开故事升华层面的道理，单就楚人的这一销售行为，在当时的商业氛围中，亦称得上出彩的策划：第一，楚人深谙产品需要包装的道理，不惜成本为珍珠包装，目的还是希望能够将珍珠卖个好价钱；第二，楚人具有买赠促销思维，买珍珠送盒子，楚人希望通过这样的销售方式，吸引顾客购买；第三，楚人的销售行为巧妙地运用了AIDA原则，通过华丽的包装吸引顾客的注意(Advert)，引起顾客的兴趣(Interest)，刺激顾客的购买欲望(Desire)，最终促成顾客行动(Action)。

这个故事还传达出另外两条信息：一是当时的郑人很诚实，引至今天，构建和谐诚信的商业环境，需要买卖双方共同努力；二是商机就在不经意间出现，珍珠不好卖，也许楚人应该尝试转行做木匣生意。

二、洛阳纸贵：名人效应

西晋太康年间的文学家左思的《三都赋》在京城广为流传，人们竞相传抄，以至于洛阳每刀千文的纸涨到两千文甚至三千文，但还是销售一空。后世常用此典故寓意作品为世所重，风行一时，流传甚广。然而形成"洛阳纸贵"局面的直接原因并不是左思的文章，而是当时首先对此文推崇有加的大文学家们，尤其是大家陆机，此人最初也在构思《三都赋》，当他听说有个叫左思(彼时左思尚不出名)的人先他写了一本《三都赋》时，很不以为意，认为他的文章只配拿来封酒坛。但后来陆机真的读到《三都赋》时，却大加赞赏，甚至放弃了自己创作《三都赋》的机会，原因是他认为自己的作品超不过左思。

尽管左思无意借名人推广自己的作品，但这个故事确实让我们看到了名人效应的影响力，尤其是通过正面的、权威的、积极的名人代言，能够迅速推广产品，树立品牌形象，这与雪茄之于丘吉尔是一个道理。

不过，现今的企业与名人倒应该好好学习下这个故事背后的道理：第一，你的产品应该经得起推敲，而非自吹自擂；第二，代言人应该使用产品并对产品有真实的体验，否则没有发言权。

资料来源：黑光网[EB/OL]. https://www.heiguang.com/manage/xcqh/20100608/47841.html，2019-06-08.

第六节　千里之行，始于足下——实习报告

课前阅读

行万里路，著绝代书

司马迁的《史记》被鲁迅先生尊为"史家之绝唱，无韵之《离骚》"。他把历史人物和历史事件写得有声有色、栩栩如生，在很高程度上得益于他19岁时的一次全国大游历。游淮阴，他追踪韩信早年的足迹；访齐鲁，他瞻仰孔庙，观察儒风习俗；到彭城，他听取汉高祖刘邦的传说故事；达大梁，他凭吊信陵君"窃符救赵"故事中著名的夷门……可以说，司马迁正是因为青年时有了行万里路的亲身实践，才能著出不朽的史书。

访采四方，终成巨著

为了完成《本草纲目》，李时珍远出旅行考察，上山采药，拜访有实践经验的人。他历经千难万险，生长中草药材的崇山峻岭，到处都留下他的脚印。他白天去深山采药，晚上对每一棵药草，从产地、栽培到苗、茎、叶、根、花果以及形态、气味、功能等研究得非常深入、细致。李时珍辛勤研究了19余年，记下了数百万字的笔记，经过几十遍修改，终于在60岁时完成了巨著《本草纲目》。全书分为16部52卷，共载药物1892种，附方11096个，附图1109幅，价值极高。

资料来源：学习啦在线学习网[EB/OL]. http://www.xuexila.com/yanyu/243835_2.html，2017-07-31.

能力从实践中来，实习报告是高职学生在岗位实习过程中对自己的工作学习经历的总结和感悟。实习报告见证了学生的实践历程，写作实习报告能够培养学生独立思考、现场判断、解决实际问题的能力。

知识卡片

一、实习报告的含义

实习报告是应用文的一种，是大学生必须掌握的工具性实用文体。实习报告是指学生接受专业理论和专业基础知识教育后，到某单位进行工作实践，将所学理论与实践相结合，最后以书面形式将实习期间的工作学习经历、感受、体会书写出来的文本。

实习报告是应用文写作的重要文体之一，它是实习学生对实习期间工作学习经历所作的总结性报告，主要谈自己对某个专业问题的见解和心得体会，对专门知识和基本技能的掌握情况。撰写实习报告是实习教学的一个重要环节，由学生向教师报告自己的实习情况，同时也是学生获得专业能力的一种学习实践。

二、实习报告的特点

(一) 自我性

实习报告是对自身社会实践进行回顾的产物，它以自身工作实践为材料，采用的是第一人称，其中的成绩、做法、经验、教训等都有自指性的特征。实习报告必须写自己的实习经历，可参考别人的资料，但不能抄袭。语言要求简练，符合公务文书的要求。不要过多地说"我"如何如何，在第一段介绍了自己的实习时间、地点和分配到的任务后，下面的文字应尽量少出现人称或不用人称。

(二) 专业性

"实习报告"和"实习总结"的写法有区别。一般来说，"实习总结"偏重于实习中的政治思想、组织纪律、劳动态度、人际关系等方面的收获和体会；而"实习报告"偏重于专业理论方面。

(三) 概括性

实习报告是对实习期间的林林总总的材料进行归纳、概括，应选择典型的、有代表性的事例予以科学归纳和总结，而不是写成流水账式的"实习日记"。

三、实习报告的分类

按实习任务，实习报告可分为课题实习报告、毕业实习报告等；按性质，可分为综合实习报告、专题实习报告等；按范围，可分为个人实习报告、小组实习报告等。

四、实习报告的作用

(1) 将理论知识与工作实践有效结合起来，增加对社会的全面了解，丰富社会实践经验，提高自身的综合素质。

(2) 强化动手能力，提高自身专业技能，掌握相关专业技术知识，实现零距离上岗的目的。

(3) 提高自己的管理能力和处事应变能力。

(4) 培养综合运用知识解决实际问题的能力，培养实事求是、严肃认真的科学工作态度。

(5) 有助于学生完成主角的转化，适应新的工作生活环境，突破专业知识，提升思想水平，学会思考与辩证地看待问题。

五、实习报告的写法

实习报告通常由标题、前言、主体、结尾四部分构成。

(一) 标题

(1) 只标示文中名称,如《实习报告》。

(2) 实习内容+文中名称。标题一般应为《×××实习报告》,其中的"×××"是限定性成分,即说出是哪一方面的内容,如《商务秘书岗位实习报告》《律师事务所实习报告》。

(3) 正标题+副标题。正标题用一句话概括实习报告的主要观点或主要思想,副标题标示实习内容、文中名称等,如《走进社会大讲堂,勤于实践得真知——××××公司实习报告》。

(二) 前言

在前言部分,主要写明实习时间、实习地点及主要的实习内容,然后用诸如"现将此次实践活动的有关情况报告如下"的语句过渡到正文,主要介绍实习者本人在什么时间、什么企业进行了实习,对实习企业的哪些情况进行了必要了解,通过这次实习使自己在哪些方面得到了提高和锻炼,取得了哪些成绩等。

(三) 主体

主体部分主要介绍实习内容、实习安排、实习岗位、实习结果等。

第一部分:以实习时间、地点、任务为引子,或把实习过程的感受、结果用高度概括的语言写出来,以引出报告的内容。

第二部分:实习过程,包括实习内容、环节、做法。

首先,将在学校里学到的理论、方法变成实践的行为。

其次,观察体验在学校没有接触的东西,观察它们是以什么样的面目、方式、方法、形态出现的。比如,原先你不了解部门职能,之后在工作中通过什么问题引发了你对职能部门的了解。再如,工作中的人际协调和你学的公关理论与实务有什么差异,你怎样体会公关理论等。

第三部分:实习体会、经验教训,以及今后努力的方向等。

这一部分可将实习体会、经验教训分条列项来写。例如,在实践中发现自己的优势:团队协作意识强;善于根据自己的知识、能力挑战新工作;事后善于总结;等等。再如,从实践中看到自己的不足:政治触觉不够敏感;专业知识不够扎实;动手能力差;等等。

主体部分的写作以记叙为主,在完整介绍实习内容的基础上,对自己认为有重要意义或需要研究解决的问题进行重点介绍,其他内容则简述。

(四) 结尾

在结尾部分，主要是进行实习总结或阐明体会，用自己的语言对实习效果进行评价，着重介绍自己的收获、体会。内容较多时，可列出小标题逐一汇报。在写结束语或体会的最后一部分中，应针对实习中发现的不足之处，简要地提出今后学习、锻炼的方向。

六、实习报告的写作要求

(1) 报告必须写自己的实习经历，可参考别人的资料，但不能抄袭，一旦发现一律按零分处理。

(2) 如有引用或从别处摘录的内容要标明出处。参考文献的标注方法一律采用文后注释。著作类的书写顺序为著者、书名、出版地、出版者、出版年、起止页码；期刊类的书写顺序为作者、论文名、刊名、出版地、出版者、卷号或期号、起止页码。

(3) 文章开头要有内容摘要和关键词。

(4) 语言要简练，符合公务文书的要求，不要过多地说"我"如何如何，在第一段介绍了自己的实习时间、地点和分配到的任务后，下面的文字尽量少出现人称。

知识扩展

实习报告、实习总结、实习小结辨析

实习报告都有基本格式，就像政府工作报告，主要表述这一年或这一段时间的工作、计划实施情况，是一种公布式报告，旨在让别人知道你在这一段时间的情况。

实习总结就是实习完成后进行的整体性总结和概括，讲述在实习中遇到的困难，困难是如何克服的，以及总结自己获得的经验和解决问题的方法。

实习小结就是在实习过程中，对某个时间段的小范围总结，对以后的实习和工作有指导性作用，属于阶段性的反省。

优秀例文4-9

行政助理岗位实习报告

作为一名即将毕业踏入社会的大学生，这次实习就像上台前的最后一次彩排，两个月前，我走进公司时的那份激动与紧张还历历在目。实习期间，我总是担心在工作中出现差错，然而现在看来所有在实习中出现的问题，都是一笔宝贵的财富，它教会我正确的做法，也让我相信在今后的工作中我可以做得更好。

一、实习过程

开始实习之前,我多少有些心虚。因为我的许多朋友都有过假期打工的经历,而作为一名英语专业的学生,这次实习却是我的第一次工作经历。从工作那天开始,我过着与以往完全不一样的生活,每天在规定的时间上下班,上班期间要认真准时地完成自己的工作任务,不能敷衍了事。我们肩上扛着责任,不再只是为了自己,而是要对公司负责,所以凡事都要小心谨慎。

学校换成了公司,同学换成了同事,不再有自由支配的时间,一切来得那么无情,但必须要适应。我的岗位是行政助理,具体工作就是翻译、收发信函、报价、发传真和邮件、绘制表格等。每天重复着这些烦琐的工作,时间久了容易厌倦。但是工作再烦琐也不能马虎,一个小小的错误不但会给自己带来麻烦,更会给公司带来巨大的损失。公司的业务员每天都得到处奔波,他们的辛苦、努力、坚持深深地影响着我,每次看到他们我就会充满干劲。

二、实习感悟

"在大学里学的不是知识而是一种自学的能力。"当我真正走上工作岗位时,才深刻地体会到这句话的含义。除了英语和计算机操作,课本上学的理论用得很少。我担任的助理一职平时就是接待客户、处理文件,有时觉得没有太多挑战性,但再细而杂的工作,都有规律和技巧可寻,除了师傅的指导,更多都是我自己感悟和归纳出来的,由一点推广到多个点,工作起来既有序又高效。另外,我还观察到公司的网站开发人员,由于计算机知识日新月异,他们常常要以自学的方式尽快掌握新知识,迎接一个又一个新挑战,只靠在学校中学到的知识肯定是不行的。我们都需要在实践中探索,在探索中实践。

另外,人际关系的处理也很重要。虽说在工作中专业能力很重要,但如果没有同事的合作与包容,你可能什么都做不了。可能是电视剧看得太多的原因,我以前总是感觉职场上充满了明争暗斗,要处事圆滑甚至耍些小聪明才能生存。但在与同事相处的过程中,我觉得更重要的是放大别人的优点,缩小别人的缺点,多站在别人的立场上想问题。

还有就是坚持的重要性。这次实习让我知道,做好身边的每一件小事才是硬道理。大学生应改变眼高手低的特点,坚持从小事做起。每天要完成的工作较多,挫折和不顺利的事常常发生,要懂得调整心态、疏解压力,并冷静地进行回顾与思考,从客观、主观、目标、环境、条件等方面找出受挫的原因,及时总结经验教训,确保下次做好。

三、实习总结

第一,给学校提一个建议。希望以后学校可以增强教学的实践性,安排更多的实习机会,帮助学生们丰富工作经验,提高专业技能,同时以社会需求为导向调整课程设置。毕竟，我们改变不了招聘条件，但学校的培养目标应与社会需求紧密对接，真正做到学为所用，这就要求学校加大教学改革力度，以适应社会需求。

第二，我自己的一些遗憾。通过这次实习，我在工作和人际交往方面收获了太多宝贵的经验，但是也有一些遗憾。这次的实习时间太短，我对助理工作的认识还仅仅停留在表面，对个别工作的处理还做得不够理想，相信如果再有这样的机会，我会做得更好。

第三，加强对英语的学习。对于助理这一职务，虽然工作中使用英语的机会不是很多，但作为自己的专业可以成为我的优势。可是，在实习的过程中，这个优势并没有突出地表现出来，究其原因就是我的英语学而不精，在工作中常用的阅读英语文件和英语口语交流方面欠缺太大，这将是我今后学习英语的努力方向。

第四，提高沟通能力。通过实习，我发现专业能力固然重要，但良好的沟通能力是让别人发现你和认可你的前提。对于助理这个职位来说，沟通能力还包括一个人从穿衣打扮到言谈举止等一切行为的能力。沟通能力强，在工作中常常会起到事半功倍的作用。

第五，要有奉献意识。我们这一代人是很有个性的一群人，常常会以自我为中心，考虑别人的时候少。这次实习我接触了许多人，他们对自己的工作很专注，做事认真，为人平和，在团队合作中懂得谦让、奉献和自我牺牲。他们教会我思考，个人的能力与才华应如何施展才能体现出更为深远的意义。

第六，要做好身边的每一件事。现在我的人生观和过去有所不同，曾经年少轻狂，好高骛远，总觉得明天一定会比今天更美好。现在，我觉得抓住每一个今天才更有意义。我对成功的定义跟以前也有所不同，成功应该是一种踏实的感觉，而且应是通过自己坚持不懈地努力得来的。

实习是每一个大学毕业生必须拥有的一段宝贵经历。这次实习的意义，对我来说已不再是完成学分、完成毕业实习任务，而是我真正在实践中开始接触社会、了解社会，让我学到了很多在课堂上根本就学不到的知识，增长了见识，开阔了视野，为以后走上工作岗位打下了坚实的基础。

在这短短两个多月的实习中，我除了学会一些工作基本技能，也学到了做人做事的道理，让自己浮躁的心平静了下来，对自己也有了一个全新的认识，明白了自己究竟想要的是什么，这对我们每一个人来说都非常重要。同时，这次实习也让我看到了社会竞争的残酷，让我认识到，只有保持进取心才能不被淘汰。实习结束了，当初对自己适合做什么的迷茫已渐渐消失，心里的目标也愈加清晰，我会带着实习收获，更努力地工作和生活。

最后，感谢我的母校一直以来对我们的培养，感谢全体老师的谆谆教诲，感谢三年来我身边的每一位同窗益友，是你们让我成长，谢谢你们！

评析：这份实习报告真实地记录了实习过程，写出了实习心得，内容全面，层次清楚。但是有一点不足，如果在第一段加上自己的情况介绍，比如学校、专业、开展实习的时间节点就更好了。

问题诊断

实习报告

2019年6月30日，我怀着激动而感恩的心情来到中国建设银行张家口分行，成为一名正式的建行员工。转眼之间，我已来到张家口分行两个月有余，为了今后更好地开展工作，现将这一阶段的工作情况汇报如下：

7月底，我被正式下派到蔚县支行从事奥运英语服务工作。在蔚县网点工作的前两周，我的主要工作就是协助大堂经理开展工作。在蔚县支行每天早晨都会开晨会，主要目的是总结前一天的工作成绩，指定当天的工作任务和目标。晨会中，主任会对前一天业绩突出的员工进行表扬，并且激励大家再接再厉。通过晨会，大家都会以饱满的热情投入工作。

作为大堂经理，每天最多的工作便是对客户的"迎、分、动、送"。客户进来时微笑欢迎；人多的时候负责对不同窗口的客户进行有效的疏导；协助客户经理和业务顾问做好理财产品的介绍和推荐工作；客户办完业务礼貌送走。刚开始的时候，我对客户办理不同业务需要填写哪些单据不清楚，理财产品的细则也不明白。于是我不懂就问，虚心向低柜区的行员和大堂经理请教，慢慢地对各种业务熟悉起来，对"迎、分、动、送"也有了深刻的理解，工作开展得心应手。

8月下旬，我进入高柜区参观操作员的操作流程，全面了解前台DCC系统的具体操作，前辈们都热情地给予帮助和指导，特别是任俊男师傅教我练习点钞手法。此外，郭翠兰大姐还借给我DCC操作书、柜员应知应会手册，让我进一步学习理论知识，使我对银行柜面基本业务有了全面的了解，同时提高了操作技能。

在高柜区参观学习期间，我充分认识到前台员工要特别谨慎细心，因为业务的多样性、风险性，流程的复杂性，员工的微小疏忽，可能给客户带来很大麻烦。在这个过程中，我也体会到员工的团队精神、敬业精神、创新精神和奉献精神。

在蔚县支行实习期间，我也充分发挥了自己计算机专业的优势，多次为网点营业室处理诸如打印机、视频播放等电脑故障，帮助整理电子文件，使营业室工作得以顺利进行。

提示：这篇实习报告是否符合实习报告的格式要求？层次是否清楚？

写作模板4-6

×××岗位(公司)实习报告

我是×××职业技术学院×××专业×××级×××班的学生，根据学校的安排，于××××年××月至××月在×××公司开展了岗位实习(实习情况概述)。

×××公司主要从事××××××××××××××××(实习单位简介)。

此次实习的主要目的是××××××××××××××××××××××××××××(实习目的意义)。现将此次实习活动的有关情况报告如下：

一、实习的过程

1. ×××××××××××××××××××××××××××
2. ×××××××××××××××××××××××××××

二、实习的感悟

1. ×××××××××××××××××××××××××××
2. ×××××××××××××××××××××××××××

三、实习的总结(存在的问题、努力的方向)

1. ×××××××××××××××××××××××××××
2. ×××××××××××××××××××××××××××

四、致谢

×××××××××××××××××××××××××××

语言训练

1. 在我们每次参加见习或实习中，会遇到哪些问题？哪些问题会让你感到困惑？我们应如何解决这些问题？
2. 你怎么理解"实践是检验真理的唯一标准"？

文化采撷

实践出真知的谚语和诗句

【纸上得来终觉浅，绝知此事要躬行】

出处：宋·陆游《冬夜读书示子聿》

释义：从书本上得来的知识，终究体会不深；要透彻地了解某件事，非亲身实践不可。绝：彻底。躬行：亲自实践。

【知而不能行，只是知得浅】

出处：宋·程颢《二程遗书》

释义：有了知识而不能实行，这种知识是肤浅的。

【早岁读书无甚解，晚年省事有奇功】

出处：宋·苏辙《省事》

释义：早年读书对书中所说的道理还不是很理解，但到了晚年审察事物好像得了神助似的。说明年轻时生活阅历浅薄，理解能力不强，随着阅历的加深、经验的丰富，人的认识、理解能力都会增强。

【及之而后知，履之而后艰】

出处：清·魏源《魏源集》

释义：接触事物然后获得知识，把学到的知识付诸实践就知道实践的艰难。

【读书患不多，思义患不明。患足己不学，既学患不行】

出处：唐·韩愈《赠别元十八协律六首》

释义：读书怕读得不多，思考道理怕不明白怕。自以为足够了不再学，既然学了又怕不实行。诗中提出治学的四个主要方面，即多读、深思、虚心、躬行。

【昏昏恋枕衾，安见天地英】

出处：唐·刘禹锡《秋江早发》

释义：如果整天留恋被窝，昏昏欲睡，怎能有机会去欣赏大自然的美景呢？比喻人不接触社会，就不会有见识。衾(qīn)：被子。英：美景。

【不随举子纸上学六韬，不学腐儒穿凿注五经】

出处：宋·刘过《多景楼醉歌》

释义：不学古代读书人在书本上学《六韬》，不学迂腐无用的学者牵强附会地翻译《五经》。举子：封建时代参加应试的人。《六韬》《五经》：书名。腐儒：迂腐无用的学者。穿凿：牵强附会。

课题五　宣传礼仪文书

教学目标

　　知识目标：了解消息和礼仪文书的基础知识、适用范围和一般写法。
　　能力目标：熟练掌握消息、请柬和邀请函的写作技能。
　　思政目标：注重培养学生观察生活的能力，引导学生用自己的眼睛发现生活百态；促使学生正确对待媒介宣传，学会实事求是、客观公正地看待周围的人和事；帮助学生掌握基本职场沟通礼仪和技巧。

第一节　耳目喉舌，通俗易懂——消息

课前阅读

　　刚结束了大学四年的学业，黄诗谊就进入了新闻行业，成为玉林晚报的一名新媒体记者。其实，在黄诗谊还未走出校园的时候，便与新闻记者结下不解之缘。"我虽然不是新闻科班出身，但是一直对'记者'这一职业心生向往，觉得记者是一份值得怀抱热情去追求的职业，所以大学时，在校记者团表现得很活跃，还当过学生会宣传部部长。"在他的眼中，记者关心时事，见证一座城市每天发生的点点滴滴，是城市历史的记录者；24小时待命，总是第一时间出现在新闻现场，为当事人发声；总是在镜头前神采飞扬、处变不惊，和各行各业的人谈笑风生；见识广博，却依旧谦虚地保持对新知识、新事物的追求。

　　"我第一次独立采访是报道一位徒步去西藏自治区的市民。接到选题后，我匆匆忙忙找途径联系到这位市民，采访结束后立马在键盘上打字成稿。那一刻，我才真正感受到写好稿子不是一件轻松的事情。"黄诗谊说道。但是，能通过媒体传播正能量，再辛苦也是值得的。稿件发表后，看着报纸上一个整版都印着自己苦思冥想出来的文字，新闻上署着自己的名字，黄诗谊心里觉得特别自豪。"从毕业到如今，当记者差不多半年了，每天早出晚归，采访、拍图、写稿子、编辑都要独立完成，现在工作越来越顺手，唯一不变的是刚从事这份职业的那股冲劲儿。

　　"做新媒体最怕没有写作灵感，没有灵感时，连走路和吃饭都在思考选题和标题。有时哪怕自己觉得很困，但是躺在床上一闭上眼，满脑子都是新闻标题和内

容，根本无法入睡。"为了一个标题绞尽脑汁，为了找选题把朋友圈刷了十几遍，为了配一张符合文章内容的图片找了十几个网站，对黄诗谊而言，这些都是家常便饭。为了保证每天有充足、丰富、可读性强的内容更新公众号，黄诗谊无时无刻不在构思选题、采访、写稿，甚至在看电影、刷微博、逛贴吧、约朋友吃饭时，看到新鲜事都会随时切换采访写稿模式。

随着"90后"的逐渐成长、成熟，他们已经在社会的各个行业担起了重任，成为这个国家新的脊梁。"90后"走进新媒体，站在宣传舆论的第一线，他们有颜值、有气质、有特质，还有担当；他们不靠噱头、不靠迎合、不靠炒作；他们不传统、不呆板、不沉闷。他们将以更平和的心态、更独特的视角、更冷静的思维、更接地气的语言，扛起新时代媒体人的大旗，向全世界展现国家的风云巨变，记录百姓的生活变迁。

资料来源：劳文静[EB/OL]. http://www.gxylnews.com/html/news/2018/11/167767.html，2018-11-08.

大学生除了学习以外，还需要了解世界形势，熟悉国内情况，关注社会热点，以便从中学习知识、汲取能量。因此，我们应多看新闻，做到与时俱进。那么，如何才能写好一篇新闻？

知识卡片

一、消息的含义

新闻有广义和狭义之分。广义的——新闻是指报刊广播中常用的各种新闻报道体裁，包括消息、通讯、特写、调查报告、新闻评论等。狭义的新闻专指消息。

消息是对新近发生、发现的，有价值的新闻进行简明扼要、迅速及时的报道的形式。

二、消息的特点

(一) 真实性

真实是消息写作的生命。真实性的具体要求是：人物、地点、时间、事件缘由、因果、经过等细节必须有案可查；消息中引用的资料、数据、引语、史实等现实材料和背景材料一定要确凿无疑。

例如：

中国新闻网2019年10月09日消息《两男子杀害一家四口抢钱回家过年潜逃23年终落网》的倒数第二、第三自然段是：1月28日，两人天黑后溜进居民区寻找作案目标，进入一家院子后，两人和男主人相遇，遂持刀向其捅刺数刀后使其失去反抗能力。随后，两人进入室内，将女主人控制索要钱财无果，祝某将女主人强奸杀害，两人又将两个孩子杀害。

翻找钱物时，先后有两人来这家串门，被褚、祝二人控制后，抢得现金一万余元，又将这两人杀害(后经抢救，两人脱离生命危险)。

评析： 从这两个自然段可以发现该新闻标题不准确，两名犯罪嫌疑人明明杀了四人、重伤两人，但标题只提及"杀害一家四口"。此外，该标题冗长，根据新闻事实，其标题应为"两男子杀害4人重伤2人潜逃23年后落网"。

这两个自然段叙事矛盾之处是第二个段落的最后这句话："又将这两人杀害(后经抢救，两人脱离生命危险)。"被杀害的人如何能抢救得过来呢？

新闻语言第一要义是准确，它与新闻客观真实直接关联。记者在采访和写作的过程中，一定要严谨细致、明察秋毫，不放过任何疑点，要验证核实，做到字字句句有事实依据，力求下笔无虚构、无漏洞、无瑕疵，以工匠精神严格把关，做到文从字顺。

(二) 简明性

短小精悍是消息的又一个特点。消息总是用最简洁的语言，摆出事实，讲明道理，所以新闻界曾把消息称为"电报文体"。

(三) 时效性

消息应该在事件发生后最短的时间里见诸报刊等传播媒体，过时的消息就失去了新闻价值，所以消息报道应尽量做到"当日事当日报"。

(四) 新颖性

新闻每天发生，视角各有不同，消息报道的内容要新鲜才有价值。消息不仅要反映新人、新事、新动态、新成就、新风尚、新经验、新举措，而且报道的内容、角度要有意义，有价值，能给人以启迪。

三、消息的分类

根据不同标准，消息可以划分为很多种类型，但不论哪种消息，其结构和写法都大致相同。比如，按报道内容分，消息可分为政治新闻、经济新闻、文教新闻、军事新闻、体育新闻、法制新闻、社会新闻等；按新闻和事件的关系分，消息可分为事件新闻、非事件新闻；按反映对象分，消息可分为人物新闻、事件新闻；按篇幅长短分，消息可分为长消息、短消息、简讯、一句话新闻、标题新闻等。

在我国新闻界，通常按写作特点将消息分成以下四种。

(一) 简讯

简讯是简单报道某件新发生的事情，内容单一、简单，不加任何评论，有的几十字,有的一二百字,有的把若干同类的简讯编排在一起报道,再加上栏目。

(二) 动态消息

动态消息也称动态新闻,它能迅速、及时地报道国内国际的重大事件,反映一个部门、一个单位的新成就,还能报道社会建设中的新人、新事、新气象、新成就、新经验。动态消息中有不少是简讯,内容更加单一,文字更加精简,常常一事一讯,有的篇幅只有几行文字。

例如:

捷龙一号运载火箭"一箭三星"首飞成功

新华社酒泉8月17日电(记者李国利、胡喆) 8月17日12时11分,我国在酒泉卫星发射中心用捷龙一号运载火箭,以"一箭三星"方式成功将"千乘一号01星""星时代-5"卫星和"天启二号"卫星发射升空,卫星均进入预定轨道。

评析:这是一篇典型的动态消息,时间、地点、事件等内容集中且突出,以叙述为主,一事一报,文字简洁。

(三) 综合消息

综合消息也称综合新闻,指的是综合反映带有全局性情况、动向、成就和问题的消息报道。这类消息主题比较重大,有高度的概括性。

例如:

规范新业态企业用工 保障灵活就业人员权益

工人日报 2020年1月28日

本报讯(记者钱培坚)日前,在上海"两会"上,上海市总工会针对灵活就业人员普遍存在用工形式多样、劳动保护制度缺失、民事地位不对等等问题,提交了《加强新业态企业就业形态法律研究 落实新型用工模式下职工权益保障》的提案,期望通过规范新业态企业用工形式,更好发挥其在扩大就业、促进创业等方面的重要作用。

专车司机、外卖小哥、电商雇员……新业态经济衍生出新型就业形态,据不完全统计,上海灵活就业人员已超过150万人……

评析:这是一篇报道上海市总工会针对灵活就业人员落实新型用工模式下的职业权益保障工作的综合消息。综合消息既有全面的概述,又有代表性的事实,并使两者有机结合。

(四) 述评消息

述评消息也称新闻述评，它除了具有动态消息的一般特征，还往往在叙述新闻事实的同时，由作者直接发出一些必要的议论，简明地表达作者的观点。记者述评、时事述评就是其中的两种。例如，参考消息报道媒体述评：中国为2020年经济发展布局定调。述评消息是边叙述新闻事实边进行评论，分析要中肯、深入，不能海阔天空，随意评论。

知识扩展

消息与信息的区别

对于信息，大家都比较熟悉，乡镇、县直单位都要向本级、上级党委政府报写信息，这个叫政务信息，它是用较短的篇幅、简洁的文字，及时、准确反映政府、单位工作运转情况，以及与政务活动有关的新情况、新问题，供领导决策和管理的信息形式。消息是新闻的主体，是对新近发生事件的报道。消息比较复杂一些，而信息则相对简单一些。

首先，从形式上看，消息的标题完整而全面，消息可以有引题、主题和副题；而信息只有主题，一般没有副题，只有在特殊人物的身份需要说明和对科技信息需要补充说明时，才有副题，但绝对不能有引题。因此，信息要采用单标题，即只有一个主标题，特殊情况可以有副标题。另外，任何消息都有讯头，新闻消息的讯头用来标明消息的来源；而信息不需要讯头，不需要刻意标明作者获取信息的具体地方。

其次，从内容上看，虽然信息与新闻消息都有导语，且导语形式大多采用"倒金字塔式"结构，即在文章开头的那一段，把最重要、最新鲜的事实放在最前面，其他内容依重要与新鲜程度按顺序排列。在信息化社会的今天，人们希望用最短的时间得到最重要和最多的信息。一般新闻消息的导语或主体部分可以有新闻背景，甚至有一些细节；而信息则要求直接切入正题，不做过多的展开，直来直去，言简意赅。

最后，从语言风格上看，信息语言要求朴实、简洁、明快，不需要过多的修饰用语，信息讲求一个"短"字，行文有一说一，有二说二，不求说得多深多透，只告诉受众是什么、不是什么，点到为止，即在"短"字上见真功夫。因此，对信息的基本要求是：信息字数虽少，但内涵要丰富，不摆"龙门阵"，只登"豆腐块"，三言两语，直截了当，把事情说清楚，抓住主要矛盾即可；而消息可以多做渲染和铺垫，还有对背景材料的灵活应用。

在日常生活中，人们也常常错误地把信息等同于消息，认为得到了消息，就

是得到了信息。例如，当人们收到一封E-mail，接到一个电话，收听广播或收看电视等，就说得到了"信息"。确实，人们从接收到的E-mail、电话、广播和电视的消息中能获得各种信息，信息与消息有着密切的联系。但是，信息与消息并不是一件事，不能等同。消息中包含信息，是信息的载体，得到消息，从而获得信息。那么，我们在写作过程中如何处理消息和信息呢？其实很简单：向新闻媒体投稿就写消息，向上级部门汇报就报信息，消息可改成信息，信息稍加工一下可改成消息，两者兼顾，就解决了媒体工作者既要完成新闻报道任务，又要完成信息报送任务却没有时间写的问题。

四、消息的结构

从结构布局上看，消息通常分为两种：倒金字塔式及金字塔式。其中，较为常用的是倒金字塔式结构。

(一) 倒金字塔式结构

倒金字塔式结构的第一段是导语，是较为重要的新闻事实概括，然后按照新闻事实的重要程度依次写下去。

倒金字塔式结构不是根据事件发生、发展的时间顺序来安排层次段落的，而是根据事实的重要程度或受众的关心程度来决定段落顺序。它要求把最重要、最新鲜或最精彩的新闻事实放在消息的开端，即新闻导语里面。其他事实也是按先重后轻、先主后次的顺序来安排的。它多用于事件性新闻的写作。

倒金字塔式结构的优点：能体现新闻性；开门见山，概括性强；契合读者心理，并能引起"新闻欲"；便于编辑处理稿件和制作标题，便于记者增加新的重要事实材料。

倒金字塔式结构的缺点：过于标准化、程式化，缺乏多样性，往往略输文采，越到后面越显得无力，有"虎头蛇尾"之嫌；比较容易出现标题、导语、主体"三重复"的现象。

例如：

《寄生虫》再掀"韩流"热潮 外媒剖析韩国缘何成为文化强国

参考消息网2月13日报道　外媒称，电影《寄生虫》再次掀起"韩流"热潮。

据西班牙《国家报》网站2月11日报道，韩国导演奉俊昊凭借影片《寄生虫》横扫戛纳和奥斯卡，摘走金棕榈后又捧走小金人。这部影片讲述了一个贫困家庭和一个富裕家庭的纠葛，在引人发笑的同时深刻地揭示了资本主义的结构性不平等。

与此同时,"韩流"组合防弹少年团从2017年开始就在国际舞台上叫响了名号。在不到一年的时间内,他们有3张专辑雄霸美国最畅销歌曲排行榜,而这一纪录自甲壳虫乐队1995年创下之后还从未有人复制。

……

评析: 倒金字塔结构第一层导语概括最重要的新闻事实,以下的新闻主体是对导语的补充说明。

(二) 金字塔式结构

金字塔式结构是按事情发生的始末,即依时间顺序安排材料的一种消息结构形式。事情的开始和结束,就是新闻的开头和结尾。

金字塔式结构的优点:行文构思比较方便;可以保持事实比较完整的故事性;容易清楚地反映新闻事件的原委。

金字塔式结构的缺点:可能比倒字金塔的篇幅大一些;容易显得平铺直叙;有些题材从头说起,容易显得平淡或缺乏新鲜感。

五、消息的写法

消息通常由标题、导语、主体、背景、结尾构成。

(一) 标题

消息最重要的是标题,标题是消息的眼睛,因此必须用最简单、最清楚的方式呈现,一般采用主谓结构的单句,回答"谁怎么样""什么怎么样""哪里怎么样"等问题。消息的标题在内容上灵活多变,在形式上却有一定规则,大体上有单行、双行和三行三种。

1. 单行标题

单行标题即只有正题一行的标题,表示消息的主要内容。

例如:

中国学生新学期居家"云上课"引外媒关注

2. 双行标题

双行标题又分为"引题+正题""正题+副题"两种。正题用来概括与说明主要事实和思想内容。引题用来揭示意义或交代背景,说明原因,烘托气氛。副题用来提示报道的事实结果,或作内容提要。双标题一般虚实结合、互为补充。

例如：

专家献策团第三次恳谈会妙语连珠(引题)

省领导鼓励科技人员献良策(正题)

例如：

利益面前，干部退一步(正题)

虹桥镇第二次改制突出"公平共享"、干部退股、再次分配(副题)

3. 三行标题

三行标题即标题由引题、正题、副题三行文字组成，也有的由"一行正题+两行副题"组成。

例如：

知否？知否？应是贱"肥"贵"瘦"(引题)

爱吃瘦肉者，请您多付钱(正题)

本省十几个县市调整猪肉各个品种之间的差价(副题)

知识扩展

抗疫报道中的好标题给人们以信息、思想和力量

1. 增兵火神山(新华社，2月1日)

点评：生动，简洁，有力量！

2. "火神"战瘟神——火神山医院10天落成记(新华社，2月2日)

点评："火神"战瘟神，形象，生动，有力！

3. 同时间赛跑，与病魔竞速(人民日报海外版，2月3日)

点评：行文对仗，观点鲜明，易流行。

4. "说什么代购，我们直接捐！"(人民日报海外版，2月3日)

点评：直接引用文中人物的原话作标题，生动形象，让人印象深刻。

5. 武汉市金银潭医院院长张定宇：面对病毒，我必须跑得更快(人民日报，1月30日)

点评：个性化语言，给人留下深刻印象。

6. "我不是英雄，但绝不当逃兵！"(新华社，2月1日)

点评：实话实说，真实可信！

(二) 导语

导语前面要有"消息头",如"新华社某月某日电""某报消息"等,字体加黑,与正文空一格。消息头是版权所有的标志,可标明消息的来源,也易于让受众和编辑将消息与其他体裁区别开来。

导语是消息的第一段或第一句话,由消息中最新鲜、最主要的事实或精辟的议论组成,以吸引读者。平常所说的消息结构是"倒金字塔"式,原因就在于此。导语主要有以下几种形式。

1. 叙述式导语

简明扼要地写出主要事实和经验,或对全篇事实材料进行综合概括,揭示主要内容。

例如:

《参考消息》2019年12月22日消息《2019,中国继续坚定支持联合国事业和多边主义》的导语:

"新华社联合国12月19日电(记者王建刚) 2019年,全球单边主义、保护主义逆风不减。在联合国舞台上,中国积极推动全球气候治理进程,足额缴纳联合国会费,积极支持联合国维和行动,推动各方对话协商解决全球和地区热点问题。中国以实际行动赢得国际社会广泛赞誉。"

2. 疑问式导语

先把问题鲜明地提出来,引起读者的关注或兴趣,然后引出下文。

例如:

《参考消息》2019年12月13日消息《在与中国合作这件事上,他们"不会受制于美国压力"》的导语:

"这段时间,欧洲5G建设紧锣密鼓,但各国运营商不得不面对一个难题:要不要选择中国供应商?

原因显而易见:美国四处鼓吹'中国威胁',胁迫有关国家在5G供应商选择问题上远离中国企业。"

3. 描写式导语

对富有特色的事实或有意义的一个侧面,用简练的笔墨进行形象描绘,给读者以鲜明的印象。

例如：

中国香港《南华早报》2011年10月18日消息《农民的丰收喜悦被通胀削弱》的导语：

"一个和煦的秋日，黑龙江佳木斯市农民王宝伟家的稻田里，一台联合收割机正在来回穿梭，轰隆隆地忙着收获，一袋袋金灿灿的粮食不时从机器后面滚落。"

4. 评论式导语

先对消息的内容进行评论，或评价其做法，或指出其原因，或说明其意义。

例如：

《参考消息》2020年2月18日消息《徐万胜、姬世伦："地区"视域下中日安全关系的演变脉络》的导语：

"中日安全关系的发展，不仅在两国双边关系中占据重要地位，而且对两国所处地区的和平与稳定发挥了重要作用。自1972年中日邦交正常化以来，两国关系的发展实践不断丰富着地区概念的内涵。基于'地区'视域，中日安全关系的演变脉络呈现出明显的阶段性变化：从'反对地区霸权'共识下的友好合作，转为'东亚安全治理'框架下的相互警惕认知，直至'跨域秩序构建'进程中的大国战略博弈。中日两国有关地区秩序构建的概念认知与路径选择，正在深刻地影响着彼此间安全关系的发展趋势，需要双方采取积极措施来共同构建新型地区安全关系。"

5. 引用式导语

引用消息中人物深刻而富有意义的语言作为导语。

例如：

《人民日报》2013年1月12日消息《干部晒黑了 村庄变美了》的导语：

"'短短的6个月，我们村告别了几辈人居住的土屋矮墙，迎来了青砖红瓦。太阳能、热水器这些新玩意儿也搬进了家中。大家齐心协力共建，干部晒黑了，村庄变美了。'青海祁连县峨堡镇峨堡村党支部书记陈建新感慨地说。"

以上是几种常见的导语形式。导语的形式还有很多，而且这些形式也不是固定不变的，我们可以根据表达的具体内容确定使用哪种形式，并有所创新。

(三) 主体

主体是消息的主要部分。它承接导语，阐述导语所揭示的主题，或回答导语提出的问题，对消息事实做具体的叙述与展开。撰写消息主体部分时，要注意以下三点。

1. 主干突出

消息的主体是主干，典型材料要用在主干上。与主题无关的材料要舍弃，次要材料要简略。

2. 内容充实

回答导语中提出的问题，其内容必须具体、充实、有说服力。导语提出什么问题，主体就要回答什么问题，这样才能紧扣中心、突出重点。

3. 结构严谨，层次分明

要恰当地划分段落，有条不紊地展开叙述。它的层次一般有以下三种顺序：一是时间顺序，按事情发生、发展、结束的先后顺序安排层次；二是逻辑顺序，根据事物的内在联系来安排层次；三是时间顺序和逻辑顺序相结合，这样写严密而有条理，活泼而不混乱。

例如：

据新华社巴黎8月31日电 英国王储查尔斯王子的前妻戴安娜于本地时间8月31日凌晨在巴黎遭遇严重车祸，送往医院后不治身亡。

据悉，戴安娜与其男友埃及亿万富翁之子法耶兹于30日下午来到巴黎。当天午夜，他们在巴黎里茨饭店共进晚餐后，乘坐一辆奔驰600型汽车飞速驶向法耶兹在巴黎的一座私邸，一群摄影记者在途中紧追不舍。戴安娜的汽车加大马力急速行驶，试图摆脱摄影记者，不幸在一处公路隧道里与一根立柱碰撞，造成严重车祸。法耶兹和司机当场死亡。戴安娜及其保镖身受重伤。

车祸发生后，抢救人员立即将戴安娜等人送到医院。负责抢救戴安娜的医生不久宣布，戴安娜在车祸中手臂骨折，大腿受伤并发生严重脑震荡，在抢救过程中因胸腔大出血，于凌晨4时死亡。

法国总统希拉克和总理若斯潘对戴安娜不幸身亡表示震惊。据巴黎警方宣布，车祸发生后，尾随戴安娜的7名摄影记者被带到巴黎警察总署接受调查。

评析： 这则消息篇幅不长，但层次清楚，起承转合自然，叙述较生动，行文亦波澜起伏。

(四) 背景

背景是消息的附属部分，是对消息事实产生、发展的历史、环境、条件、原因等情况的说明或注释。它的作用在于：说明事情发生的具体条件和独特原因，帮助读者全面、完整地理解消息事实；通过对比、衬托，进而突出主题，深化主题；使消息内容更加充实饱满、生动活泼，增强知识性和趣味性。

消息背景大体可分为以下四类。

1. 对比性背景

对报道事物的过去和现在、正面和反面等进行对比,以突出所报道事物的重要意义。通过对比,突出矛盾和差异,显出特点和价值。

2. 说明性背景

介绍和交代与新闻事实相关的政治背景、地理背景、历史背景、思想状况或物质条件等情况,用以说明事物产生的各种因素,揭示事物发生或变化的意义。

3. 注释性背景

对消息事实的有关问题进行解释,如对产品(物品)的性能特点、科技成果、技术性问题、名词术语、文史知识、风俗人情等进行注释、介绍,以帮助受众掌握消息内容,增长知识和见闻,增强消息的知识性和趣味性。

4. 补充性背景

对消息事实的有关问题进行补充,以帮助读者更全面、完整地理解消息事实。

背景只是消息的附属部分,并不是每条消息都要有背景,与事实主题无关的材料都不能充当背景,即使非写背景不可,也要写得言简意赅、恰到好处,绝不能喧宾夺主。至于背景究竟应写在消息中的何处,是否独立成段,不能强求一律,而要根据需要灵活安排。

(五) 结尾

结尾是消息的最后一段或一句话,阐明消息所述事实的意义,使读者对消息的理解、感受加深,从中得到更多的启示。

消息的结尾方式有小结式、评论式、希望式等。有的消息在事实写完后,文章就止住了,结尾就在事实之中。

六、消息的写作要求

(1) 围绕主题选材,紧扣主题。
(2) 结构严谨,层次清楚,段落分明,衔接自然。
(3) 尽量生动,写出事件的波澜。
(4) 既要内容充实,又要注意剪裁,做到详略得当。

优秀例文5-1

创造港珠澳大桥的"极致"

世界最长海底隧道"最终接头" 二次"精调"实现毫米级偏差

珠江晚报 陈新年 廖明山 2017年5月11日03版

本报讯(记者 陈新年 廖明山) 港珠澳大桥海底隧道工程近日完成"最终接头"的安装,已经可以步行穿越了。昨天,记者来到这条世界最长的海底隧道采访,除了兴奋之外，还得到了一个令人震惊的消息：在"最终接头"成功安装后，还进行了一次耗时34小时"返工"式的精密调整，最终误差缩小到了"毫米"，建设者们说："我们没留遗憾。"

港珠澳大桥海底隧道是世界最长的海底深埋隧道，沉管总长度5664米，由33节混凝土预制管节和1节12米长的"最终接头"组成。其中，"最终接头"所采用的"小梁顶推"技术和装备为自主研制并属世界首创。

5月2日，"最终接头"在10多位外国专家和99名媒体记者的见证下，在28米深的海水中实现成功安装，南北向线形偏差控制在正负15厘米的标准范围内，实现了"日出起吊、日落止水、滴水不漏"的奇迹。

欢呼祝贺过后，最终接头的线形偏差引起了争论。"港珠澳大桥是120年设计使用寿命的超级工程，就像之前曲曲折折的33根沉管安装一样，这一次也绝不能留下任何遗憾。"3日早上，中国交通建设股份有限公司总工程师、港珠澳大桥岛隧项目总指挥林鸣提出了一个大胆的想法——重新安装调整。

"这么好的结果，我反对再调整！"决策会上，"最终接头"止水带供应商荷兰特瑞堡公司工程师乔尔表示，"虽然止水带仍然可以再压缩一次，但是为了精调一个方向，就可能将这些来之不易的完美重新置于不确定性之中，一旦发生碰撞，不仅损失超亿元，甚至会造成重大事故。"

上午10时许，多方讨论的结果是"偏执"占了上风。乔尔被这些为了精益求精而甘愿承担极大风险的中国工程师的情怀而感动，他感叹"这是一个非常艰难的决定"。

4日晚8时43分，执着的大桥建设者经过34小时的奋战，将"最终接头"的线形偏差成功缩小到东侧0.8毫米、西侧2.5毫米。

"这就是我想要的结果。"一天没上厕所、连续34个小时没合眼、指令发出上万次的林鸣终于笑了。"在我参与的15座沉管隧道建设中，这个是最棒的，没有之一，港珠澳大桥是世界造桥技术的最高体现。"乔尔感慨万千。

荷兰隧道工程咨询公司TEC是世界沉管隧道领域的佼佼者，曾笑称"中国企业不会走路就想跑"。5日，该公司发来贺电，向精准完成这一世界级难度安装的工程建设者们致敬。贺电中说，中国建设者的最终接头施工方案，是对世界沉管隧道技术的重大贡献。

评析：消息格式规范，是典型的倒金字塔式结构。导语概括中心，引人入胜；主体描写细致入微，补充说明导语；题材重大，注重细节描写。通过文字，读者可以看到港珠澳大桥建设者的匠人精神。文章中多处出现准确数字和专业解读，说明采访扎实，记者用心了。

优秀例文5-2

习近平会见印度总理莫迪

新华网巴西福塔莱萨2014年7月14日电(记者钱彤荀伟)当地时间7月14日，国家主席习近平在巴西福塔莱萨会见印度总理莫迪。

习近平表示，中印作为两个最大的发展中国家和新兴市场国家，都处在实现民族复兴的伟大历史进程中，最珍惜的就是和平与发展，两国的理想和目标息息相通。中印都是世界上重要一极，拥有许多战略契合点。中印用一个声音说话，全世界都会倾听。中印携手合作，全世界都会关注。无论从双边、地区还是全球层面看，中印都是长久战略合作伙伴，而非竞争对手。携手实现和平发展、合作发展、包容发展，让两国25亿人民过上更好的生活，为地区乃至世界增加和平与发展的力量，是我们最大共同利益所在。我愿意同莫迪总理一道，将中印战略合作伙伴关系不断提高到更高水平，共同维护我们的战略机遇，维护亚洲乃至世界的和平稳定。

莫迪表示，印度新政府更加致力于经济建设，希望借鉴中国的成功经验，扩大两国经贸、人文、旅游、教育、人才培训等领域的交流合作。印方欢迎中国企业投资印度铁路等基础设施建设，在印度建立工业园区，并且正在积极考虑加入亚洲基础设施投资银行。印方愿意继续通过现有机制，以友好协商方式和平解决两国边界问题。印中两国要加强在国际和地区事务中的协调和配合，共同促进亚洲和世界和平、发展、繁荣。

王沪宁、栗战书、杨洁篪等人参加会见。

评析： 本篇新闻是典型的消息型新闻。"当地时间7月14日，国家主席习近平在巴西福塔莱萨会见印度总理莫迪"是这条消息的核心，是最重要的事实，放在第一段中，即导语。习近平与莫迪的讲话是新闻的主要内容，即新闻的主体部分，构成第二、三段。"王沪宁、栗战书、杨洁篪等人参加会见"是次要内容，但也是读者较为关心的内容，放在第四段。文章采用倒金字塔式结构。

优秀例文5-3

72所高职院校今年新设家政相关专业

2019-12-23《人民日报》2019年12月23日02版

记者从日前召开的促进家政服务业提质扩容部际联席会议第一次全体会议获悉：今年以来，家政服务业培训数量和质量同步提升。今年有72所高职院校新设家政相关专业，本科和中职家政相关专业招生较去年大幅提升，多层次家政教育培训体系初步建立。

近年来，我国家政服务业快速发展，2018年家政服务业经营规模达到5762亿元，同比增长27.9%，从业人员总量已超过3000万人，但其中仍存在有效供给不足、行业发展不规范、群众满意度不高等问题。

会议强调，2020年要着力发展员工制家政企业，推动家政进社区，在培训提升、行业规范、环境营造、权益保护、智慧家政、金融服务六方面促进家政服务业提质扩容。在培训提升方面，将在符合条件的学校增设家政专业点，增加招生计划；抓好500万培训人次目标任务的落实，抓好家政产教融合基地建设，抓好示范性家政产教融合型企业培育。

评析：采用单行标题形式，直接叙述新闻事实，开门见山，简明、概括地叙述了本条新闻最重要的核心内容；采用倒金字塔式结构，把新闻中最重要、最新鲜的事实放在最前面，次要内容放在第二段，依此类推，做到中心突出、重点明确，以吸引受众的兴趣；消息主体部分记录了精确的时间、精确的地点、详细的过程，避免了简单的重复，逻辑性强，引用了数据，增加了新闻的可信度。

问题诊断

种族歧视？马拉多纳世界杯上对亚洲球迷"拉眼角"

2018年06月17日　01：39：39　来源：凤凰网体育

北京时间6月16日，在阿根廷对阵冰岛的世界杯焦点战中，球王马拉多纳竟在看台上做出了歧视亚洲人的动作。

据BBC记者雅基-奥特莉的爆料，看台上的几位韩国球迷朝马拉多纳打招呼，老马先是微笑并飞吻，随后就朝他们做出了向上拉眼角的动作！记者表示所有人都惊呆了，而坐在老马旁边的记者也印证了这个说法。记者西玛-贾斯瓦尔说，她目睹了老马的歧视动作，那些球迷只是希望拍照，而老马却如此回应，这太让人失望了。

向上拉眼角是一个典型的歧视亚洲人的动作，其含义是讽刺亚洲人都是眯眯眼。效力于河北华夏幸福的阿根廷球星拉维奇曾经做出这个动作，受到了一致的批评。最近卡卡女友也被曝出在社交媒体上用这个动作公然歧视亚洲人。

提示：

1. 这个导语写作不够好。作为名人，任何反常的事都是新闻，问题是，马拉多纳究竟在看台上做出了怎样的动作歧视亚洲人了？记者没有交代，这就是失误。新闻语言要准确、具体，不能含糊其辞。

2. 该新闻的第二自然段中居然称呼马拉多纳为"老马"，这实在是太不严肃了。私下里聊天可以这么说，但新闻毕竟是媒介文化，应规范。用中国人的口头禅称呼外国人，这显然不符合对方的文化习俗，反映出记者新闻素养的缺失。

3. 该新闻的标题也不够准确、简洁，应改为"马拉多纳世界杯上对韩国球迷'拉眼角'引非议"。

写作训练

阅读下则消息的导语部分，结合本节内容，说说导语的几种写法，并对下则消息的导语进行评析、修改。

生活不如意　酒后寻刺激　青岛一白领猥亵仨女子

大众网　2019-08-20　09：23

白天文质彬彬，晚上人面兽心。近日，胶州市检察院通报了一起外企白领猥亵女子案件，这名男子白天有着体面的工作，但因生活不如意，晚上常常借酒浇愁，专门尾随身穿制服、黑丝袜的女性，伺机实施猥亵行为，最终被抓获。男子因犯强制猥亵罪，一审被判处有期徒刑九个月。

语言训练

和同学们分享一篇你最近读到的最感兴趣(有意思)的消息，并回答下列问题。

1. 该消息标题属于哪种类型？
2. 哪个部分是导语？属于什么类型？
3. 全文采用什么结构？依据是什么？
4. 该消息有无背景材料？如有，在哪里？属于什么类型？
5. "消息的真实性"这一特点给你带来怎样的启示？

文化采撷

最近这些写材料标题的神操作，太浪了！

近期各大媒体的战"疫"报道中，有很多令人拍案叫绝的好标题。这些标题巧用比喻、借代、拟人、对偶、排比、对比等修辞手法，非常值得学习和借鉴。

一、比喻

比喻，也叫打比方，就是运用通俗易懂的具体事物，借以说明或描写某些抽象的、生疏的事理，将深刻的、抽象的道理浅显、生动、形象地表达出来，以此引发读者联想和想象，给人以鲜明深刻的印象，进而增强感染力。

《抗疫不能简单"抄作业"，必须做好"绣花功"》

——渭南广播电视台 2020年2月20日

《医疗界"四大天团"集结完毕！》

——长江日报 2020年2月9日

《抗击疫情战线上的"隐形战士"》

——大众网·海报新闻 2020年2月13日

《抗击疫情战场上，盛开着一朵美丽的格桑花》

——广州日报 2020年2月13日

《火神山医院工地的"铁娘子"们》

——光明网 2020年2月7日

二、借代

借代，是指说话或写文章时不直接说出所要表达的人或事物，而是借用与它密切相关的人或事物来代替的修辞方法。

《"胡辣汤"对"热干面"的情意》

——河南日报 2020年1月30日

《火神雷神战"瘟神"》

——中新社北京 2020年2月9日

《"黑科技"守护"白大褂"》

——新华每日电讯 2020年2月5日

《看，那些冲锋在前的白衣"95后"》

——人民日报 2020年2月7日

三、拟人

拟人，就是把事物人格化，将本来不具备人的动作和感情的事物，变成和人一样具有动作和感情的样子，使语句更加生动、形象、具体，更能贴切传神地表达作者的情感，让读者感到所描写的事物更鲜活、更具体。

《别让谣言跑在科学前面》

——人民网 2020年1月28日

《白菜致口罩的一封信》

——河南日报 2020年1月31日

《武汉莫慌，我们等你》

——人民网 2020年2月19日

四、对偶

对偶是用字数相等、结构相同、意义对称的一对短语或句子来表达两个相对应或相近或意思相同的修辞方式。它具有凝练集中、概括力强的特点,看起来整齐醒目,听起来铿锵悦耳,读起来朗朗上口,便于记忆传诵。

《病毒必须隔离,人心不能疏离》

——人民网 2020年1月28日

《守好一个门,守护一座城》

——人民网 2020年2月19日

《同时间赛跑,与病魔较量》

——人民网 2020年2月13日

五、排比

排比是以内容密切相关、结构相同或相似、语气一贯的三个以上并列词句,表达同一性质、同一范围的内容,以达到集中说理、尽情状物、充分抒情的目的的一种修辞方式。它能增强感染力和说服力。

《武汉必胜!湖北必胜!中国必胜!》

——人民网 2020年2月12日

《更坚定的信心,更顽强的意志,更果断的措施》

——央视网 2020年2月11日

六、对比

对比是把两个相对或相反的事物,或者一个事物的两个不同方面并举出来、相对比较的一种修辞方式。它能增强表达效果,给读者以深刻的印象和启示。

《最远的你,是我最近的爱》

——新华社 2020年2月14日

《安全距离可以有,人间温暖不能无》

——新华社 2020年2月3日

第二节 投之以桃,报之以李——请柬和邀请函

蒲松龄赴宴

有一日,蒲松龄接到宰相送来的一份请柬,上面写着:"请吃半鲁。"蒲松龄

对此类请柬深恶痛绝，老百姓连饭都吃不上，当官的还只顾吃喝玩乐。于是，他对送请柬的来者说："我身体不佳，不能前往，请宰相谅解。"其妻在一旁听到丈夫不去赴宴，认为不妥，对蒲松龄说："这样做不好，一来人家是宰相，二来您和宰相曾经同窗共读，他当了官没忘旧友。不管从哪方面说，都应该去。"蒲松龄沉思良久，最后还是决定赴宴。

来到宰相家里，宴席开始，只见两位侍女抬着一盆鱼汤送上桌来。宰相说："请包涵，小弟入官以来，一直保持清廉，不涉烟尘。此非席宴，不过想请尊兄尝试一下怎么浑水摸鱼而已，只有悟此奥妙，才可步入尘世。"蒲松龄闻此，很是不悦，认为人生就该出淤泥而不染。于是想了个法子，来日回敬宰相。

事隔数日，蒲松龄采用同样的方式宴请宰相。宰相接到"请吃半鲁"的请柬之后，欣然前往。看到茅房破屋，心里不由产生一种怜悯感。想当年，同窗共读，老兄的学识远远超过自己几倍，只因性情刚直，对世态炎凉怀有不满，加之无钱打点各级考官，竟沦落到如此地步。他欲取银两救助，蒲松龄坚决不收。只和宰相叙旧，却不提开宴一事。

宰相感觉腹中饥饿，不时地到屋外张望太阳，但直到太阳偏西，仍没有入席的动静。宰相饿得实在受不了，问蒲松龄："尊兄何时置宴？"蒲松龄随口答曰："一日三餐已毕，您又吃足'半鲁'，为何还要设宴？"宰相恍然大悟，"鲁"的下面，明明是个"日"字，我叫他吃了上头，他却叫我吃下头。这个含义可不一样呀，这个下头吃进去，不是满肚的太阳吗？这不是劝我当个怀抱太阳的明官吗？宰相虽挨了一天的饿，但领悟了做官的道理。

请柬和邀请函在现代生活中随处可见，在当今社会组织的公共关系活动中，请柬和邀请函的应用非常广泛和频繁，是社会礼仪交际的重要媒介。

知识卡片

一、请柬

(一) 请柬的含义

请柬又称请帖，是人们在节日和各种喜庆活动中邀请宾客所使用的一种日常文书。它比一般信件和通知更庄重、更正式，一般用于联谊会、与友好单位或个人交往的各种纪念活动、婚宴、诞辰或重要会议等，在处理人际关系、开展公关活动中具有不可忽视的作用。

(二) 请柬的特点

1. 礼节性

请柬是为盛情邀请对方而发出的。对于被邀请者，即使近在咫尺，也应郑重其事地发出请柬，这既表示对客人的尊敬，也表示邀请者对有关活动的郑重态度。同时，在语言上也突出了礼节性，如"敬请届时参加""敬请光临""敬请惠顾"。另外，请柬设计的艺术性、格式的规范性也表现了礼节性的特点。

2. 告知性

请柬是为告知客人参加某项活动而发出的，所以请柬要写明活动的内容、地点、时间等，以便客人能准时赴约。

3. 艺术性

请柬一般用于正式的社交场合，故在款式和装帧设计方面具有艺术性的特点，即美观、精致、独特、大方。请柬的封面常以图案装饰，亦可烫金，一些有特殊意义的请柬，常被人们当作纪念品珍藏起来。

4. 广泛性

请柬的适用范围相当广泛。随着现代社会人们交往的日益频繁，各种活动逐渐增加，很多活动和事项都要通过请柬来邀请客人参加，这突出体现了请柬的广泛性。

(三) 请柬的分类

1. 按性质划分

按性质的不同，请柬可分为婚礼请柬、会议请柬、宴会请柬、招待会请柬、寿诞请柬、观摩请柬等。

2. 按书写形式划分

按书写形式的不同，请柬可分为横式写法和竖式写法两种。其中，竖式写法为从右边向左边写。

3. 按使用角度划分

按使用角度的不同，请柬可分为个人请柬和集体请柬。个人请柬是以个人名义发出的；集体请柬是以单位名义发出的。

(四) 请柬的写法

请柬一般有两种样式：一种是单面的，直接由标题、称谓、正文、结尾、落款构成。另一种是双面的，即折叠式，一面为封面，写"请柬"二字；另一面为封里，写称谓、正文、结尾、落款等。

1. 标题

在封面上写的"请柬"或"请帖"二字就是标题，也可标明"××活动请柬"，一般要做一些艺术加工，可用美术体文字，文字可以添加色彩，可以烫金，可以有图案装饰等。

2. 称谓

抬头顶格写上被邀请单位名称或个人姓名，后加冒号。姓名后要有职务或职称或尊称，如"××院长""××教授""××先生"。请柬是较为庄重、正式的一种文书，因此要特别注意称呼得体。

3. 正文

称呼下一行空两格写正文，用"兹定于""谨订于"开头，写明邀请参加会议或活动的内容及具体时间、地点和其他事项。

4. 结尾

在结尾处要写上礼节性问候语或恭候语，如"届时恭请光临""敬候莅临"等。在古代，这种礼节性的问候被称为"具礼"。

5. 落款

文末写明邀请者的姓名和日期。

(五) 请柬的写作要求

(1) 文字要美观，用词要谦恭，要充分表现出邀请者的热情与诚意。

(2) 语言要得体、庄重、精练、准确，凡涉及时间、地点、人名等一些关键性的词语，一定要核准查实。

(3) 在纸质、款式和装帧设计方面，要注意艺术性，要做到美观、大方。

例如：

请柬常见的敬语

我公司的最新家居生产流水线届时也将向参观者开放。

届时：到时候。如"我们真诚地邀请您届时光临指导""我们公司届时会展出本年度的最新产品"。

恭请先生拨冗莅临指导。

恭请：恭敬地邀请。"恭+单音节动词"常用于礼仪文书，表示对对方的尊敬。如"恭候您的光临""恭祝您身体健康"。

拨冗：请对方推开繁忙的工作，抽出时间。如"希望您能拨冗回复信件"。

莅临指导：敬语，指邀请对方来指导工作，常用于礼仪文书和欢迎语。如"恭请各位专家莅临指导""欢迎市政府领导莅临指导"。

未尽事宜，请与博览会执行委员秘书×××联系。

未尽：形容词，未完。如"未尽事宜另行通知"。

敬备酒宴恭候。

敬：敬词，恭敬地，表示对对方的尊敬，常用在文书的末尾。如"敬请光临""吴忠明 敬上"。

谨邀请您于2020年5月13日来华。

谨：敬词，表示郑重、恭敬。如"谨定于7月3日上午九时整在蓝天大酒店举行宴会"。

恭请大驾光临。

大驾：表示对他人的尊敬，形容尊敬的客人到家或到单位做客。

二、邀请函

(一) 邀请函的含义

邀请函又叫邀请信或邀请书，是为了增进友谊、发展业务，邀请客人参加各种活动的信函。商务邀请函一般由主办方发出，邀请对方出席正式的商务庆典、商务联谊等重要活动。有些参观、访问、比赛、交流、会面、协商等活动，也会使用邀请函发出正式的邀请。

知识扩展

请柬和邀请函的辨析

请柬和邀请函都是邀请客人来参加某项活动而提前发出的礼仪性文书。两者功能相同，但在使用时又有区别。

请柬的内容比较简单，但礼仪性很强，侧重于礼节性活动。如迎宾客、开幕式、婚礼等。通常用词典雅，制作精美，格式固定。

邀请函的使用范围更广一些，内容也比较具体，要说明活动的基本情况和具体安排，说明邀请客人的原因，语言礼貌，比较平易。

一般来说，邀请函都有被邀请者回复是否接受邀请，请柬则不用。

(二) 邀请函的特点

1. 详尽性

邀请函可以是一页或多页，可对会议或活动的背景、具体内容、形式、规模等做较为详细的介绍和说明，从而引起被邀请者的关注，激发其参与兴趣。

2. 庄重性

在开展各种喜庆活动、纪念活动或开联欢会以及某个重要会议时，邀请者为表示郑重而向被邀请者发出邀请函。在邀请函发出后，相关人员还应根据需要主动与被邀请者联系，以确保全部或大部分能准时参加活动或会议。一般邀请函附有回执。

3. 广泛性

随着社会的发展，党政机关、企事业单位、人民团体或个人的对外交往日益增多，各种活动会议都需要宾客参加，邀请函的广泛应用性更突出地表现出来。

(三) 邀请函的分类

1. 普通邀请函

邀请对象一般是朋友、熟人，只要表明邀请的意图，说明活动的内容、时间、地点即可。这种邀请函的篇幅可以非常简短，内容和格式也比较简单。

2. 正式邀请函

这类邀请函一般由会议或者学术活动组委会的某一个负责人来写，以组委会的名义发出，而且被邀请者通常是比较有威望的人士。因此，这类邀请函的措辞要正式一点。

(四) 邀请函的写法

邀请函一般由标题、称谓、正文、结尾和落款五部分组成。

1. 标题

标题有两种写法：一种是第一行写标题"邀请函"三字，居中；另一种由发文事由和发文文种构成，如"××会议邀请函"。

2. 称谓

标题下顶格写被邀请者姓名或单位名称，在个人姓名后应加上"先生""女士"或职务等相应称谓；有时可使用泛称，如"各位专家"等。

3. 正文

正文部分要写清楚邀请的事由、时间、地点，以及有关要求或注意事项。如果是向单位发出邀请，需写明被邀对象和人数；如有特殊的着装要求，应该在正文中注明；如需乘车、乘船，应交代路线及有无专人接站等。

4. 结尾

结尾处要表示希望对方接受邀请、欢迎前来的诚意，一般用"欢迎指导""敬请光临""恭请莅临""请届时光临指导"等用语表示对被邀请方的恭敬和礼貌。

5. 落款

在正文右下方注明邀请单位或个人的名称。单位要加盖公章，个人只需署名即可。署名之下一行注明发出邀请的具体日期。

(五) 邀请函的写作要求

1. 语气需礼貌

邀请函的主要内容和通知类似，但又带有几分商量的意思，它不能用行政命令式的态度，所以在用词上一定要礼貌。

2. 事项需周详

邀请函是被邀请人参加活动做必要准备的一个依据，所以各种事宜一定要在邀请函上写明，使受邀对象有备而来，也有助于活动主办方减少一些意想不到的麻烦。

3. 发送需提前

要让被邀请人早些拿到邀请函，这样便于他们对各种事务有一个统筹的安排，避免因来不及准备或拿到邀请函时已过期而无法参加相应的活动。

优秀例文5-4

请柬

××电视台：

兹定于五月四日晚八时整，在××大学学习堂举行"五四"青年诗歌朗诵会，届时恭请贵台派记者光临。

××大学团委会

2020年4月28日

评析：这是一份邀请对方参加某大学"五四"青年节纪念活动的请柬，时间、地点、具体内容明确，内容简洁，语言谦恭得体。

优秀例文5-5

接口与转化：从前沿语言学理论到汉语国际教育应用

——汉语国际教育语境下的句式研究与教学专题研讨会邀请函

尊敬的××先生/女士：

为进一步满足第二语言教学对汉语句式研究的迫切需要，促进语法研究新成果向国际汉语教学应用的转化，××××大学汉语学院拟于2011年8月20日举办"汉语国际教育语境下的句式研究与教学专题研讨会"。鉴于您在第二语言研究领域的丰厚学术成果，诚邀您出席并发表鸿文，嘉惠学林。有关会议安排如下：

一、会议时间：2011年8月20日—22日

二、会议地点：××××大学

三、会议主旨：促进前沿语言学理论的创新及其向国际汉语教学的转化与应用；推动语言学理论的本土化研究。

四、会议议题：

1. 类型学视角下的汉语句式研究；

2. 汉语句式研究的跨文化视角与相关语言事实；

3. 跨文化视角下的汉语第二语言句式教学；

4. 汉语教材、大纲、教学设计中的句式问题；

5. 汉语作为第二语言句式教学中的相关问题。

五、遴选参会论文，出版论文集《××××××××××》。

六、2011年7月5日前，将论文题目及摘要以Word 2003文档格式发至会务组邮箱。摘要1000字，标题用三号宋体，正文用小四号宋体。

在摘要部分请标注作者姓名、单位、电子邮箱、通信地址、邮政编码、联系电话、传真。请于8月10日前提交论文全文，以便制作论文集。

七、会议日程：

8月19日下午，在××××大学会议中心大堂报到。报到地址为××市××区××路××号。与会人员可乘坐地铁×号线到××站换乘×号线××站下车(A西北出口)，步行至××会议中心。

8月20日8：30举行开幕式，大会发言，分组研讨。

8月21日上午分组研讨，下午举行闭幕式。

8月22日离会。

八、会议通信地址：××市××区××路×号××××大学汉语学院

九、往返交通由会议代表自行解决。会议筹办费、餐费、住宿费、论文集出版费由会议主办方承担。

如有特殊情况，需代买车票，请于7月8日前将身份证号及返程日期通过邮箱通知会务组，过期不再受理。

电话：×××-××××××××

E-mail：×××××××@126.com

××××××××研讨会筹备组

2011年6月24日

评析：这篇邀请函格式规范，内容完整，语言得体，事项交代明确，值得借鉴。

 问题诊断

邀请函

贵校第五届艺术节将于9月24日—30日举行。我们向教育系统的各位领导、教师及各位家长、校友发出鼎力邀请。届时，您会欣赏到花的绽放，舞的优雅；您会聆

听到琴的悠扬,歌的高亢。这里洋溢着青春的激情,激荡着创造的魅力;这里是心灵驰骋的原野,是放飞梦想的蓝天。同行在热情相邀,孩子在期待,母校在召唤。恭候您的惠顾!

××大学

2020年9月10日

提示:
这篇邀请函有三处语言表达不得体。

写作模板5-1

请柬写作模板

被邀请人的称呼(××先生/小姐/女士):

  时间、地点、内容

  恭候语

邀请方:

日期:

邀请函写作模板

被邀请人的称呼(××先生/小姐/女士):

  邀请的原因

  时间、地点、内容等

  细节安排或注意事项

  问候语

邀请方:

日期:

语言训练

你知道哪些谦辞敬语?请收集10个并说说它们的用法。

写作训练

泰国法政大学南邦分校中国研究专业要举办春节联欢会,请写请柬给学校领导。

 文化采撷

中国古代最美的五份邀请函

众所周知,中国是诗的国度,用词优美,读来口有余香。古人即便是邀请客人,也会写得优美含蓄,而不是直白的"晚上来喝酒呀""明晚潇洒去"之类,尤其是大诗人,邀请客人的邀请函都极富诗意!下面我们挑出五份邀请函,都是大诗人所写,或和大诗人有关。这些邀请函用词非常优美,值得我们借鉴。

第一份,白居易邀请刘禹锡

当时正值冬季,白居易是这样邀请的:"绿蚁新醅酒,红泥小火炉。晚来天欲雪,能饮一杯无?"

第二份,汪伦邀请李白

大家都知道《赠汪伦》这首诗:"李白乘舟将欲行,忽闻岸上踏歌声。桃花潭水深千尺,不及汪伦送我情。"但鲜为人知的是,李白并非无缘无故地认识汪伦,而是因为汪伦的邀请。作为李白的"铁粉",汪伦是这样写邀请函的:"先生好游乎?此地十里桃花;先生好饮乎?此地有万家酒店。"其实,"十里桃花"是一个水潭名称,"万家酒店"只是一个姓万的人开的酒店。

第三份,杜甫邀请崔明府

作为一代现实主义大诗人,诗圣杜甫的作品比较接地气,他写的邀请函也相当真挚、诚恳。杜甫邀请崔明府时,这样写道:"……花径不曾缘客扫,蓬门今始为君开……肯与邻翁相对饮,隔篱呼取尽馀杯。"专家认为,这里所说的"崔明府",可能是杜甫的亲戚,因为杜甫母亲姓崔,而"明府"是唐朝人对县令的尊称。

第四份,白居易邀朋友

有一年,白居易被调到杭州当刺史(相当于现在的市长,但掌握军权)。有一天,白居易登高望远,看到万家灯火,于是就想找些朋友一起喝酒,于是写下一首诗:"……灯火万家城四畔,星河一道水中央……能就江楼消暑否?比君茅舍较清凉。"意思很明显,就是说天热了,能否到江楼来消消暑、喝喝酒,不比你的茅屋更清凉?

第五份,王维邀请裴迪

王维很早就想邀请诗人裴迪,在来年春天之际,到他这里一同游春。于是,他在某年冬天的时候,写信给裴迪,情真意切地说:"当待春中,草木蔓发,春山可望……斯之不远,倘能从我游乎?非子天机清妙者,岂能以此不急之务相邀……山中

人王维白。"大意是,春山美景,你不来和我一起玩玩吗?

资料来源:网易订阅[EB/OL]. http://dy.163.com/v2/article/detail/D86E60SV05149IAT.html.

写作实训二

一、填空题

1. 一般来说,一条消息是由5个部分组成的,即标题、导语、_____、背景、结尾。

2. 述职报告没有固定的写作模式,根据不同类型和主旨,可灵活安排结构,一般由_____、称谓、_____、落款四部分组成。

3. 述职报告是一种独具特色的应用文体,其主要特点是_____、_____。

4. 求职信与其他书信相比,有自身的突出特点,即_____、_____、_____。

5. 消息中新闻背景可以分为四大类,分别是_____、_____、_____、_____。

6. 请柬的特点是_____、_____、_____、_____。

7. 求职信分为_____和_____两种。大学生在人才招聘会上一般使用的是_____。

8. 演讲稿的特点是_____、_____、_____。

9. 《新媒体时代大学生就业该何去何从》的演讲稿标题属于_____式标题。

10. 演讲稿要有_____,才能打动人、感染人,有鼓动性。

11. 策划书的主题要_____。

二、选择题(单选)

1. (　　)是活动策划书的关键,是整个活动策划书的点睛之笔。

A. 创新　B. 严谨　C. 执行　D. 经费

2. 下列对请柬的理解,错误的是(　　)。

A. 请柬的正义要交代清楚活动的时间、地点、内容

B. 请柬具有庄重通知、盛情邀请的作用

C. 请柬送达的时间越早越好

D. 请柬可派专人送达,也可以通过邮局邮寄

3. 请柬的正文内容,如时间、地点、活动的具体事项必须写清楚、完整,不可疏忽遗漏,因此请柬写作时要求(　　)。

A. 语气谦恭　　　　　　　　B. 有说服力

C. 事理结合　　　　　　　　D. 表达准确

4. 请柬大多用于正式的社交场合，在款式和装帧设计上比较讲究艺术性，注重外表的美观、精致、庄重大方，因此请柬具有(   )。

  A. 礼节性的特点   B. 奢侈性的特点

  C. 夸张性的特点   D. 精美性的特点

5. 下列关于实习报告的描述中，不恰当的一项是(   )。

  A. 实习报告的写作者和写作时间具有相对固定性

  B. 实习报告一定要体现作者的亲身经历

  C. 实习报告的写作可以随心所欲，没有原则和规范

  D. 实习报告也可以参照毕业论文的格式写成论文型实习报告

6. 在写作演讲稿时，应该(   )。

  A. 张弛起伏，具有节奏感

  B. 内容要频繁更换，以带给听众新意

  C. 平铺直叙

  D. 不使用过渡句

7. 在写作消息时，应该(   )。

  A. 允许一定范围的合理想象

  B. 尽力将个别现象进行处理，以普遍现象进行描述

  C. 必须有现实针对性和指导性

  D. 必须符合潮流，见风使舵

8. 请柬大多用于正式的社交场合，因此注重外表的美观、大方，具有(   )。

  A. 文化性   B. 精美性   C. 视觉性   D. 通俗性

9. 演讲稿是讲给人听的，因此写作时要(   )。

  A. 有的放矢   B. 洋洋洒洒   C. 无的放矢   D. 平铺直叙

10. 采用简明、扼要的文字，迅速、及时地报道人们所关注的、新鲜的、重要的关于人和事件情况的报道称为(   )。

  A. 通迅   B. 消息   C. 解说词   D. 通知

11. 写在倒金字塔式结构消息第一层的是(   )。

  A. 标题   B. 导语   C. 主体   D. 新闻背景

12. 营销策划书和广告策划书属于(   )

  A. 市场商务策划书   B. 专题策划书   C. 销售策划书   D. 宣传策划书

三、选择题(多选)

1. 演讲稿的特点是(   )。

  A. 受众广泛   B. 口头传播   C. 号召力强

  D. 体例规范   E. 富有情感

2. 消息的导语部分从表达方式来看，主要形式有(   )。

　　A. 述评式　　　　B. 描写式　　　　C. 设问式

　　D. 引语式　　　　E. 叙述式

3. 求职信的开头应该交代的情况包括(   )。

　　A. 身份　　　　　B. 学历　　　　　C. 年龄　　　　　D. 家庭住址

4. 求职信的写作要求包括(   )。

　　A. 语气自然　　　B. 通俗易懂　　　C. 言简意赅　　　D. 具体明确

5. 简历的求职意向要注意(   )。

　　A. 一个简历对应一个求职意向

　　B. 一个简历可以对应多个求职意向

　　C. 简历可以不写求职意向

　　D. 无所谓

6. 简历的语言要(   )。

　　A. 真实准确　　　B. 言简意赅　　　C. 形象夸张　　　D. 呆板生硬

7. 消息必须坚持的原则是(   )。

　　A. 唯一性　　　　B. 真实性　　　　C. 大众性　　　　D. 通俗性

8. 请柬的写作要求有(   )。

　　A. 措辞典雅　　　B. 热情洋溢　　　C. 表达准确

　　D. 富有号召力　　E. 语气谦恭

9. 求职信的作用有(   )。

　　A. 沟通交往　　　B. 意在公关　　　C. 表现自我　　　D. 求得录用

10. 求职信的标题通常只有文种名称，即在第一行中间写上"求职信"三个字，要求(   )。

　　A. 醒目　　　　　B. 简洁　　　　　C. 庄重　　　　　D. 夸张

11. 策划书的特点有(   )。

　　A. 鲜明的目的性　B. 广泛的传播性　C. 良好的创新性　D. 夸张的文学性

四、判断题

1. 邀请函只适用于商务邀请，所以请柬的使用范围比邀请函更为广泛。(   )

2. 演讲稿的开头、主体、结尾要做到"凤头、猪肚、豹尾"。(   )

3. 演讲人员上台演讲时可以穿着很随便，不和观众交流。(   )

4. 演讲者穿着奇装异服，可以更好地吸引听众的注意力。(   )

5. 演讲最理想的效果是着重讲演的部分也正是听众印象最深、感触最多的部分。(   )

6. 在演讲中运用幽默越多越好，听众笑声越多说明演讲越成功。（　　）

7. 求职信是书信的一种，因此和普通书信的写法相同。（　　）

8. 求职信不用写和求职无关的信息，比如招聘信息的来源等。（　　）

9. 在写作求职信的时候为了显得真诚，应该把自己的所有情况包括隐私一并说明。（　　）

10. 用电子邮件发简历的时候一定要注意邮件的标题，应让对方一目了然，并且注意附件的使用。（　　）

11. 简历是一个人的形象代表，因此应该尽量做得精致华丽，而且为了突出自己的优势，简历也是越厚越好。（　　）

12. 在竞聘演讲的时候，千万不要暴露自己的缺点，因为这样会影响效果。（　　）

13. 实习报告就是实习的感想和体会。（　　）

14. 写述职报告可以适当采用联想的方式、夸张的语言及描写、抒情等表达方式。（　　）

15. 求职信也称为自荐信。（　　）

16. 求职信正文内容主要包括表态求职、自我推荐、希望要求三部分。（　　）

17. 为了能获得面试机会，求职信中应尽量夸大求职者的特长和优点，不必谦虚。（　　）

18. 策划书强调创新，一般都是策划者将自己的主观想法付诸实践。（　　）

五、改错练习

1. 下面是一份家长会邀请函，在表达上有多处不妥当，请指出并改正。

邀请函

尊敬的家长：

　　时光如梭，转眼间犬子即将进入生死攸关的高三年级攻坚阶段。在这个关键的时期，他更希望得到您悉心的帮助。为了指导您有效地对孩子作心理疏导，鄙校决定于本月28日上午10时在学校报告厅举行家长会，聘请省内知名的心理辅导专家做专题讲座。希望您在百忙之中抽出时间，准时参加，不得缺席或迟到。

成才中学高三年级部
2018年5月21日

2. 请指出以下请柬的错误并修改。

请柬

×××同学：

兹定于2013年3月6日上午9时到校医院看望病重的辅导员，届时请准时到校医院指导。

××班委 2013年3月4日

六、写作练习

1. 请你根据自己的专业，假设为自己安排一个岗位，完成一份2分钟左右的自我介绍。

2. 以下是成都某知名食品公司在报纸上发布的一则招聘信息，请合理虚构自己毕业时的个人学业、持证数量及能力素质情况，向该公司写一封求职信。

要求：符合求职信的基本格式，字数不少于400字。

招聘信息：

单位简介：(略)

招聘岗位：市场营销(2名)

岗位要求：大专以上学历，具有市场营销及相关工作经验者优先；能吃苦耐劳，能适应经常出差；具有团队精神。

联系方式：(略)

3. 请凝练你所学专业的职业核心价值观，并以此为主题完成一篇三分钟的演讲稿。

4. 请以小组为单位，完成一份专业技能(知识)大赛策划书。

参考文献

[1] 袁雪良,刘静. 新编应用文写作实用教程[M]. 北京:北京邮电大学出版社,2012.

[2] 李前平,张运全. 应用文模块写作[M]. 北京:北京交通大学出版社,2010.

[3] 陈庆元,高兰. 应用文写作[M]. 北京:北京师范大学出版社,2011.

[4] 鞠永才. 新编应用文写作[M]. 北京:现代教育出版社,2011.

[5] 严廷德. 大学生应用文写作[M]. 天津:南开大学出版社,2011.

[6] 金常德. 新编高职高专应用文写作[M]. 北京:清华大学出版社,2012.

[7] 许萍. 应用文写作教程[M]. 北京:北京交通大学出版社,2010.

[8] 王春. 应用文写作[M]. 北京:清华大学出版社,2012.

[9] 尹相如. 新编实用写作教程[M]. 北京:中国铁道出版社,2010.

[10] 韩富军,高雅杰. 应用文写作[M]. 北京:高等教育出版社,2009.

[11] 李玉琢,李晶. 应用写作[M]. 长春:吉林大学出版社,2008.

[12] 韩国春. 应用文写作[M]. 北京:中国铁道出版社,2010.

[13] 黄小京. 财经应用文书写作[M]. 北京:清华大学出版社,2010.

[14] 张元忠. 经济应用文写作与评析[M]. 武汉:华中科技大学出版社,2008.

[15] 孙绍玲. 应用文写作[M]. 大连:东北财经大学出版社,2006.

[16] 王粤钦. 新编应用文写作[M]. 大连:大连理工大学出版社,2002.

[17] 金常德. 新编高职高专应用文写作[M]. 2版. 北京:清华大学出版社,2014.

[18] 李伟权. 应用文写作[M]. 2版. 北京:清华大学出版社,2015.

[19] 范文亚. 应用文写作实训[M]. 北京:中国水利水电出版社,2014.

[20] 郭征帆,周俊. 应用文写作教程[M]. 北京:清华大学出版社,2016.

[21] 金常德. 新编高职高专应用文写作[M]. 北京:清华大学出版社,2012.

[22] 张建. 应用文写作[M]. 北京:高等教育出版社,2016.

[23] 卢勇. 应用文写作与口语表达[M]. 北京:航空工业出版社,2014.

[24] 孙秀秋. 应用文写作[M]. 北京:中国人民大学出版社,2018.

附 录

党政机关公文格式

(2012年7月1日实施)

前言

本标准按照GB/T 1.1—2009给出的规则起草。

本标准根据中共中央办公厅、国务院办公厅印发的《党政机关公文处理工作条例》的有关规定对GB/T 9704—1999《国家行政机关公文格式》进行修订。本标准相对GB/T 9704—1999主要作如下修订：

a) 标准名称改为《党政机关公文格式》，标准英文名称也作相应修改；

b) 适用范围扩展到各级党政机关制发的公文；

c) 对标准结构进行适当调整；

d) 对公文装订要求进行适当调整；

e) 增加发文机关署名和页码两个公文格式要素，删除主题词格式要素，并对公文格式各要素的编排进行较大调整；

f) 进一步细化特定格式公文的编排要求；

g) 新增联合行文公文首页版式、信函格式首页、命令(令)格式首页版式等式样。

本标准中公文用语与《党政机关公文处理工作条例》中的用语一致。

本标准为第二次修订。

本标准由中共中央办公厅和国务院办公厅提出。

本标准由中国标准化研究院归口。

本标准起草单位：中国标准化研究院、中共中央办公厅秘书局、国务院办公厅秘书局、中国标准出版社。

本标准主要起草人：房庆、杨雯、郭道锋、孙维、马慧、张书杰、徐成华、范一乔、李玲。

本标准代替了GB/T 9704—1999。

GB/T 9704—1999的历次版本发布情况为：

——GB/T 9704—1988

党政机关公文格式

1. 范围

本标准规定了党政机关公文通用的纸张要求、排版和印制装订要求、公文格式各要素的编排规则,并给出了公文的式样。

本标准适用于各级党政机关制发的公文。其他机关和单位的公文可以参照执行。

使用少数民族文字印制的公文,其用纸、幅面尺寸及版面、印制等要求按照本标准执行,其余可以参照本标准并按照有关规定执行。

2. 规范性引用文件

下列文件对于本标准的应用是必不可少的。凡是注日期的引用文件,仅所注日期的版本适用于本标准。凡是不注日期的引用文件,其最新版本(包括所有的修改单)适用于本标准。

GB/T 148　印刷、书写和绘图纸幅面尺寸

GB 3100　国际单位制及其应用

GB 3101　有关量、单位和符号的一般原则

GB 3102 (所有部分)　量和单位

GB/T 15834　标点符号用法

GB/T 15835　出版物上数字用法

3. 术语和定义

下列术语和定义适用于本标准。

3.1 字 word

标示公文中横向距离的长度单位。在本标准中,一字指一个汉字宽度的距离。

3.2 行 line

标示公文中纵向距离的长度单位。在本标准中,一行指一个汉字的高度加3号汉字高度的7/8的距离。

4. 公文用纸主要技术指标

公文用纸一般使用纸张定量为60g/m～80g/m的胶版印刷纸或复印纸。纸张白度80%～90%,横向耐折度≥15次,不透明度≥85%,pH值为7.5～9.5。

5. 公文用纸幅面尺寸及版面要求

5.1 幅面尺寸

公文用纸采用GB/T 148中规定的A4型纸,其成品幅面尺寸为:210mm×297mm。

GB/T 9704—2012

5.2 版面

5.2.1 页边与版心尺寸

公文用纸天头(上白边)为37mm±1mm,公文用纸订口(左白边)为28mm±1mm,版心尺寸为156mm×225mm。

5.2.2 字体和字号

如无特殊说明,公文格式各要素一般用3号仿宋体字。特定情况可以作适当调整。

5.2.3 行数和字数

一般每面排22行,每行排28个字,并撑满版心。特定情况可以作适当调整。

5.2.4 文字的颜色

如无特殊说明,公文中文字的颜色均为黑色。

6. 印制装订要求

6.1 制版要求

版面干净无底灰,字迹清楚无断划,尺寸标准,版心不斜,误差不超过1mm。

6.2 印刷要求

双面印刷;页码套正,两面误差不超过2mm。黑色油墨应当达到色谱所标BL100%,红色油墨应当达到色谱所标Y80%、M80%。印品着墨实、均匀;字面不花、不白、无断划。

6.3 装订要求

公文应当左侧装订,不掉页,两页页码之间误差不超过4mm,裁切后的成品尺寸允许误差±2mm,四角成90°,无毛茬或缺损。

骑马订或平订的公文应当:

a) 订位为两钉外订眼距版面上下边缘各70mm处,允许误差±4mm;

b) 无坏钉、漏钉、重钉,钉脚平伏牢固;

c) 骑马订钉锯均订在折缝线上,平订钉锯与书脊间的距离为3mm～5mm。

包本装订公文的封皮(封面、书脊、封底)与书芯应吻合、包紧、包平、不脱落。

7. 公文格式各要素编排规则

7.1 公文格式各要素的划分

本标准将版心内的公文格式各要素划分为版头、主体、版记三部分。公文首页红色分隔线以上的部分称为版头;公文首页红色分隔线(不含)以下、公文末页首条分隔线(不含)以上的部分称为主体;公文末页首条分隔线以下、末条分隔线以上的部分称为版记。

页码位于版心外。

7.2 版头

7.2.1 份号

如需标注份号,一般用6位3号阿拉伯数字,顶格编排在版心左上角第一行。

7.2.2 密级和保密期限

如需标注密级和保密期限,一般用3号黑体字,顶格编排在版心左上角第二行;

保密期限中的数字用阿拉伯数字标注。

7.2.3 紧急程度

如需标注紧急程度，一般用3号黑体字，顶格编排在版心左上角；如需同时标注份号、密级和保密期限、紧急程度，按照份号、密级和保密期限、紧急程度的顺序自上而下分行排列。

7.2.4 发文机关标志

由发文机关全称或者规范化简称加"文件"二字组成，也可以使用发文机关全称或者规范化简称。

发文机关标志居中排布，上边缘至版心上边缘为35mm，推荐使用小标宋体字，颜色为红色，以醒目、美观、庄重为原则。

联合行文时，如需同时标注联署发文机关名称，一般应当将主办机关名称排列在前；如有"文件"二字，应当置于发文机关名称右侧，以联署发文机关名称为准上下居中排布。

7.2.5 发文字号

编排在发文机关标志下空二行位置，居中排布。年份、发文顺序号用阿拉伯数字标注；年份应标全称，用六角括号"〔〕"括入；发文顺序号不加"第"字，不编虚位(即1不编为01)，在阿拉伯数字后加"号"字。

上行文的发文字号居左空一字编排，与最后一个签发人姓名处在同一行。

7.2.6 签发人

由"签发人"三字加全角冒号和签发人姓名组成，居右空一字，编排在发文机关标志下空二行位置。"签发人"三字用3号仿宋体字，签发人姓名用3号楷体字。

如有多个签发人，签发人姓名按照发文机关的排列顺序从左到右、自上而下依次均匀编排，一般每行排两个姓名，回行时与上一行第一个签发人姓名对齐。

7.2.7 版头中的分隔线

发文字号之下4mm处居中印一条与版心等宽的红色分隔线。

7.3 主体

7.3.1 标题

一般用2号小标宋体字，编排于红色分隔线下空二行位置，分一行或多行居中排布；回行时，要做到词意完整，排列对称，长短适宜，间距恰当，标题排列应当使用梯形或菱形。

GB/T 9704—2012

7.3.2 主送机关

编排于标题下空一行位置，居左顶格，回行时仍顶格，最后一个机关名称后标全角冒号。如主送机关名称过多导致公文首页不能显示正文时，应当将主送机关名称移至版记，标注方法见7.4.2。

7.3.3 正文

公文首页必须显示正文。一般用3号仿宋体字，编排于主送机关名称下一行，每个自然段左空二字，回行顶格。文中结构层次序数依次可以用"一、""（一）""1.""（1）"标注；一般第一层用黑体字、第二层用楷体字、第三层和第四层用仿宋体字标注。

7.3.4 附件说明

如有附件，在正文下空一行左空二字编排"附件"二字，后标全角冒号和附件名称。如有多个附件，使用阿拉伯数字标注附件顺序号(如"附件：1.×××××")；附件名称后不加标点符号。附件名称较长需回行时，应当与上一行附件名称的首字对齐。

7.3.5 发文机关署名、成文日期和印章

7.3.5.1 加盖印章的公文

成文日期一般右空四字编排，印章用红色，不得出现空白印章。

单一机关行文时，一般在成文日期之上、以成文日期为准居中编排发文机关署名，印章端正、居中下压发文机关署名和成文日期，使发文机关署名和成文日期居印章中心偏下位置，印章顶端应当上距正文(或附件说明)一行之内。

联合行文时，一般将各发文机关署名按照发文机关顺序整齐排列在相应位置，并将印章一一对应、端正、居中下压发文机关署名，最后一个印章端正、居中下压发文机关署名和成文日期，印章之间排列整齐、互不相交或相切，每排印章两端不得超出版心，首排印章顶端应当上距正文(或附件说明)一行之内。

7.3.5.2 不加盖印章的公文

单一机关行文时，在正文(或附件说明)下空一行右空二字编排发文机关署名，在发文机关署名下一行编排成文日期，首字比发文机关署名首字右移二字，如成文日期长于发文机关署名，应当使成文日期右空二字编排，并相应增加发文机关署名右空字数。

联合行文时，应当先编排主办机关署名，其余发文机关署名依次向下编排。

7.3.5.3 加盖签发人签名章的公文

单一机关制发的公文加盖签发人签名章时，在正文(或附件说明)下空二行右空四字加盖签发人签名章，签名章左空二字标注签发人职务，以签名章为准上下居中排布。在签发人签名章下空一行右空四字编排成文日期。

联合行文时，应当先编排主办机关签发人职务、签名章，其余机关签发人职务、签名章依次向下编排，与主办机关签发人职务、签名章上下对齐；每行只编排一个机关的签发人职务、签名章；签发人职务应当标注全称。

签名章一般用红色。

GB/T 9704—2012

7.3.5.4 成文日期中的数字

用阿拉伯数字将年、月、日标全，年份应标全称，月、日不编虚位(即1不编为01)。

7.3.5.5 特殊情况说明

当公文排版后所剩空白处不能容下印章或签发人签名章、成文日期时，可以采取调整行距、字距的措施解决。

7.3.6 附注

如有附注，居左空二字加圆括号编排在成文日期下一行。

7.3.7 附件

附件应当另面编排，并在版记之前，与公文正文一起装订。"附件"二字及附件顺序号用3号黑体字顶格编排在版心左上角第一行。附件标题居中编排在版心第三行。附件顺序号和附件标题应当与附件说明的表述一致。附件格式要求同正文。

如附件与正文不能一起装订，应当在附件左上角第一行顶格编排公文的发文字号并在其后标注"附件"二字及附件顺序号。

7.4 版记

7.4.1 版记中的分隔线

版记中的分隔线与版心等宽，首条分隔线和末条分隔线用粗线(推荐高度为0.35 mm)，中间的分隔线用细线(推荐高度为0.25mm)。首条分隔线位于版记中第一个要素之上，末条分隔线与公文最后一面的版心下边缘重合。

7.4.2 抄送机关

如有抄送机关，一般用4号仿宋体字，在印发机关和印发日期之上一行、左右各空一字编排。"抄送"二字后加全角冒号和抄送机关名称，回行时与冒号后的首字对齐，最后一个抄送机关名称后标句号。

如需把主送机关移至版记，除将"抄送"二字改为"主送"外，编排方法同抄送机关。既有主送机关又有抄送机关时，应当将主送机关置于抄送机关之上一行，之间不加分隔线。

7.4.3 印发机关和印发日期

印发机关和印发日期一般用4号仿宋体字，编排在末条分隔线之上，印发机关左空一字，印发日期右空一字，用阿拉伯数字将年、月、日标全，年份应标全称，月、日不编虚位(即1不编为01)，后加"印发"二字。

版记中如有其他要素，应当将其与印发机关和印发日期用一条细分隔线隔开。

7.5 页码

一般用4号半角宋体阿拉伯数字，编排在公文版心下边缘之下，数字左右各放一条一字线；一字线上距版心下边缘7mm。单页码居右空一字，双页码居左空一字。

公文的版记页前有空白页的，空白页和版记页均不编排页码。公文的附件与正文一起装订时，页码应当连续编排。

GB/T 9704—2012

8. 公文中的横排表格

A4纸型的表格横排时，页码位置与公文其他页码保持一致，单页码表头在订口一边，双页码表头在切口一边。

9. 公文中计量单位、标点符号和数字的用法

公文中计量单位的用法应当符合GB 3100、GB 3101和GB 3102(所有部分)，标点符号的用法应当符合GB/T 15834，数字用法应当符合GB/T 15835。

10. 公文的特定格式

10.1 信函格式

发文机关标志使用发文机关全称或者规范化简称，居中排布，上边缘至上页边为30mm，推荐使用红色小标宋体字。联合行文时，使用主办机关标志。

发文机关标志下4mm处印一条红色双线(上粗下细)，距下页边20mm处印一条红色双线(上细下粗)，线长均为170mm，居中排布。

如需标注份号、密级和保密期限、紧急程度，应当顶格居版心左边缘编排在第一条红色双线下，按照份号、密级和保密期限、紧急程度的顺序自上而下分行排列，第一个要素与该线的距离为3号汉字高度的7/8。

发文字号顶格居版心右边缘编排在第一条红色双线下，与该线的距离为3号汉字高度的7/8。

标题居中编排，与其上最后一个要素相距二行。

第二条红色双线上一行如有文字，与该线的距离为3号汉字高度的7/8。

首页不显示页码。

版记不加印发机关和印发日期、分隔线，位于公文最后一面版心内最下方。

10.2 命令(令)格式

发文机关标志由发文机关全称加"命令"或"令"字组成，居中排布，上边缘至版心上边缘为20mm，推荐使用红色小标宋体字。

发文机关标志下空二行居中编排令号，令号下空二行编排正文。

签发人职务、签名章和成文日期的编排见7.3.5.3。

10.3 纪要格式

纪要标志由"×××××纪要"组成，居中排布，上边缘至版心上边缘为35mm，推荐使用红色小标宋体字。

标注出席人员名单，一般用3号黑体字，在正文或附件说明下空一行左空二字编

排"出席"二字，后标全角冒号，冒号后用3号仿宋体字标注出席人单位、姓名，回行时与冒号后的首字对齐。

标注请假和列席人员名单，除依次另起一行并将"出席"二字改为"请假"或"列席"外，编排方法同出席人员名单。

纪要格式可以根据实际制定。

GB/T 9704—2012

11. 式样

A4型公文用纸页边及版心尺寸见图1；公文首页版式见图2；联合行文公文首页版式1见图3；联合行文公文首页版式2见图4；公文末页版式1见图5；公文末页版式2见图6；联合行文公文末页版式1见图7；联合行文公文末页版式2见图8；附件说明页版式见图9；带附件公文末页版式见图10；信函格式首页版式见图11；命令(令)格式首页版式见图12。

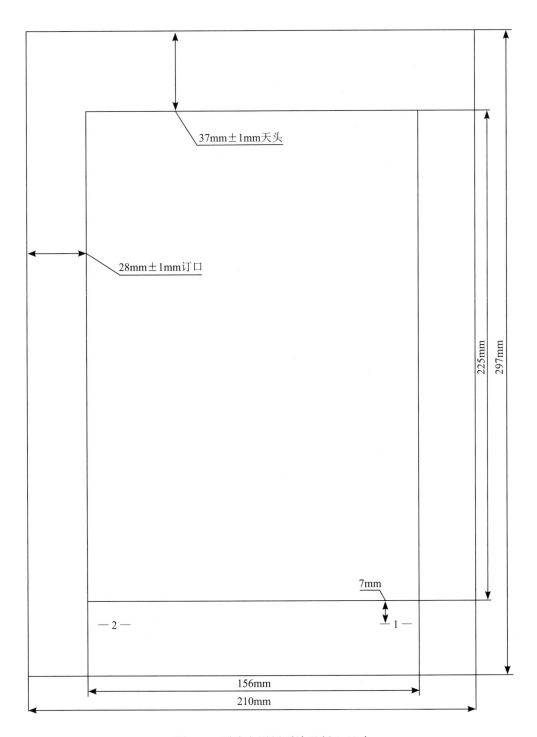

图1　A4型公文用纸页边及版心尺寸

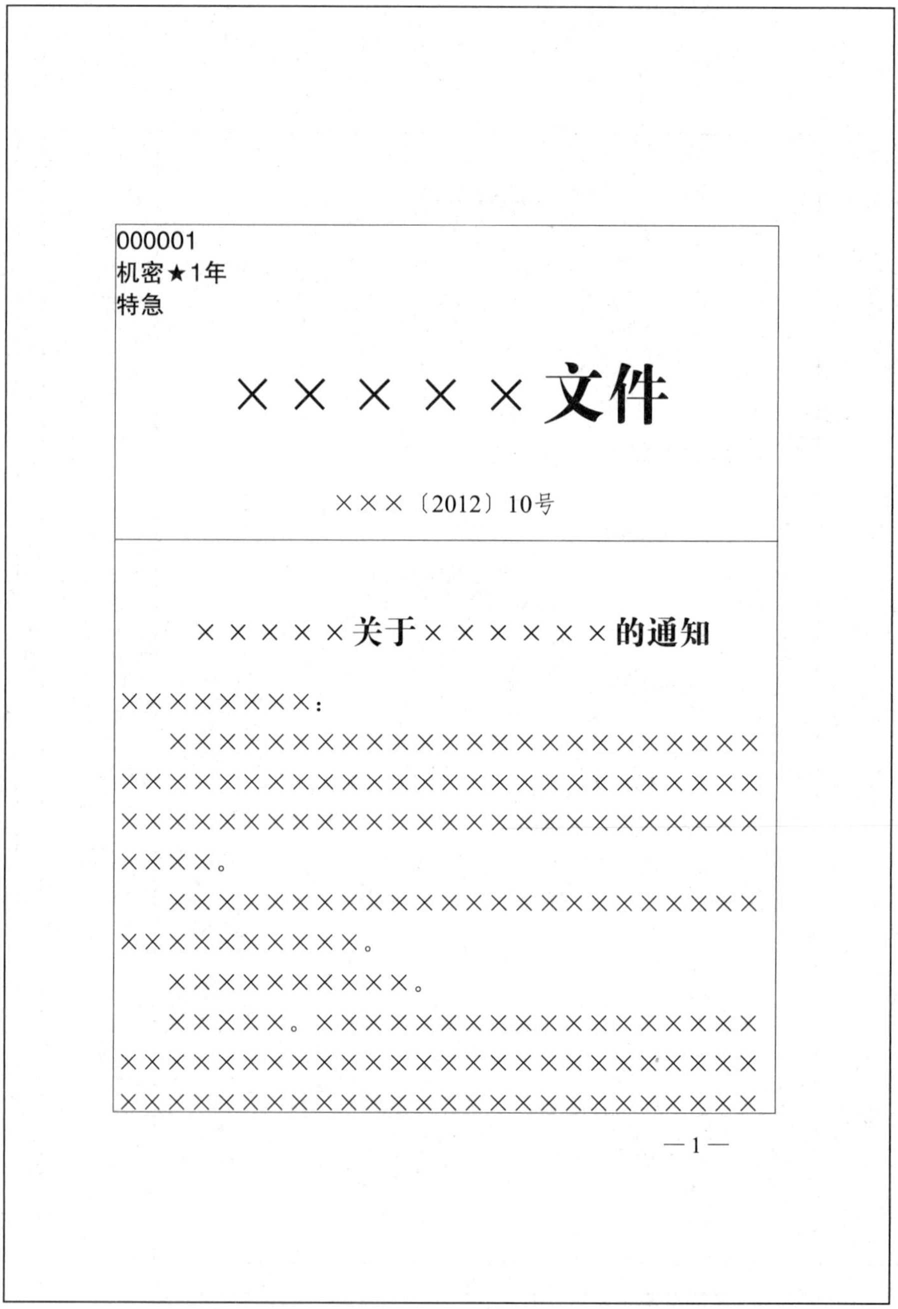

图2　公文首页版式

注：版心实线框仅为示意，在印制公文时并不印出

```
┌─────────────────────────────────────┐
│ 000001                              │
│ 机密★1年                             │
│ 特急                                 │
│                                     │
│      ××××××                       │
│                                     │
│      ×    ×    ×    文件            │
│                                     │
│      ××××××                       │
│                                     │
│           ×××〔2012〕10号           │
├─────────────────────────────────────┤
│                                     │
│     ×××××关于××××××的通知        │
│                                     │
│ ×××××××:                         │
│     ××××××××××××××××××××      │
│ ×××××××××××××××××××××××      │
│ ×××××××××××××××××××××××      │
│ ××××。                             │
│     ××××××××××××××××××         │
│                                     │
│                            — 1 —    │
└─────────────────────────────────────┘
```

图3　联合行文公文首页版式1

注：版心实线框仅为示意，在印制公文时并不印出

```
┌─────────────────────────────────────────┐
│  000001                                 │
│  机　密                                 │
│  特　急                                 │
│                                         │
│         ×　×　×　×　×                 │
│                                         │
│           ×      ×      ×              │
│                                         │
│         ×　×　×　×　×                 │
│                                         │
│                       签发人：×××　××× │
│  ×××〔2012〕10号              ×××    │
├─────────────────────────────────────────┤
│                                         │
│        ×××××关于××××××的请示     │
│                                         │
│  ××××××××：                       │
│     ××××××××××××××××××××× │
│  ××××××××××××××××××××××× │
│  ××××××××××××××××××××××× │
│  ××××。                               │
│     ××××××××××××××××××××× │
└─────────────────────────────────────────┘
```

— 1 —

图4　联合行文公文首页版式2

注：版心实线框仅为示意，在印制公文时并不印出

×××××××××××××。
　　×××××××××××××××××××
×××××××××××××××××××××××
××××××××。

2012年7月1日

(××××××)

抄送：××××，××××，××××，××××，
　　　×××××。

×××××××××　　　　　　　2012年7月1日印发

— 2 —

图5　公文末页版式1

注：版心实线框仅为示意，在印制公文时并不印出

```
┌─────────────────────────────────────────┐
│                                         │
│   ××××××××××××。                        │
│     ××××××××××××××××××××××             │
│   ××××××××××××××××××××××××             │
│   ×××××××。                             │
│                                         │
│                                         │
│                          ××××××××××     │
│                           2012年7月1日   │
│   (×××××)                               │
│                                         │
│                                         │
│                                         │
│                                         │
│                                         │
│                                         │
│                                         │
│                                         │
├─────────────────────────────────────────┤
│  抄送：×××××××，××××××，×××××，×××××，│
│       ××××。                            │
├─────────────────────────────────────────┤
│  ××××××××              2012年7月1日印发 │
└─────────────────────────────────────────┘
              — 2 —
```

图6　公文末页版式2

注：版心实线框仅为示意，在印制公文时并不印出

图7　联合行文公文末页版式1

注：版心实线框仅为示意，在印制公文时并不印出

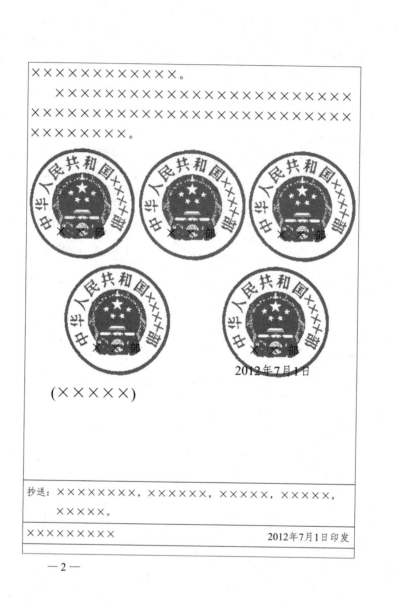

图8　联合行文公文末页版式2

注：版心实线框仅为示意，在印制公文时并不印出

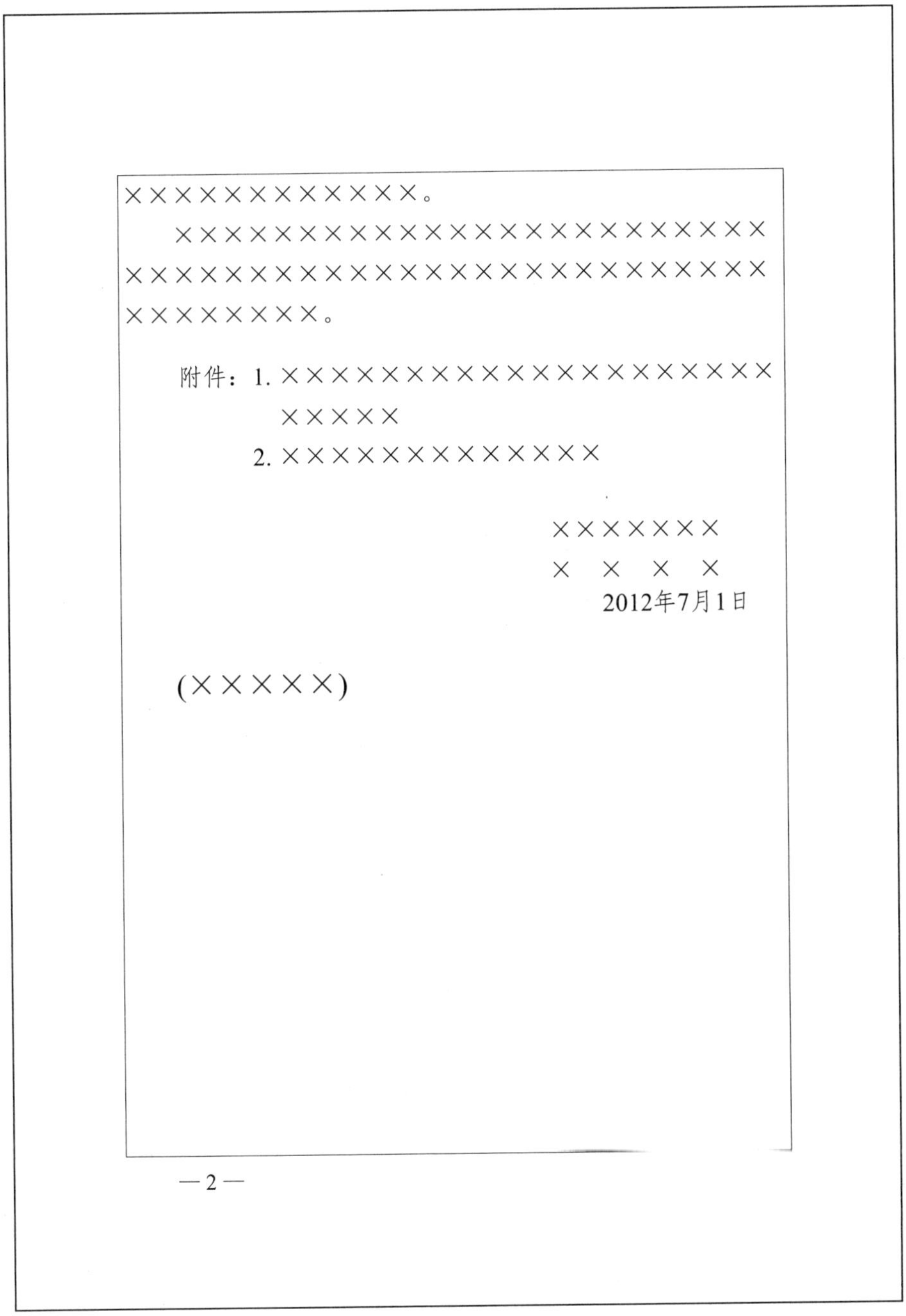

××××××××××××。
　　××。

　　附件：1. ××××××××××××××××
　　　　　　×××××
　　　　　2. ×××××××××××

　　　　　　　　　　　　　　×××××××
　　　　　　　　　　　　　　×　×　×　×
　　　　　　　　　　　　　2012年7月1日

（×××××）

— 2 —

图9　附件说明页版式

注：版心实线框仅为示意，在印制公文时并不印出

图10　带附件公文末页版式

注：版心实线框仅为示意，在印制公文时并不印出

中华人民共和国×××××部

000001　　　　　　　×××〔2012〕10号
机　密
特　急

×××××关于×××××××的通知

×××××××：
　　××。
　　××。
　　×××。

图11　信函格式首页版式

注：版心实线框仅为示意，在印制公文时并不印出

```
          ××××××令

     第×××号


        ××××××××××××××××
     ××××××××××××××××××××
     ××××。
        ××××××××××××××××××
     ××××××××××××××××××××
     ××××××××××××××××××××
     ××××××××××××××××××××
     ××××××××××××。


                    部  长  ×××
                        2012年7月1日
```

图12　命令(令)格式首页版式

注：版心实线框仅为示意，在印制公文时并不印出